DIE MACHT DER BILDER

Peter Iden

DIE MACHT DER BILDER

Texte zur Kunst der Gegenwart
1962–2019

Herausgegeben von
Ingrid Mössinger und Anja Richter

Wienand

In Erinnerung an

Wolfgang Cramer (1901–1974)
und Heinrich Klotz (1935–1999),
Wegbereiter in zwei Welten.

Inhalt

Vorwort 8
Ingrid Mössinger, Anja Richter

Einführung 11

Die 1960er-Jahre
- Über die Wirklichkeit 15
- Raimund Girke 17
- Joseph Beuys 20
- Hermann Goepfert 22
- Arnulf Rainer 24

Die 1970er-Jahre
- Markus Prachensky 27
- 36. Biennale Venedig 32
- documenta 5 37
- Lucio Fontana 42
- Thomas Bayrle 46
- Robert Rauschenberg 49
- Sam Francis und Richard Diebenkorn 54

Die 1980er-Jahre
- Mark Rothko 65
- Arnulf Rainer 75
- Mark Rothko 79
- Nicolas de Staël 88
- Joseph Beuys 92
- Bernhard Heisig 98

Die 1990er-Jahre

Jean Tinguely 101
Sam Francis 104
Rebecca Horn 110
Hartwig Ebersbach 114
Werner Tübke 118
Otto Piene zum Siebzigsten 121
Helen Frankenthaler 123

Bildteil 127

Die Jahre 2000 bis 2010

George Segal 143
Gotthard Graubner 145
Wolfgang Mattheuer 148
Mario Merz 150
Anselm Kiefer 154
Jenny Holzer 157
Marina Abramović 160
Olaf Metzel 163
Nina Sten-Knudsen 166
Stephan Balkenhol 172
Christian Boltanski 174
James Turrell 177
Pierre Soulages 180
Jaume Plensa 183
Otto Ritschl 185
Markus Lüpertz 189

Die Jahre 2011 bis 2019

Raimund Girke 193
Bernard Schultze 196
Mario Nigro 201
K.O. Götz 204
Anselm Kiefer 208
Marlene Dumas 213
Heinz Mack 216
Bazon Brock 222
Katharina Grosse 224
Markus Prachensky 226
Was die documenta nicht mehr ist 228
Thomas Bayrle 231
Katharina Sieverding 233
Georg Baselitz 236
Heiner Bastian 240
Sean Scully 244
Gerhard Richter 247

Anhang

Namensregister 255
Vita Peter Iden 259
Publikationen (Auswahl) 260
Vita Ingrid Mössinger, Anja Richter 261
Bild- und Fotonachweis 262

Vorwort

Peter Iden gilt bis heute als einer der wortmächtigsten deutschen Kunst- und Theaterkritiker. Die lange Zeitspanne von etwa 60 Jahren schriftstellerischen Schaffens – erste Texte erschienen bereits 1960 – macht ihn darüber hinaus zum unschätzbaren Zeitzeugen der Veränderungen eines durch den Nationalsozialismus und den Zweiten Weltkrieg verwüsteten Landes, das danach auch noch in zwei unterschiedliche politische Systeme gespalten wurde.

Nach eigener Aussage wird die Verunsicherung des Flüchtlingskindes aus Meseritz, im damaligen Brandenburg, glücklicherweise bald vielseitigen Eindrücken, Lebens- und Lernerfahrungen – wie etwa einer soliden humanistischen Bildung und dem bis heute geliebten Fußballspiel – weichen. Maßgeblich fördernd war für Peter Iden ein Schüleraufenthalt in Kalifornien, der ihn eine unbekannte Freiheit erleben ließ. Eine Freiheit, die später für Peter Idens besondere Offenheit des Denkens, Sehens und Fühlens grundlegend wurde.

Frankfurt am Main, die Stadt, in der er aufwuchs und die sich in künstlerischem Aufbruch befand, bot dem jungen Peter Iden, getrieben von unstillbarer Sehnsucht nach Erweiterung des Horizonts, beste Voraussetzungen: Ausstellungen mit der neuen ungegenständlichen Kunst, Musik wie Jazz, Avantgarde-Theater oder Max Horkheimers und Theodor W. Adornos Institut für Sozialforschung prägten damals das kulturelle Klima und waren von erheblichem Einfluss auf alle Vorauseilenden. Die theoretischen und sinnlichen Voraussetzungen, dem Normativen zu entfliehen, waren damit gegeben.

Blick, Neugierde und Passion Peter Idens konzentrierten sich zunächst nicht nur auf *eine* künstlerische Gattung, sondern richteten sich nach philosophischen Studien in Frankfurt am Main und Wien auf Theater und bildende Kunst. So gehört das von Peter Iden mitgestaltete Theaterfestival *Experimenta* mit Avantgarde-Ensembles aus New York City zu den unwiederbringlichen Höhepunkten des experimentellen Theaters.

„Neue Tendenzen“ brachen nach der unmenschlichen Hybris der Naziherrschaft nicht nur in Frankfurt am Main, sondern in ganz Europa aus. Dazu gehörten die Künstlergruppen Nul, Quadriga und ZERO, aber auch neue Stilrichtungen wie abstrakter Expressionismus, Informel und Arte Povera. Neue Galerien entstanden, die wegweisende Künstler förderten. An all diesen kulturellen Bewegungen nahm Peter Iden als ein höchst interessierter, genauer und kritischer Beobachter teil. Mit den Mitteln der neuen Sprache setzte er sich für zeitgenössische Künstler*innen ein und führte ausführliche Gespräche. Das ging so weit, dass er um des besseren Verständnisses willen ein Jahr lang Italienischunterricht nahm, um sich mit Theaterregisseuren und bildenden Künstlern wie Mario Merz, Lucio Fontana oder Mario Nigro in ihrer Muttersprache austauschen zu können. Mit einigen entstanden lebenslange Freundschaften, mit anderen, wie Sam Francis, Mark Rothko, Robert Rauschenberg, Helen Frankenthaler, Anselm Kiefer, Gerhard Richter und Joseph Beuys, gelangen ausführliche Gespräche, die in Kritiken, Büchern oder künstlerischen Kooperationen mündeten. Ohne die Triebkraft von Peter Iden und seinen Verbündeten hätte Frankfurt am Main wohl bis heute kein Museum für moderne Kunst. Als Gründungsdirektor für das von Hans Hollein errichtete Gebäude ging Peter Iden ein Herzenswunsch in Erfüllung: ein Haus für zeitgenössische Kunst. Peter Iden hat zwar unzählige Interviews, Katalogtexte und Bücher veröffentlicht, sein Hauptmedium blieb aber die Frankfurter Rundschau, eine angesehene Tageszeitung, mit der er seit über 50 Jahren verbunden ist.

Es war sicher nicht leicht, aus hunderten Veröffentlichungen eine Auswahl zu treffen. Zuletzt hat sich Peter Iden für 50 Künstler und 58 Kritiken entschieden. Mit Texten aus den Jahren 1962 bis 2019, die auch die documenta und die Biennale von Venedig einschließen, entsteht ein faszinierendes Panorama über die Veränderungen der Kunst in einem Zeitraum von 60 Jahren, gesehen durch die Augen eines umfassend gebildeten Kunsthistorikers, passionierten Beobachters und unbestechlichen Kritikers.

Ingrid Mössinger
Anja Richter

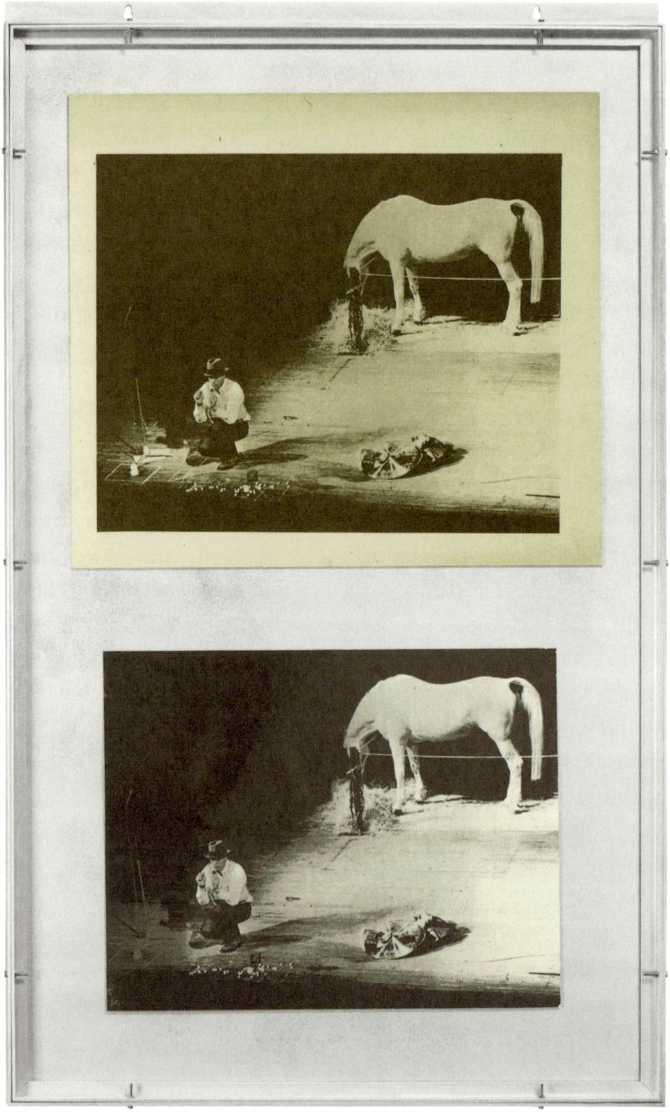

Joseph Beuys
Iphigenie, 1973
Siebdruck auf PVC-Goldfolie
41,5 x 55,5 cm
Entstanden in Folge der Aktion *Titus Andronicus / Iphigenie* anlässlich der experimenta 3, 1969 in Frankfurt am Main

Einführung

Freiheit – es war das Zauberwort der frühen Jahre, die der Verfasser der in diesem Band zusammengestellten Auswahl seiner zwischen 1960 und 2018 erschienenen Texte zur Kunst, begünstigt durch glückliche Umstände, in den USA verbringen durfte. In Kalifornien, „where it never rains“, gegen Ende der 1950er-Jahre, weit entfernt also von den Zerstörungen in Deutschland und ganz Europa infolge des Zweiten Weltkriegs, die das Flüchtlingskind noch hatte erleben müssen, war nach anfänglichem Bangen das Grundgefühl sehr bald eines der Überwindung leichthin fast aller Ängste und Zwänge.

Etwas von diesem Empfinden, immer gesuchter Glückszustand, habe ich, nach Deutschland zurückgekehrt, überraschend wiederfinden dürfen in der Auseinandersetzung mit einer nach 1945 gegen anfangs hartnäckige Widerstände radikal sich erneuernden westeuropäischen Kunstszene, wie sie sich in der BRD, aber auch in Frankreich, Österreich, Italien und den Niederlanden in den 1960er-Jahren herausbildete. Verführerischer Zauber, dem man gern erlag, Zauber der vielfältigen Anfänge eines neuen Denkens, das allenthalben mehr und mehr sich zur Geltung brachte: in den Bildern der Kunst, im Theater, in der Musik, der Literatur, Merkmal vor allem der Frankfurter Schule der Aufklärung.

Das Angebot allein an Ausstellungen der Avantgarde der bildenden Kunst zwischen dem Rheinland, Frankfurt und Stuttgart und andererseits Paris, Den Haag, Brüssel, Arnheim, Wien und Mailand war schon sehr bald erstaunlich beanspruchend und hat seitdem von Saison zu Saison zugenommen – mit der Konsequenz einer inzwischen nicht mehr zu leugnenden Unübersichtlichkeit. Es war nicht zuletzt diese Situation, die schon den jungen Beobachter bewog, sich zwar natürlich in erster Linie einzulassen auf die Bilder und Skulpturen einer sich in raschen Stilwechseln entfaltenden Kunstlandschaft, zugleich aber die Künstler selbst kennenzulernen: Was im Leben hat sie dazu gebracht, welche sie antreibende, impulsive Energie, die sie unterscheidet von allen anderen und sie veranlasst, aus der Besonderheit ihres Tuns ein Leben zu machen?

Manche der Texte der vorliegenden Auswahl bezeugen das Bemühen, dem nachzugehen. Auch indem sie beschreiben, nicht nur im Fall der Beschäftigung etwa mit dem amerikanischen Ambiente, das Sam Francis, Richard Diebenkorn, Robert Rauschenberg oder Mark Rothko geprägt hat, sondern auch in Hinsicht auf die Kräfte aus ihrer persönlichen, durch politische Konditionen verschatteten Vergangenheit, die Anselm Kiefer, Gerhard Richter, Gotthard Graubner oder gar Wolfgang Mattheuer und Hartwig Ebersbach in ihrer Entwicklung bestimmt haben. Zwar ist Kunst, im Sinne Adornos, immer das schlechthin Andere – und doch spüren wir an den Werken, wenn sie Bedeutung haben, den Wind der Zeit, der durch sie hindurch geht.

Eine den Kritiken oder Redetexten vorgeschaltete Überlegung aus dem Jahr 1962 steht für den zeitbedingten Versuch einer dem Realitätsbezug entsprechenden Methode der Annäherung. Thematisiert wird da der Begriff der Wirklichkeit, für die von Gruppierungen der europäischen Avantgarde damals ein neues Konzept gefordert wurde, das sich in den künstlerischen Tendenzen optimistisch erweisen und behaupten sollte als ultimativ neuer Beginn, Signal einer „Stunde Null". Das ist in dieser Form eine sowohl ästhetisch als auch gesellschaftspolitisch problematische Utopie geblieben. Dennoch ist die Aufmerksamkeit für das Spannungsverhältnis zwischen der Wirklichkeit von Kunstwerken und der Realität der Gesellschaft, in der sie geschaffen werden, für den Verfasser unerlässliche Voraussetzung jedes Kunsturteils. Es kann anders aus der Wahrnehmung, dem Sehen der Werke, ein Erkennen nicht werden – und die Kunst sich nicht behaupten als die Gegen-Macht, die sie doch ist.

In einer Zeitspanne von fast 60 Jahren haben sich für den Autor, wie die Texte zeigen, Verschiebungen der Bewertung einzelner Stilrichtungen ergeben. Der chronologischen Abfolge entgegen haben ihn die Träume der ZERO-Beweger Otto Piene, Heinz Mack, Günter Uecker und derer, die ihnen international nahestanden, weit ausgreifende Träume von einer unbegrenzten Freiheit der Kunst, zunächst mehr bewegt als die Maler der vorausgegangenen Periode des Informel in Deutschland, Frankreich, Österreich, Italien und Spanien. Obwohl doch sie es waren – unter den Deutschen K.O. Götz und Raimund Geiger, Bernard Schultze und Emil Schuhmacher, Fred Thieler, Gerhard Höhme, Peter Brüning, Karl Fred Dahmen, Otto Ritschel –, die als erste nach den durch Massenbewegungen verursachten Katastrophen des Zweiten Weltkriegs in Rückbesinnung auf die Impulse individueller Subjektivität zu den abstrakten Ausdrucksformen einer Zweiten Moderne fanden.

Viele, nicht zuletzt durch die zunehmend überzogene Bedeutung des Handels und der Märkte provozierte Verschiebungen im Verhältnis der Gesellschaft zu den Werken der Kunst – es bleibt aber: Immer ist man vor und mit Bildern allein. Was sie auslösen in der Person, die sie ansieht, ist nicht kontrollierbar durch andere. Das ist der Anspruch der Werke – und zugleich die wundersame Macht, die sie über uns haben können. Keine Herrschaft üben Bilder aus wie die der Mächtigen in dem, was wir fragwürdig das „richtige Leben“ nennen. Eine Macht ist es vielmehr, die weit hinausreicht über den Taghorizont, aufstörend und erschreckend wie Anselm Kiefers Ruinen-Türme im milanesischen Bicocca und Gerhard Richters bedrängende Birkenau-Bilder, dem Hauptwerk, dessen Beschreibung den Band beschließt.

Kein Bild und keine Skulptur ist nur, was sie vor Augen führt. Kunst, zumal die der Malerei, rettet den Begriff der Transzendenz und die griechische *epopteía*, die Möglichkeit „darüber hinauszuschauen“, vor dem Verlust im absorbierenden Lebensbetrieb. Das ist auch zu erleben als ein uns veränderndes Glück, durchaus teilbar mit anderen.

Der Verfasser gesteht allerdings, dass er in Galerien und Museen, zu Recht gedacht und angelegt für viele, zunächst lieber für sich als in Gesellschaft ist. Nicht der einzige Zwiespalt: Es war nämlich dennoch eine frühe Entscheidung, das allein Wahrgenommene und Bedachte weiterzugeben an andere. So sind alle in dem Band reproduzierten Texte veröffentlicht worden, zur Mehrheit in einer Tageszeitung. Man sieht, reflektiert und schreibt für sich allein – aber ebenso wenig zu leugnen ist dabei doch die Absicht einer Wirkung auf das Lesepublikum: Sie sollten gewonnen werden für das, wofür ich selbst gewonnen worden war. Es ist der Wunsch, der auch weiterhin gilt. Die Kunst, ich kann es nicht anders sagen, hat mein Leben beflaggt mit fliegenden Fahnen. Mein Auftrag war es, selbst Flagge zu zeigen. Das wurde versucht.

*

Ich danke den beiden Herausgeberinnen, Ingrid Mössinger und Anja Richter, für die Arbeit an Inhalt, Struktur und Erscheinungsform des Buchs.

Zu danken habe ich den Chefredakteuren und den Kollegen des Feuilletons der *Frankfurter Rundschau*, die es mir während fast sechs

Jahrzehnten ermöglicht haben, eine Passion zu leben. Walter Smerling und der von ihm geführten „Stiftung für Kunst und Kultur" sowie der „Salzburg Foundation" danke ich für das Vertrauen und für die zahlreichen Gelegenheiten zu Verbindungen mit vielen internationalen Protagonisten der Gegenwartskunst.

Den Galeristen Ileana und Michael Sonnabend, Rudolf Zwirner und Rochus Kowallek weiß ich mich verpflichtet dafür, dass sie mich zugelassen haben. Den Kritikern Albert Schulze-Vellinghausen und Hanno Reuther danke ich fürs Angelerntwerden, Martina Greiling für die geduldige und kritische Aufmerksamkeit, die sie oft als erste Leserin vielen der Texte zugewendet hat. Dank auch dem von Rosa Baumgartner geführten Lektorat, dem Freund Cesare Lievi sowie Gisela Stockburger und Barbara und Wolfgang Sattler für anregende und hilfreiche Gespräche.

Über die Wirklichkeit

Es ist in Bezug auf die Kunst der „Neuen Tendenzen" von der Mehrzahl der Künstler selbst oft der Begriff Anti-Kunst in die Gespräche eingeführt worden, genauer: der Begriff des Anti-Bildes oder zumindest der Begriff des Nicht-Mehr-Bildes. Man hat sich angewöhnt, vom künstlerischen Resultat als von einem „Objekt" zu reden. In Deutschland haben die wesentlichen Künstler der hier vorgeführten Richtung für ihre Gruppe die Bezeichnung „Zero" gewählt; in Arnhem ist inzwischen in der Regie von Henk Peeters und Herman de Vries die Zeitschrift *nul = o* herausgekommen.

Wie nun die Ziffer Null unter den Zahlen eine ganz besondere Position innehat,[1] weil sie einen Anfang bezeichnet für Zahlenreihen, die im Positiven wie im Negativen unendlich weit reichen, und eine besondere Position auch, weil sie zugleich einen Zustand angibt, der gewissermaßen zwischen allen Anfängen ist und selbst im Grunde nicht angefangen hat, so scheint sich auch diese Kunst in einer sonderbar luziden Stunde Null zu befinden.[2] Was besagt es, dass ein originärer Ausgangspunkt willkürlich gesetzt ist? Die neuen Bildmöglichkeiten des Nicht-Bildes geben selbst die Antwort. Sie zielen ab auf eine neue Konzeption der Wirklichkeit; ja man spricht sogar von einer „neuen Wirklichkeit", der man sich zuwendet, spricht von einer „Nouvelle Réalité"[3].

Wirklichkeit. In der deutschen Sprache ist der Ausdruck zurückzuführen auf das 13. Jahrhundert. Es ist eine Prägung des Meister Eckhart, der so das lateinische *actualitas* übertragen hat. Damit rückt, wie ich glaube, eine entscheidende Komponente der Wirklichkeit in das Blickfeld. *actualitas* nämlich umschrieb im Lateinischen weniger einen Zustand als vielmehr eine Wirksamkeit, umschrieb mehr einen Akt als ein Statisches. So wie, genau genommen, die Wirklichkeit stets ein Wirken einschließt, das auf den, der in Wirklichkeit ist,

---

1 Gottlob Frege: „Über das Wesen der Null. Der wissenschaftliche Nachlass von G. F.". Actes du Congrès International de Philosophie scientifique, Sorbonne, Paris 1936.

2 Heinz Mack: „... die Zone Zero, der Ausdruck unserer grenzenlosen Erwartungen". *ZERO,* Nr. 3, Düsseldorf 1961.

3 Sacha Sosnovsky: „Tendances du nouveau réalisme niçois". *nul = o,* Arnheim 1961. Günther Uecker: „Über die räumliche Realität." *ZERO,* Nr. 3, Düsseldorf 1961.

Bezug nimmt.[4] Wirklichkeit ist damit immer schon unsere, notwendig ist sie im Hinblick auf uns, und immer schon sind wir im Hinblick auf sie. Wirklichkeit – das heißt also ein Zustand, heißt aber auch *relatio*, Akt, heißt auch Bewegung.

Die Objekte dieser Ausstellung nun sind in der Mehrheit bewusst der Wirklichkeit, einer Nouvelle Réalité eben, verpflichtet. Gewiss war alle Kunst, zu jeder Zeit, Kunst der Wirklichkeit, ja, sie implizierte allemal ein Wirken, das Veränderung wollte, die Veränderung der Welt etwa oder die Veränderung sozialer Bedingungen. Nur verlor sie, so scheint es, die Frische, die Ursprünglichkeit eines direkten Verhältnisses zu den Dingen der Welt. „Gerade die Worte für das Unausweichliche sind klanglos geworden: Wirklichkeit, Existenz, Realität."[5] Es ist eben dieser Umstand, welcher das irritierende Erlebnis produziert, das die Objekte dieser Ausstellung bergen. Indes geht auch ein wesentlicher Einwand von hier aus. Wie, so sagt man, soll es denn möglich sein, aus der Wirklichkeit überhaupt Einzelnes herauszulösen – ein Raster, einen Lichtreflex, eine Rauchspur –, wo doch Wirklichkeit immer total, immer eine ganze ist?

Der Wirklichkeit sich neuerlich wieder zuwenden, heißt zugleich, eine neue Freiheit entdecken.[6] Nicht eine reglementierte Freiheit, wie sie der *consensus hominum*, die Übereinstimmung der vielen zur Sicherheit unserer Gesellschaft verlangt, sondern eine, die allein uns gehört, die unbeschränkt, weil unbeschränkbar ist, die eine Freiheit zur Welt und eine Freiheit zum Erleben der Welt, der Wirklichkeit, ist. Und eben hier erfüllt diese Kunst einer Nouvelle Réalité, erfüllen diese Bilder eine ganz bestimmte Funktion: Sie rücken heraus, was verstellt gewesen, schaben ab von der Patina der Traditionen mit ihren zahllosen Hinterhalten. Dass sie sind, ist vor allem an ihnen wesentlich.

Einführung in die Ausstellung *Nieuwe tendenzen*, 18. Januar bis 10. Februar 1962, Galerie Orez, Den Haag

---

4 Richard Hönigswald: *Wissenschaft und Kunst*. Stuttgart 1961. Er verweist auf die Möglichkeit einer „idealen" Wirklichkeit und einer anderen, die diejenige des „Menschen" ist. Auch die denkpsychologischen Experimente der Schule Oswald Külpes gehören in diesen Zusammenhang.

5 Arnold Gehlen: *Zeitbilder*. Frankfurt 1960, S. 224.

6 Heinz Mack: „... die totale Reservation der Kunst wird eine neue Freiheit sein". *ZERO*, Nr. 3, Düsseldorf 1961.

Raimund Girke
Weiß führt zu Weiß zurück

Was sind und was sollen weiße Bilder? Sie haben, scheint es, wenig zu bieten. Kein Motiv, keine Anekdote, keinen Appell, keinen Abendhimmel, kein Farbenspiel – sind nicht einmal irgendwie Aufzeichnungen von vorgeblich Psychischem. Weißen Bildern wie denen, die Raimund Girke etwa seit 1958 zeigt, fehlt es an Welt. Sie lassen sich auch als abstrahierende Reproduktionen einer vielleicht entfernten Wirklichkeit nicht unterbringen. Wo das Weiß gezwungen wird, von sich selbst wegzuführen, führt es immer zum Weiß zurück. Nichts ist da hineinzudeuten, nichts mit fremdem Draußen zu verbinden. Allein für sich selbst, für die unmittelbare Erfahrung ihrer selbst als sehr eigenartige und bis dato unbekannte Stücke mit eigenem Realitätsanspruch plädieren diese Tafeln.

Bilder also, die sich – zunächst – als Argument verstehen. Als Argument, das sie zwar eingrenzt, ihnen aber zu einer Position verhilft innerhalb der Strömungen zeitgenössischer, moderner Malerei. Das Stichwort hier ist Monochromie, Einfarbigkeit. Sie wurde zum Stil – das ist heute deutlich zu übersehen – als Antwort auf das Farbenkauderwelsch, Seelengestammel von Action Painting und Tachismus, das im ersten Jahrzehnt nach dem Zweiten Weltkrieg die Galerien füllte. Reduktion, Rückzug auf die einfarbige Fläche, Abbau aller Bildvorgänge schien einer jungen Malergeneration damals der Weg zu sein, auf den es sich ausweichen ließ. Yves Kleins monochrome Phase bezeichnet da einen Abschnitt, in Wien nannte Arnulf Rainer seine schwarz überzogenen Blätter „Übermalungen“, der Amerikaner Ad Reinhardt zeigte bei Iris Clert in Paris seine tiefschwarzen Leinwände, der Belgier Jef Verheyen malte die Flächen zu mit einem Rot, einem Blau, einem Gelb. Und von Raimund Girke sah man jene matt-hellen, von feinen dunklen Strukturen bewegten Bilder, von denen hier einige noch zu sehen sind. Yves Klein, am Strand von Nizza, beschwerte sich über Vögel am blauen Himmel – sie rissen ihm Löcher in seine Bilder. Der Himmel da oben als ideales monochromes Bild – so weit ging das.

Die Klage Yves Kleins über die dunklen Vögel, der Himmel als Vorwurf, den kein Pinsel erreicht, das bringt mich auf eine Bemerkung

Girkes, der sich notiert: „Weiß ist grenzenloser dimensionaler Raum". Und, an anderer Stelle, vor zwei Jahren: „Ich will in meinen weißen Bildern den Bildraum nicht fixieren, sondern das Bild in ein Stadium führen, das über die Bewegung in die Fläche hinaus die unbegrenzte räumliche Bewegung ermöglicht." Die unbegrenzte räumliche Bewegung, die Wellen in Weiß, die, von der Fläche ausgehend, einen Raum füllen, ihn bewegen, also etwas zur Folge haben – das ist der Traum. Jetzt reicht es nicht mehr, vom Bild, es relativierend, als Argument zu sprechen. Girke malt nicht einer Position, einer morgen nicht mehr haltbaren Behauptung zuliebe. Die Farbe, ihr Auftrag, ihr Einsatz wollen die Wirklichkeit der einzelnen Arbeit, nicht, wohin es schlimmstenfalls kommen kann, im Betrieb ein Wörtchen mitreden. Monochromie ist hier nur das ganze Feld, für Girke will es unterteilt sein. Die nur mit den Mitteln der weißen Farbe erreichten, plastisch wirkenden Hebungen und Senkungen seiner Bilder der letzten zwei Jahre sind Belege dafür, dass hier einer sich noch aufs Malen, auf *peinture* meinethalben, verlässt, sich selbst einschränkt, das Verfügbare verkürzt, sich anweist auf Weiß. Aber was kann er damit noch zeigen – „Modulationen, Grautöne, bis ins Blaue treibend, Atmen" sagt Wieland Schmied, Bewegung, die keine Elektromotoren braucht, Vorgänge, die anheben und schwinden, die einnehmen für einen wichtigen Augenblick. „Weiß", formuliert Girke, „ist Ruhe und Bewegung, Aktivität und Passivität." Die Farbe, die Energie Weiß studiert in seinen Bildern sich selbst. Horizontale Gliederungen helfen ihr auf, scheinen zu stören und stören absichtsvoll, weil der unterbrechende Eingriff, der retardierende Einwurf, Neues zutage bringt.

Neben diesen Tafeln, Meditationstafeln ohne metaphysisches Ziel (über deren mögliche Chance am Bau, in der Architektur sich nachdenken ließe), entstehen vor allem im letzten Jahr die *Fluktuationen*. Sie verlassen Monochromie zugunsten nun wieder lebhafter Bildvorgänge, die über die physische Grenze des Bildes hinaus fortsetzbar zu denken sind. Das Weiß trifft auf seine Gegenfarbe; Girke macht die Probe auf weiße Energie. Die Bildgliederung scheint streng horizontal. Liest man indes das einzelne Bild gleichsam von oben nach unten oder diagonal, so lässt sich die Führung des Weiß auch in diesen Richtungen verfolgen. Weiß wandert über die Leinwand, weicht dem Dunkel gelegentlich aus und „verhält" sich, könnte man sagen, zu dem

Schwarz im Sinne eines aufmerksamen Reagierens. In flirrenden, das Auge täuschenden Zonen treffen sich die Kontraste.

In den besten der Bleistiftzeichnungen ist gerade im Kleinstformat nachprüfbar, wie Girke die „Dramatik“ solcher Begegnungen gewissenhaft zu inszenieren versteht. Wie zuvor die eingezogenen Stufen, stört jetzt das Schwarz und kehrt zugleich doch nur wieder neue Seiten des Weiß hartnäckig hervor. Eine nervöse Immaterialität der Fläche ist die Folge. Nicht auf Vasarelys Spuren will Girke weiter – so wenig wie ihn das Hard Edge eines William Turnbull etwa interessiert –, Girke bleibt bei Weiß. So nachdrücklich wie von den mir bekannten Malern wohl am ehesten der vor drei Jahren gestorbene Italiener Piero Manzoni, von dem sehr viel noch zu erwarten gewesen wäre und dessen grandiose Objekte nun bald vergessen sein werden, weil es nicht viele gab und Manzoni sie unbedenklich zu Ausstellungen fortschickte, von denen sie nie zurückkamen.

Girke bleibt bei Weiß, auch in diesen letzten Arbeiten. Er vertraut dieser Farbe. „Nicht Einengung und Starrheit, sondern Weite, Freiheit, Beweglichkeit“ scheint sie ihm zu versprechen. Und etwas, wofür – wie es manchmal geschieht – Vokabeln, Formulierungen noch erst zu suchen wären. In dieser Hinsicht versteht sich das hier Gesagte als auf dem Weg zu Bildern. Das schlechte Weiß des verschneiten De-Haën-Platzes in Hannover, das ich den Tag über vor mir hatte, wird jetzt grauwertig, dunkel. Zeit, in die Galerie zu gehen. Weiß führt zu Weiß zurück. Zum besseren Weiß Raimund Girkes.

Einführung in die Ausstellung *Weiß*, Galerie Adam Seide, Hannover, 1966

Joseph Beuys
Moralist in Grau

Gibt es das wirklich noch: dass eine Ausstellung bildender Kunst plötzlich ratlos macht, alle Vorstellungen, die wir uns zwischen Kinetik, Pop und Hard Edge vom aktuellen Stand der schönen Künste gebildet haben, alle Sicherheit des Sehens und Urteilens durchstreicht, ja: sprengt? Dieser Herbst meint es gut mit der Bildnerei – in Köln war Kunstmarkt, in Karlsruhe präsentiert der Deutsche Künstlerbund seine Auslese, in Esslingen veranstaltet die Galerie Mayer (gleich an drei Punkten der Stadt) die bisher umfangreichste deutsche Einzelausstellung von Arbeiten Vasarelys; alles Gelegenheiten, sich zu üben in der Erfahrung jener „neuen Wirklichkeiten", an denen die Kunst immerhin zu arbeiten vorgibt.

Keine Erfahrung aber und keine Einsicht, die da vielleicht zu gewinnen wäre, könnte helfen, so ohne Weiteres und einigermaßen routiniert fertig zu werden mit der Ausstellung, die das Städtische Museum Mönchengladbach (wer hatte bisher schon davon gehört?) dem Werk von Joseph Beuys gewidmet hat. Man wird sie die außergewöhnlichste, sicher die aufregendste Ausstellung dieses Herbstes zu nennen haben.

Kalt und grau stellen die Objekte von Beuys sich gegen die schöne Buntheit, mit der manche künstlerische Produktion im Augenblick ihre Fortschrittlichkeit zu belegen bemüht ist. Wie über Beuys schreiben? Der Professor an der Düsseldorfer Kunstakademie, 1921 geboren, hat zunächst als Zeichner reüssiert. Schon Ende der 1950er-Jahre aber veranstaltet er erste „Demonstrationen", in denen die Bereiche von Malerei, Plastik und Theatralik (also: Szene) verschmelzen; und zwar zugunsten der Herstellung von Wirklichkeiten, die sich – wie etwa in Aachen zum 20. Juli 1964 – als chaotische darstellen, als Auflösung erstarrter gesellschaftlicher Konventionen, die, so Beuys, „zukünftige Gestalt erst möglich machen". Zertrümmerungen bekannter Realität also, um Struktur und Organisationsform des Zerstörten sichtbar zu machen; ein Aufreißen versiegelter Zusammenhänge, das Zustände zunächst zergliedert, um sie für Veränderungen vorzubereiten.

Dieses Verfahren erregte, schockierte den Zuschauer. Und brachte Beuys in Verruf. Aber von Aktion zu Aktion wuchs der Gehalt an

Aufklärung – der Zertrümmerer wurde als Moralist erkennbar. Diese rationale und moralische Qualität an den szenischen Arbeiten von Beuys wird nun an den Objekten, die jetzt zum ersten Male in solcher Breite zu sehen sind, besonders deutlich. Man könnte sagen: Beuys zeigt Gegenstände vor, die zu den vernutzten Einrichtungsstücken unseres Bewusstseins gehören. Ein rostrotes Kreuz auf Dauerwürsten, hölzerne Pritschen übereinander (wie in Kasernen oder in KZs), mit Filz umwickelte oder mit von Wachs überzogene Gegenstände täglichen Gebrauchs, ein Holzkasten, in dessen Ecke Verbandsmull gestopft ist (Titel: *Tamponierte Ecken*) – das werden Metaphern von großem Wirklichkeitsgehalt für das, was sich in muffigen Winkeln des Bewusstseins als Gerümpel staut.

Das Zitat des wiedererkennbaren Gegenstandes, der durch das Herausrücken aus seinem Zusammenhang zur Chiffre wird für Vorstellungen von der Welt und für Verhältnisse in ihr, bringt Beuys in die Nähe von Kurt Schwitters, Marcel Duchamp, aber auch in die Nähe von René Magritte. Kunst fällt mit Leben wieder zusammen – Reales, Verifizierbares wird, kaum oder gar nicht verändert, zur Schau gestellt. Aber: Das plötzlich vereinzelte Stück gewinnt, ungestört von Nachbarschaften, einen eigenen Raum, in dem, vertrackt genug, der Betrachter auf sich selbst trifft. Das ist eine Methode des Sichtbar- und Einsehbarmachens, mit der wir wenig Erfahrung haben. Man muss die verstörende, graue Grenze, die das Material von Beuys aufrichtet, erst überkommen – ein schwieriger Prozess, weil er eine rabiate Herausforderung an das Reflexionsvermögen eines Publikums darstellt.

Dass Johannes Cladders, der das Museum in Mönchengladbach gerade übernommen hat, seine Tätigkeit mit dieser Ausstellung beginnt, spricht für seine Entschiedenheit; dafür sprechen auch die ersten Stücke (von Yves Klein, Lucio Fontana, Jean Tinguely, Arman – alle in guter Qualität) einer Sammlung, die er allmählich aufbauen will. Man möchte wünschen, dass er die Unterstützung – auch vonseiten der Stadt – findet, die er braucht und verdient. In Mönchengladbach könnte die zeitgenössische Kunst einen neuen Schauplatz gewinnen ...

Zur Ausstellung *Beuys* im Städtischen Museum Mönchengladbach, 13. September bis 29. Oktober 1967, *Frankfurter Rundschau*, 6. Oktober 1967, S. 10

Hermann Goepfert
Das inszenierte Licht

Diese Ausstellung neuer Arbeiten von Hermann Goepfert in der Galerie Lichter ist eine Bestätigung. Sie veranlasst, sich zu erinnern an den auch durch hartnäckige Ablehnung nicht zu erschütternden Enthusiasmus, mit dem Goepfert und seine Freunde Piero Manzoni, Jef Verheyen, Oskar Holweck, Otto Piene, Heinz Mack, Günther Uecker (es waren noch andere dabei, immer auch der Galerist Rochus Kowallek) vor nun schon fast zehn Jahren anfingen, an neuen Formen der Bildnerei zu arbeiten.

Das Ziel hieß: eine Kunst aus neuem Stoff, das Licht als Malmittel benutzen, Flächen in Bewegung auflösen, den Betrachter einbeziehen in das Bild, aus kalkulierter Organisation ein freies Spiel von Formen, Rhythmen, Abläufen gewinnen. „Freiheit" galt als wichtiges Kennwort dieser jungen Schule, die sich abkehrte von Pinselvehemenz und gemalter Seelenkrise des Tachismus, Freiheit zur Entwicklung eigener Regeln; „Wirklichkeit" war die andere Parole, die meinte, mit den Mitteln der Realität (Licht, Bewegung) andere Realitäten zu schaffen zur Bereicherung der Gebilde unserer Umwelt.

Das waren die Vorstellungen. Und Goepfert bestätigt heute, dass die Manifeste und Entwürfe von damals in der Tat einer Bildnerei den Weg bereiteten, die inzwischen, neben den Tendenzen zur Wiederentdeckung der Gegenständlichkeit, die wichtigste Richtung der zeitgenössischen Kunst ist. Es wurde da ein Bereich erschlossen, dessen Möglichkeiten, wie Goepfert jetzt zeigt, noch für lange Zeit nicht erschöpft sind. Das gilt zumal für die Chancen dieser Kunst in der Architektur. Eine ganze Reihe von Goepferts Arbeiten ist in Frankfurter Bauten installiert. Vor wenigen Tagen erst wurde ein *Optophonischer Raum* in einer Schule für behinderte Kinder fertiggestellt – Lichtimpulse, die auf reflektierendes Aluminium fallen, werden durch bestimmte Tonfrequenzen ausgelöst, Hörbares in Sichtbares umgesetzt, ein vorzügliches Beispiel für die Verbindung von Kunst und Architektur.

Die Ausstellung in der Galerie ist in drei Räumen mustergültig arrangiert. Im Zentrum des ersten Raums: ein Lichtbrunnen, übereinander gelagerte, gegeneinander versetzte Aluminiumleisten, die eine rotierende Lichtquelle mit Helligkeit überzieht. Das zurückgeworfene Licht nimmt den umgebenden Raum in seine Bewegungen herein. Der Brunnen ist in Bezug gebracht zu großformatigen Reflektorbildern, Halbschalen, wiederum aus Aluminium, kühl gegliedert, fangen Licht auf und geben es in vielen Brechungen zurück: Der ganze Raum wird Spielfeld des Objektes.

Nach dieser Lichtschleuse folgen im Nachbarraum Bilder, in denen das einfallende Licht an lineare Faltungen eines mit gold- und silberfarbenem Kunststoff beschichteten Materials enger gebunden bleibt. Auch hier überzeugen die großen Formate, zu denen Goepfert in seinem belgischen Atelier gefunden hat. Weite ist in diesen Bildern und die Erfahrung flach hingebreiteter Landschaften oder, in einem Fall, steil aufstrebender gotischer Fassadenführung.

Im dritten Raum dann Kästen, an deren oberen Rändern schmale, bewegliche Stäbe vor spiegelnde Flächen montiert sind; jede Bewegung der Stäbe verändert das einzelne Objekt, weil Ein- und Ausfallswinkel des Lichts sich ändern. Zarte, lyrische Wirkungen entstehen. Wie denn überhaupt diese Kunst überrascht durch die Entfernung des Resultats vom Instrument seiner Erzeugung. Aus Rationalität, aus der nachprüfbaren Organisation einfacher Mittel kommt etwas Ausschweifendes, Leichtes, Flüchtiges. Wirkungen überholen, lächelnd, ihre Ursachen. Kästen, die das Licht inszenieren: ein lockendes, augenverführendes Theater.

Goepfert hat gute Fortschritte gemacht. Seine Objekte haben jetzt eine fast schon klassische Ruhe; Aufregung, Nervosität ist überwunden. Sicherheit, Meisterschaft ist ihm zugewachsen im Umgang mit seinen Materialien. Das ist nun nicht mehr zu übersehen. – Der Erfolg dieses Malers außerhalb Frankfurts, in den großen Museen und Ausstellungszentren Europas und Amerikas, hat eine Präsentation seiner Arbeit in der Stadt, in der er lebt, längst wünschenswert gemacht. Rochus Kowallek hat sie nun eröffnet mit einer Rede, die literarische Qualitäten hatte, Einsicht und Entschiedenheit, Aggressivität und Witz zusammenbrachte. Er hat die Galerie Ursula Lichters an diesem Abend auf Kurs gesetzt. Sie ist jetzt, nach zögerndem Beginn, ganz da.

Zur Ausstellung mit Werken von Hermann Goepfert in der Galerie Lichter, Frankfurt am Main, 1968, *Frankfurter Rundschau*, 1. Februar 1968, S. 8

Arnulf Rainer
Als wäre das Frühere das Spätere

Arnulf Rainer hat sich, etwa um 1950, in die Malerei der Gegenwart eingeführt, mit Bildern, die bis heute von ihrer Kraft (es war auch die Kraft des Arguments, das sie vortrugen) nichts verloren haben. In seinen „Übermalungen" formulierte der Wiener zugleich die schärfste Absage an die Bilder des Tachismus: Malerei wurde Rainer mehr und mehr zu einem Akt der Stilllegung, der Mortifikation aufgeregter Oberflächen, die ertranken in dem asketischen Schwarz der sie überziehenden und zudeckenden Schraffuren.

Konsequenter ist neben Yves Klein – und doch ganz anders als der Franzose – keiner den Weg in die Monochromie gegangen, und deutlicher ist die zeitgenössische Vorstellung, dass jedes Bild nur zu begreifen ist als unterwegs zu Bildern, nie illustriert worden als mit diesen „Übermalungen". Der dunkle Monsignore Mauer, Prediger am Stephansdom zu Wien und seinerzeit Mentor der 1956 von Wolfgang Hollegha, Markus Prachensky, Josef Mikl und Arnulf Rainer gebildeten Gruppe St. Stephan, hat damals die schwarzen Vorhänge Rainers gedeutet als Ausdruck einer kontemplativen Mentalität: „Je mehr und je dichter die Vorhänge fallen, desto klarer erhebt sich das innere Bild."

Rainer selbst ist bis in seine neuesten Blätter von der Faszination dieser Stilllegungen nicht losgekommen. Er hat sich, eine der schwierigsten und aufregendsten Begabungen unter den Künstlern der Gegenwart, der Erfahrung extremer Situationen bewusst ausgesetzt, als er vor zwei Jahren in der Universitätsklinik von Lausanne damit begann, unter dem Einfluss von Drogen (vor allem von Psilocybin) zu zeichnen. Einige der Zeichnungen Rainers, die die Frankfurter Galerie Steinbacher Hohl zeigt, stammen aus dieser Zeit. Formal scheinen sie unvollendet, ihre Bedeutung liegt in der sichtbar werdenden Anstrengung, Visionen von jenseits der Sphäre kontrollierter Bewusstheit herüberzuholen, zu bannen. In diesen Blättern sind die Vorhänge wieder durchstoßen, wirre, zerfahrene Gebärden kommen ins Bild, ganz entfernt erinnernd an Zeichnungen Rainers vor der Zeit der „Übermalungen".

Interessanter als die Aufzeichnungen im Rausch sind aus den letzten Jahren die Arbeiten, in denen sich, gelegentlich auch farbig akzentuiert, die Umrisse von Köpfen aus dem Schwarz der Oberflächen heben. In all seinen Bildern werde ein Kopf geboren, hat Rainer kürzlich gesagt: Fratzen sind das oft, grob konturiert, Dämonisches ist an ihnen. Solch Figuratives, Gestalt, die ans Licht drängt, bleibt im Streit mit dem Dunkel, das die Blätter noch immer zuwachsen will. Die wenigen „Übermalungen" früherer Jahre, die die Ausstellung enthält, haben neben den mit sich selbst zerstrittenen, jüngsten Blättern eine eigenartige, lakonische Schönheit.

Es ist, als sei das Frühere das Spätere. Aus der Umkehrung einer Entwicklung, die nun zurück will hinter das von ihr selbst schon Verschlossene, kommt die Spannung dieser Ausstellung. Sie zeigt einen Kampf, wo er gerade am heftigsten tobt.

Zur Ausstellung *Arnulf Rainer*, Galerie Steinbacher Hohl, 1968,
Frankfurter Rundschau, 22. Juni 1968, S. 15

Markus Prachensky
Prosa für einen Heftigen

Es vergeht ja, sagte er, alles so entsetzlich schnell.

Er ist wieder da. Das schreibt sich einstweilen vor die länger vergangenen Szenen, wie er nun beim Herrn de la Motte zwischen den gestapelten, zu Haufen aufgeschütteten Berichten, Kritiken, Fotos, alten Katalogen, Plakaten, dem Ramsch der Jahre hockt, eingedeckt fast ganz vom wirren eigenen Damals, von den immer ungenauen Protokollen, die gegen das Vergehen ihrer Anlässe atemlos plädieren – arbeitsame Helfer halten ihn an, das doch nun in Ordnung zu bringen für wieder diesen neuen Katalog, auszuwählen, zu sortieren, zu gliedern, ein junger Mensch hinter einer Schreibmaschine will es ganz genau wissen, wann war dies, wann war das, Wien, Aschaffenburg, Stuttgart, Berlin, Los Angeles, wieso ist das nicht abgelegt worden, wieso ist keine Ordnung darin?

Ich könnte nun behaupten, aber vielleicht verschieben wir das besser noch etwas, die Ordnung dieses Lebens des Markus Prachensky sei nur in seinen Bildern geleistet, seine Bilder seien so sehr Zeugnis für die Entfaltung dieses Lebens, für die Wagestücke und das Abenteuer dieser Existenz, dass mit so einer Ausstellung auch gleich der Mann selber sich ausstellt, man also in den Bildern auch schon ihn selbst hat mit Lebenslauf und allen Daten. Für die ein wenig matten Kunsttäter der ausgehenden 50er-Jahre waren seine roten Explosionen, diese vehementen Ausschreibungen seiner selbst, so erschreckende, fast: monströse Erfahrungen und sicher: Erfahrungen von etwas Monströsem, dass viele lange brauchten, sich davon zu erholen. (Nur einer, Monsignore Mauer, der nicht nachlassende Interpret Prachenskys, setzte den Druckwellen immer wieder sich aus, hielt stand und fand Worte, an denen es nichts zu tüfteln gibt, Worte wie: In mächtigem Duktus erreiche die Malerei Prachenskys astronomische Bahnen, um rasch wieder den Charakter menschlichen Gestus anzunehmen.)

In mächtigem Duktus ... das war noch ein Tag, als der Meister im stillen Aschaffenburg, in einem hübschen alten Theaterchen dort, hinter der Bühne die rote Farbe anrührte, um sie dann, geleitet und befeuert von Musik, eimerweise über eine große, weiße Leinwand zu stürzen, das war ein Tag, auf den die Anfänge des Happenings in Deutschland zurückgehen, Vostell hatte da von Rauschenberg noch nicht einmal den Vornamen gewusst. (Mir schien seinerzeit der Grad an Konkretion, den diese Kunstmaßnahme erreichte, ihren Vergleich mit den Schlitzen Lucio Fontanas und den Übermalungen Arnulf Rainers zu rechtfertigen.) Erst beinahe ein Jahrzehnt später habe ich wieder mit Prachensky so einen Tag erlebt wie den von Aschaffenburg, freilich diesmal spielten Bilder keine Rolle, wenn auch in gewisser Beziehung doch, denn das haben wir ja schon festgestellt, wie Mann und Bild zusammenhängen, wie der Mann seine Bilder ist und seine Bilder ergeben den Mann, nur dass in den Bildern gewiss deutlicher als am Mann zu sehen ist, dass Prachensky von Formen handelt, dass seine Bilder über die Jahre so wenig wie er selber sich noch gleichen, nur sich gleichen in dem Rot, in dem zuletzt nun auch wieder seine Verdichtungen, sein Zur-Ruhe-Kommen sich darstellt, das aber ein Zur-Ruhe-Kommen voller Spannungen ist, sozusagen eine außerordentliche Anstrengung, die Richtung der Druckwellen umzukehren, in das heiße Zentrum des Ausbruchs zurückzuleiten, was nicht immer gelingt, Einzelnes spritzt noch weg, er bekommt es nicht zu fassen, erschöpft lässt er an Rändern noch Unordentliches zu, manchmal auch mittendrin in einer unruhigen Zone. Kürzlich, das war wieder so ein Tag wie in Aschaffenburg, da waren wir zusammen in einer kalifornischen Kleinstadt, die Patterson hieß, bei Bürgermeisters zu Gast, ein schöner, blinder Zufall brachte uns ins Amerika der schweigenden Mehrheit, eine kleine, geordnete Stadt voller sauberer weißer Häuschen und Elendsviertel, nur ein paar kleine und nur jenseits der Bahnschienen, wie das eben auch in Kalifornien so ist, mit meiner guten Jane tanzte Prachensky barfuß im Garten des Bürgermeisters, das war für Jane nie so und wird für sie nie wieder so sein, niemals hatte jemand schon barfuß auf dem Gras des Bürgermeisters einen Walzer aus Wien (den ich beiden trillerte, schlecht und recht), nie barfuß und bärtig und von so weit weg, viel weiter als Wien für Patterson ist, nie so getanzt, das war für Jane nämlich schon eine Orgie, und tags drauf wussten es alle, sozusagen alle an den Ufern des San Joaquin, was da geschehen war, und als Markus, vertraulich nannten sie ihn bald so, am Morgen im örtlichen Drugstore, ich glaube, das heißt: ich bin ziemlich sicher, nach Bier suchen ging, bildeten sie, die dort auch einkaufen wollten, ihm schon ein Spalier, einer war da, sie wussten es ganz genau, auf ihrer Szene erschienen, und niemals mehr würden sie sein können, sie und ihre Stadt und ihre schweigende Mehrheit und ihr Bürgermeister und ihr Bourbon, den sie und wir aus langen Gläsern auch auf der Terrasse des emeritierten Obersten gerne getrunken haben, und ihre Berge ringsum und sogar ihr gepflegtes Gras in ihren gepflegten Gärten, wo sie nicht nur im Sommer abends die dicksten Steaks ihrer freien Welt essen, niemals mehr würden sie alle mit dem allen so sein können wie vorher, und ich höre, sie haben jetzt eine Zeitrechnung eingeführt, in der sie neuere Erkenntnisse als solche nach Markus und ältere als solche vor Markus bestimmen. So einer also ist das: eine Merkwürdigkeit unter uns, wie seine Bilder merkwürdig unter Bildern.

Indessen erzähle ich das alles wirklich nicht nur, weil ich es gerne erzähle, obwohl ich es, zugegeben, gerne erzähle und noch ganz andere Sachen erzählen könnte, zum Beispiel aus Wien, wo alles anfing und wohin ihn die Irrfahrten immer wieder mindestens für sporadische Aufenthalte geführt haben, weil auch die Wiener gegen Wien sind, doch nicht, indem sie sich wehren, diesem keineswegs heimeligen (sondern brutalen, unglaublich mörderischen) Platz auf eine für sie selbst vermutlich eher unheimliche Art verbunden sind, sodass ihre Ausläufe in die Welt bisweilen sich, wenn man nicht genauer Bescheid weiß, ausnehmen wie etwas krampfhafte Versuche, sich endlich abzunabeln, was manchmal geht, und manchmal scheint es misslungen oder ganz unmöglich, etwa wenn einer, mitten in Mexiko, plötzlich von Mexiko so zu reden anfängt, unverdächtig zunächst und dann merkt man es doch, als rede er von seinem Wien, wodurch Mexiko und der Pazifik und der Schnaps, den die da haben, und alles sehr sonderbar an Realität verliert und zugleich an Realität auch wieder gewinnt, was einen total konfus machen kann, aber glücklicherweise fängt Prachensky beginnende Verwirrung vorzüglich mit einem Satz ab, der mir kaum weniger in Erinnerung ist als der über das Vergehen, den Sie schon kennen, und er heißt, es ist so schwer, sagt er dann, real zu sein.

Es fällt so schwer, real zu sein. Wenn auch besonders genau der, der den Satz sagt, wenn er ihn sagt, nicht angeben kann, was für eine

Realität er von allen immerhin denkbaren nun wohl meint (das variiert natürlich, hängt ab von Zusammenhängen), so ist doch klar, dass die Bemerkung oder zumindest das Beunruhigte an ihr sich ohne Zweifel beziehen lässt auf die Bilder, die wir von Prachensky vor uns haben, Realitäten sind das doch, in welchen die immensen Schwierigkeiten im Umgang mit der Welt in neuen Welten sinnfällig werden, woraus aber gewiss niemand den Trugschluss sich herleiten sollte, es handele etwa hier sich um Symbolisches, Metaphorisches, es ist vielmehr so, dass der Mann, wenn er um Formen und deren Verwandlung in andere sich kümmert – und dafür haben Sie genug Beispiele hier vor Augen, Sie können ja sehen, wie Rot erst scheinbar ganz aus freien Stücken eine Fläche sich aneignet, wie dann später große dunkle Flächen die Leinwand bis auf ein Bilddrittel zuschieben und damit die Farbe auf das Maß von Formen fixiert wird, aber immer noch eruptiv ausbricht, bis sie zuletzt schon selbst, in den großformatigen Tafeln, die in Amerika entstanden, Form darstellt, Form wird –, also der Mann, wollte ich hinschreiben, wenn er um Formen und Farben sich kümmert, kann nicht gleichsam seinem Kopf sich subtrahieren, sondern hat mit Farbe und Form zwar, aber stets auch mit sich selbst zu tun, mit dem Ausprobieren von Leben, das ihn umtreibt und antreibt, krank macht und munter, zwischen Kleinmut und Jetset unaufhörlich ihn in Gang hält. (Denn auch das habe ich mitten in einem großen Gelächter von ihm gehört, wie abends im schmutzigen Herbst von Los Angeles alle Teufel ihm nachstellten und die Angst nicht zu vertreiben war manchmal, aber das ist nun in Hannover schon lange her.)

Wenn er nun immer, was ja ohne Mühe gleich auffällt, rot malt, so muss das wohl einen verwundern, der sich erinnert, dass es doch viele Farben gibt, und warum nimmt dieser Prachensky nun nur der einen Farbe sich an, das stimmt ja nicht einmal ganz, denn es gibt auch Spuren des vorsichtigen Kontakts mit anderen Werten, aber immerhin: Überwiegend sieht man eben doch Rot, und woran könnte das liegen, er sagt dazu nur, er denke am angenehmsten in Rot, das ist mir natürlich keine Begründung und kein Grund, und es ist auch ein Satz, den ich nur von Malern so entgegennehmen mag, trotzdem verstehe ich, dass die Beschränkung auf die eine Farbe wohl schon ein Akt der Disziplinierung ist, schon eine Leistung, der Verführung durch Blau oder Grün zum Beispiel sich zu verweigern, und außerdem bleibt alles mit dem Rot immer noch schwierig genug. Was die Entscheidung befördert hat, Rot und Erregung, Reizbarkeit, Spontaneität: Da gibt es allerdings Zusammenhänge, es ist ihm wohl selbst nicht mehr im Gedächtnis (oder er will es nicht sagen), egal auch, egal – die Setzung vollzogen, muss einer damit auskommen, daran sich halten, wie leben unter anderem mit Fixierungen dieser Art, und er scheint mir noch lange nicht fertig damit, wenn da auch viele Etappen und Übergänge zwischen ihnen schon vorzuzeigen sind, nimmt das denn, fragt man sich, nie ein Ende – aber wobei wäre das nicht zu fragen.

Mit der bösen Liebenswürdigkeit, die er produzieren kann, als wäre das gar nichts, und doch kommen Situationen durch sie ins Schleudern und Leute schrumpfen schrecklich und rächen sich später und Patterson ist nie mehr wie vorher, mit bösem Charme mag er mir nachtragen, dass ich's nicht vermag: kühl herzuerzählen, was woraus sich herleitete, es nicht vermag, weil doch nur die Form von Sätzen, eine bestimmte hier probierte Reihung von Wörtern, indem sie als Methode sich zu erkennen gibt, als eine Methode von Sprache, auch annähernd die Methode des Malers reproduzieren kann, die der Sprache hier Gegenstand werden sollte, denn so war's gewünscht. Wörter also ausgießen über ein Papier, nicht lauter Sätze, in denen Rot vorkommt, das hatte ich erst gedacht, aber mit vollem Recht verworfen, zum Beispiel: Lieber rot als tot; lieber tot als rot; Rot ist die Farbe der Vernunft; ich sehe rot; Elisabeth hat einen roten Mund; ihm wird rot vor Augen; Rot hat keine Not; Rothaut; Abendrot; Morgenrot; Feuerwehr; Rotkraut; wie man sich rötet, so liegt man – das alles nicht, das trifft es ja nicht, auch nicht Roter Mohn, warum welkst du denn schon, obwohl vielleicht das eher, denn es hat trivial mit dem Vergehen, dem Entsetzlichen zu tun, wovon anfangs geredet wurde, und ich vermute, das hat schon zu tun mit den Bildern Prachenskys und mit Prachensky, und mit Ihnen hat es entsetzlich zu tun und entsetzlicher noch mit mir, aber gut jetzt, schon gut, machen wir ein Ende endlich, halten wir an und halten wir zu guter Letzt an das uns, was wir vor uns haben, möglicherweise.

Für den Katalog zur Ausstellung *Markus Prachensky*, 29. August bis 27. September 1970, Kunstverein Hannover

36. Biennale Venedig
Wege hin und zurück

Von der hier jetzt eröffneten 36. Kunstbiennale dem Leser zusammenhängend zu berichten, bedeutet, einem Prinzip der Ausstellung selbst zu widersprechen. Ihr Merkmal ist ja noch immer, dass sie Zusammenhänge nicht sucht. Die einzelnen Länder haben in den Giardini, der Parkpartie in der Lagune, ihre Pavillons; nationale Kommissare füllen diese Räume mit dem, was sie nach offensichtlich sehr unterschiedlichen Kriterien für wichtige Beispiele der zeitgenössischen Kunst ihres Beobachtungsfeldes halten. Dieses pur additive Verfahren hat in der Divergenz der Mentalität und Stile zwischen Uruguay und Ungarn, Ägypten und Polen, New York und Paris schon immer, wie jetzt wieder, Eindrücke einer großen Beliebigkeit produziert. Das Institut Biennale ist nur ein Organisationsapparat, eine Agentur, mehr als eine Instanz, die selbst wählen, gliedern, werten würde. Das hat die Ausstellung in den vergangenen Jahrzehnten oft angreifbar gemacht; es hat ihr aber auch geholfen, ihre Kritiker zu überleben. Die Dame ist in die Jahre gekommen. In Venedig in diesen Tagen empfindet man voraus, dass die Kasseler *documenta 5*, die Ende des Monats eröffnet wird, weil sie sich vom Prinzip der bloßen Akkumulation zu einem Konzept angespannt hat, jünger, elastischer, zeitgemäßer wirken müsste. Aber in Venedig ist das mit der Ausstellung wie mit der Stadt: Beider Sterben ist auch wieder nur ein Gerücht. Sterben – schon lange, von länger her. Jedoch auch: noch lange, auf länger hin.

Die Biennale bietet also: eine Materialsammlung. Hunderte von Bildern, Plastiken, Zeichnungen, Objekten. Kühnes und Scheues. Lautes Amüsement und graue Stille. Ansichten, Aussichten, Rücksichten. Kunst? Der Begriff meint hier zuallererst: Akte der willkürlichen Setzung. Noch einmal demnach (oder immer noch): Kunst ist, was wir Kunst nennen. Das Resultat ist ein Wirrwarr. Widersprüche, Überschneidungen, Wiederholungen. Wege hin und zurück. Wer sich dem aussetzt, muss die Spannungen aushalten können, die sich daraus ergeben. Die Planlosigkeit der Schau behindert das Denken – und fordert es zugleich heraus. Aber kann man die Verwirrung, die der erste Eindruck auslöst, systematisch abarbeiten, aus den Bildern sich ein Bild machen?

Wir wollen es hier durch die Zerlegung des Materials in drei Gedanken- und Sachbereiche immerhin versuchen. Zuerst ist zu erzählen von den Anstrengungen, die die Künstler (und ein bisschen sogar die Einrichtung Biennale selbst) unternehmen, um sich abzusetzen von dem, was ihnen einmal für die Wirkungschance von Kunst und deren Präsentation gegolten hat, von Ausweitungen der Bildnerei und den analogen Expansionsbemühungen dieser Ausstellung; dann ist zu berichten von gerade dem Gegenteil: der Beharrung auf die Erfindungskräfte der Kunst, die hier und da noch immer unsere Vorstellungen besetzen und bewegen können; und schließlich ist zu streifen, was solche Setzungskraft nicht anzeigt, aber die Pavillons vieler Länder füllt und einen erschöpft hat.

1. Die Ausweitung

Keine Bilder mehr malen. Weil sie, Standardformel, „nichts erreichen", nichts vermögen gegen die Zustände in der Welt. Die Italiener haben ihren Bereich der Ausstellung (es ist wieder der umfangreichste) unterteilt. Unterschieden wird zwischen „Werk" und „Verhalten". Auf der Seite von „Werk" viel Mittelmaß an Malerei und Plastik, auffallend einzig Giuseppe Guerreschis surrealistische Pop-Arrangements. „Verhalten" aber, die Distanzierung vom gemalten Bild zugunsten vielleicht eines aufklärerischen Impulses, klingt nach mehr, als eingelöst wird. Gino de Dominicis setzt zwei lebendige Menschen unter die Decke eines hohen Raums, da hocken sie dann und baumeln mit den Beinen. Es gab eine kleine Aufregung, als de Dominicis an einem Tag während der Vorbesichtigung für die Presse und den Kunsthandel ein Kind mit Trisomie 21 „ausstellen" wollte, unerfindlich warum, wozu. – Franco Vaccari hat einen Fotoautomaten aufgebaut, man kann sich fotografieren und sein Konterfei selbst an die Wand des Raums kleben. Verhalten? Der Franzose Jean Le Gac hat ein Autowrack in die Büsche karren lassen und weist mit Schildern den Weg dahin: Nicht mehr als ein albernes Aperçu auf die Liebe zur Umwelt, die wir mittlerweile alle entdeckt haben. Man sieht da Ausflüchte, kurzatmige, sinnlose Gags, vorgetragen mit pseudo-politischem Anspruch.

Erstaunen machte die belgische Gruppe Mass Moving mit einer Schmetterlingsaktion. Schon vor Wochen ließ man einige tausend Larven einfliegen, die in einer Art großem Kokon auf dem Markusplatz ausgebrütet wurden. Am Abend vor der Eröffnung der *Biennale* sollten die ausgeschlüpften Schmetterlinge losfliegen, wie eine helle Wolke über den Platz ziehen. Daraus wurde dann nichts. Die Tierchen mochten nicht fliegen. Die „Aktion“ der Belgier, es hilft nichts, ist ein Bild für diese *Biennale* geworden, Kunst, sagt die Gruppe, muss raus aus den Räumen der Museen und Theater, Bilder malen, Stücke schreiben oder spielen – das ist zu wenig. Gut. Aber die Erwartungen, die da neu aufgebaut werden, sind dann auch nicht zu erfüllen. Kunst heute – man kann das in Venedig wieder lernen – ist mehr eine Hoffnung auf sie, mehr ein Versprechen als schon dessen Einlösung.

Die *Biennale*, unbeweglich zwar, reagiert dennoch auf die gegen Kunst kritischen Zeiten (eine Nachwirkung der Proteste vergangener Jahre) mit eigenen, kleinen Expansionen. Konfuse Ausbrüche. Einerseits wird demonstriert, wie sich grafische Techniken etwa von der Werbung vereinnahmen und verbrauchen lassen. Das wird stolz dargetan: So viel verdankt Nicht-Kunst der Kunst. Eine Abteilung weiter wird mit gleichem Recht behauptet: Für den Kampf um eine gerechtere, bessere Gesellschaft sind Bücher viel wichtiger als Bilder. Divergierende Auskünfte. Man kann beide vergessen. – Auch die sinnlos vollgestopfte Grafikmesse außerhalb der Giardini im Ca' Pesaro lohnt nicht mehr als einen raschen Durchgang. Internationale Grafik buchstäblich von A bis Z. Alles durcheinander.

Im napoleonischen Flügel des Museo Correr gibt sich die *36. Biennale* historisch. Ein modernes Museum auf Zeit: Paradestücke für die Entwicklung von 1900 bis heute, ein seltener André Derain in Öl von 1909, in der Linie so sicher und fast so leicht wie in den Zeichnungen, Georges Braque dann, Lionel Feininger, August Macke, Paul Delvaux, das Triptychon *Der Tanz* von Henri Matisse (1932), angeblich noch nie ausgestellt. Das Ganze eine etwas angeberische Starparade – es geht auch in Venedig nicht mehr, dass man Bilder, wie sie aus den Kisten kommen, einfach aufhängt. Da, Leute, glotzt. – Noch schlimmer misslungen schließlich der Versuch, die *Biennale* in die Stadt hereinzuziehen, über die Stadt zu verteilen, indem man italienischen Plastikern die Möglichkeit gab, ihr Zeug auf den schönsten Plätzen aufzustellen. In keinem Fall hat das etwas anderes erbracht als trübsinnige Beschädigungen der ursprünglichen Komposition dieser Plätze. Nur ein Gegner heutiger Plastik und zugleich ein Gegner Venedigs konnte auf einen solchen Plan kommen und ihn auch realisieren. – Ausdehnungen das alles, die nichts einspielen.

2. Kunst-Kunst

Man kommt von solchen auf Unternehmungen, die ihren Anspruch noch kunstimmanent vortragen, gern zurück. Von Malerei ist auch da freilich kaum noch zu reden. Jan Dibbets im holländischen Pavillon: Kreiselprojektoren werfen zwei Bilderserien an die Wand, die eine zeigt eine verlassene Strandpartie, die andere ein grünes Stück Feld. Die wechselnden Dias halten die über dem Meer und über dem Land im Lauf eines Tages sich verändernden Lichtstimmungen fest. Sichtbar wird so, wie Zeit vergeht. Und man merkt plötzlich, diesem Vergehen zuschauend, wie einem selbst die eigene Erlebniszeit verrinnt. Darin paraphrasiert Dibbets die Erfahrung Venedigs so sehr, wie sein Raum auf die alten niederländischen Lichtmaler zurückweist. – Im deutschen Haus präsentiert der verantwortliche Dieter Honisch drei Werkgruppen aus dem Œuvre Gerhard Richters. Eine Reihe von Stadt- und Landschaftspanoramen, eine Serie tachistischer Auslassungen und, im Zentrum des Pavillons, eine Galerie von Porträts deutscher Köpfe, von dem Franz Kafkas bis zu dem des Biologie-Lehrbuch-Autors Otto Schmeil, unter jedem Kopf die Lebensdaten. Malerei, die wie Fotografie wirkt. Was ist davon zu halten?

Von dem Österreicher Hans Hollein gibt es, unter anderem, einen „Raum mit gewöhnlichen Objekten“, die alle weiß gekachelt sind. Eine klinische Kühle geht davon aus und – ein Erschrecken. Wofür ist dieser Raum Metapher? Für totgestelltes, unser durchrationalisiertes Leben? Alle Träume eingeeist, kaltgemacht? Eine Vision des Endes im Schauhaus – das ist im Kunterbunt dieser *Biennale* ein lähmender Augenblick. – Mit den Räumen von Dibbets und Hollein hat man Entwürfe, an denen zu spüren ist, dass es das noch gibt: die totgesagte Suggestionskraft von Kunst. Die Möglichkeit, mit der Setzung eines Zeichens dem Betrachter den Prozess einer Selbsterfahrung einzuleiten.

Wie die Voraussetzungen dafür sich allerdings verändern, merkt man vor den Bildern derer, die auf vergangenen *Biennalen* beschäftigt waren. Und nun sieht man sie ein bisschen enttäuscht wieder. (Verwundert, wie jemand, der sich etwas ungläubig an einen alten, verflogenen Enthusiasmus erinnert.) Richard Paul Lohses Farbtafeln im ordentlichen Schweizer Pavillon; der wilde Pierre Alechinsky bei den Belgiern, noch immer voller Elan und Lust am Tafelbild; Wilfredo Lam (im Italo-Südamerika-Haus) matter geworden, oder scheint das nur so, weil Terror und Gewalt, für die Lam in den 50er-Jahren sein System von Chiffren entwickelte, uns heute um so viel alltäglicher geworden sind?

3. Viel Rest und Fragen

An der Breite des Angebots gemessen, sind die Qualitäten, die diese *Biennale* beibringt, ist der Gewinn aus ihr geringer als in den letzten Jahren. Die früher zentralen Pavillons Englands (mit dem matten Informel John Walkers), der USA (etwas Hyper-Realismus von Richard Estes, Kassel wird davon mehr zeigen, sonst nur Rückgriffe) und Frankreichs (mit dem Dekorateur Hernández) braucht man heute kaum zu erwähnen. Erstaunlich nach wie vor: wie Stiltendenzen, die man vor 15 Jahren kennenlernte, jetzt von Ägypten bis Jugoslawien glatt reproduziert werden. Darum die vielen Déjà-vu-Erlebnisse. Konstruktivismus und Op-Art vor allem in jeder Spielart. Victor Vasarely mehrfach. – Am weitesten abgesunken ist die spanische Auswahl. Hier waren vor Jahren Juan Genovès und Rafael Canogar zu entdecken. Jetzt herrscht Schick. Da ist, wie auch im Fall mancher südamerikanischen Beiträge, nun doch zu fragen, ob das Prinzip der nationalen Pavillons nicht vollends zur Absurdität wird, wenn es offensichtlich dazu dient, die Kunst derer herauszuhalten, die eben nicht damit einverstanden sein könnten, sich vom heutigen Botschafter des heutigen Spaniens oder Brasiliens oder Uruguays oder Griechenlands in Venedig vertreten zu lassen. Das ist jedenfalls festzuhalten: dass da Herrschaftskunst zu Unrecht noch die Plätze derer okkupiert, denen sie als den historisch wesentlichen Kräften gehören. Diese 36. sei eine *Biennale* des Wartens, hat jemand gesagt. Damit darf, kann nicht nur gemeint sein: des Wartens auf einen neuen, überwältigenden Kunststil.

Venedigs *Biennale* in diesem Jahr – was hatte man also davon? Venedig natürlich. Die Stadt wiedergesehen. Wie es da Morgen wird und Abend. Lichtlaunen auf der Lagune. Gespräche auf einem der Plätze, nur so geführt. – Und von der Kunst? Ein Dialog. Ein Gondoliere, sein Schiffchen anbietend, zu einem Amerikaner: „Gondola, Gondola." Der Amerikaner: „Why?" Der Gondoliere: „Why not?" Die Kunst, zurzeit, zumeist: Why not.

Zur *36. Biennale* in Venedig, 11. Juni bis 1. Oktober 1972,
Frankfurter Rundschau, 20. Juni 1972, S. 18

documenta 5
Was sie wollte und wurde

Sie ist da. Es gibt sie wirklich. Vor wenigen Wochen noch konnte man das bezweifeln: Dass es Harald Szeemann und seiner kleinen Gruppe von Realisatoren gelingen würde, die fünfte *documenta* in Kassel tatsächlich zum geplanten Zeitpunkt zu eröffnen. Manchem, der Einblick hatte in die Vorbereitung (wie der Verfasser, an den Überlegungen zum Konzept der Ausstellung bis vor Jahresfrist, als der vorgesehene Theaterteil aus finanziellen Gründen entfallen musste, selbst beteiligt), kam das fast unmöglich vor. Nun hat Harald Szeemann gewonnen. Und diesem Sieger gehört jetzt auch der ganze Ruhm: Die fünfte *documenta* – daran ist schon kein Zweifel mehr – ist die weitgreifendste, kühnste, ergiebigste, spannendste Kunstausstellung seit vielen Jahren. Das vom Land Hessen und der Stadt Kassel eingegangene Wagnis, den vielköpfigen Beirat, den die Ausstellung früher hatte, aus seiner Verantwortung zu entlassen, Planung und Durchführung dem mit allen Kompetenzen ausgestatteten Szeemann zu übertragen, dieser, Demokratisierungstendenzen scheinbar außer Acht lassende Schritt hat sich ausgezahlt.

In einer wahrscheinlich doch nur von ihm zu erbringenden, enormen Anstrengung hat Szeemann seine Helfer aller Kritik zum Trotz motiviert und die großen technischen Schwierigkeiten, denen er sich bis zuletzt gegenübersah, überwunden. Alle Einwände von gestern gelten da nichts mehr. Szeemanns Instinkt für das Neue und seine Lust daran, aber auch seine Fähigkeit, jede landläufige Grundregel für Organisatoren irrational und unordentlich zu missachten und ein so umfängliches Projekt dennoch durchziehen zu können (und niemand weiß nachher, wie) – diesen Begabungen eines diffusen Temperaments hat die Öffentlichkeit eine Ausstellung zu danken, die für die gegenwärtige Kunstpraxis einen Umbruch, fast: einen neuen Anfang darstellt.

Über das Konzept für diese Unternehmung ist in den vergangenen zwei Jahren immer wieder auch öffentlich gestritten worden. Es sah vor, die verschiedenen Wirklichkeitsebenen, die sich am Kunstwerk nachweisen lassen, zu untersuchen; also zu klären, wie Kunst auf

Realität reagiert, mit ihr umgeht, sie verarbeitet. Daraus entwickelte sich dann der naheliegende Gedanke, die Bildwelten der Kunst auch mit außerkünstlerischen Bildwelten zu konfrontieren. Die Erfahrung, dass Künstler nicht mehr das Monopol auf Bilderzeugung haben, weil Wirklichkeit sich uns immer ausschließlicher setzt und vermittelt in Bildern, war der Ausgangspunkt für eine thematische Ausstellung, die nun Kunst und Nicht-Kunst zusammendenken sollte. Es war also nicht nur zu zeigen, welche neuen Formen es im Bereich künstlerischer und anderer Bildproduktionen gibt, sondern das Material war zugleich anzuordnen nach Maßgabe seines Bezugs auf Realität.

Dieser Plan, den der Hamburger Ästhetik-Professor Bazon Brock vorgedacht und präzisiert hat, verschreckte anfangs die Künstler, die sich als Illustratoren eines Themas missbraucht wähnten, und den Handel, der sich abgedrängt fühlte. Szeemann und Brock haben den theoretischen Anspruch ihres Projekts hartnäckig verteidigen müssen gegen die Praxis eines Kunstbetriebs, dessen Protagonisten (es waren freilich nicht alle) die gedankliche Überfrachtung der Ausstellung fürchteten und aus dem Zusammenstoß von Objekten der Kunst mit den Trivialbildern unserer Umwelt ihre eigene Abwertung voraussahen. Die *documenta* widerlegt nun ihre Skepsis. Sie beweist nämlich, dass die Arbeit der Künstler ohne die Reflexion auf einen größeren Wirklichkeitszusammenhang in Wahrheit schon längst nicht mehr möglich ist. Die Ausstellung hat ihren vielleicht wichtigsten Vorzug darin, dass sie das nicht nur behauptet, sondern dem Publikum auch Techniken anbietet, Kunst als Gedankenarbeit, als eine Form der Aneignung von Welt, selbst zu begreifen.

In der Einrichtung des „audiovisuellen" Vorworts von Bazon Brock ist diese Anstrengung zur Vermittlung (neben dem vermutlich gründlichsten, umfangreichsten Katalog, der jemals einer Kunstausstellung mitgegeben wurde) am deutlichsten ausgeprägt. Brocks elektronisch programmierte, optisch-akustische Auswertung, die sich als Einführung versteht, ist eine der Attraktionen, die kein Besucher auslassen sollte: So unterhaltend und so sachbezogen, so elegant und genau, so locker und so konzentriert, so sorgfältig und so verständlich ist eine Philosophie der Kunst nie entwickelt worden. Dass die *documenta* da ist, ist Harald Szeemanns Leistung; dass sie zugänglich wird, das oft Verwirrende und Rätselhafte an vielen der ausgestellten

Objekte sich entschlüsselt, ist die Leistung Brocks, der hier seine ganz große Stunde hat. Man wird über Bilder und Objekte, wird über den Kontext von Kunst und Leben, nach den Erfahrungen dieser *documenta*, wenn man sie verarbeitet hat, nicht mehr reden und schreiben können wie vorher.

So ist dieses Unternehmen auch eine Herausforderung. Immer zugleich: an das Sehen und an das Denken. Es ist verblüffend, wie sich das vorgeführte Material in einigen besonders geschickt arrangierten Abschnitten der Schau berührt und wechselseitig kommentiert. Da hat man in der Neuen Galerie über der Aue etwa Beispiele für die Wirklichkeitsverarbeitung der amerikanischen Realisten, deren Bilder tatsächlich sich ausnehmen wie Dias von einer kalifornischen Landschaft; und findet im Nachbartrakt Trivialmalereien von Kaufhauskitsch bis zu bebilderten Spielkarten. Aber man erkennt auch, dass die Übersetzungen von Wirklichkeit in beiden Bereichen nur scheinbar verwandt sind, nimmt die Differenz wahr zwischen der Wirklichkeit des Abgebildeten und der Wirklichkeit der Abbildung.

Aus dem Wechsel zwischen diesen beiden Ebenen und dann auch aus den Augenblicken, wo sie (wie im Fall von Bildnerei von Geisteskranken) zusammenfallen, bezieht eine Ausstellung ihre Spannung, die politische Propaganda und Werbung, Science-Fiction und Realismus, Selbstdarstellungen und Idee-Kunst, Aktionen und Mythologien auf einem Trainingsfeld der Wirklichkeitserfahrung zusammenfasst. Darin liegt dann auch die politische Leistung dieser *documenta 5* beschlossen: dass sie klarmacht, verkürzt formuliert, wie sich die Welt nicht ändern lässt, ehe man nicht weiß, wie wir sie wahrnehmen. Wie wir aber überhaupt an Welt kommen, wie wir sie in Bildern haben und diese Bilder dann wieder unsere Vorstellungen prägen – über solche Voraussetzungen für die Möglichkeit, ergreifend zu handeln, ist in Kassel viel zu lernen.

Nicht alle Abteilungen und nicht alle Arrangements erfüllen, was das Konzept von ihnen erwartet hat. Der Sektor vor allem der Idee- und Prozesskunst im renovierten Fridericianum wirkt spröde und hat etwas von einer Leerstelle; man spürt auch oft, wie kleinere Formen von größeren Objekten und Environments beiseitegedrängt und abgeschoben werden. Die Ausstellung verlangt da viel Bereitschaft, quantitative Veränderungen zu verkraften. Das ist gelegentlich vielleicht anstrengend, und mitunter geht einem auch der thematische Faden verloren. Aber gerade, wenn das geschieht, wird eine Qualität der *documenta* wirksam, auf die Szeemann immer bestanden hat. Ihr Anspruch nämlich, den theoretischen Grundgedanken nach Möglichkeit mit dem neuesten Material aus den Ateliers zwischen Los Angeles und Paris zu begründen. Das Ergebnis ist, dass diese Ausstellung selbst Kenner der internationalen Kunstszene mit ihrer Aktualität überrascht. Die Formel vom „neuesten Stand künstlerischer Produktion" gilt für diese *documenta* mehr als für jede ihrer Vorgängerinnen. So hat sich erfüllt, womit seinerzeit die Abberufung des alten *documenta*-Rates motiviert wurde: dass die Ausstellung der Kunst eingeräumt werden sollte, die heute von der Generation der Zwanzig- und Dreißigjährigen bestimmt wird. Sie ist in Kassel zu sehen.

Festzuhalten ist, dass die Bewegung, wie allerdings seit Jahren abzusehen, nun doch ganz offenbar vom gemalten Bild weggeführt hat. Die Tendenz zum Objekt, zur plastischen Form, die eine gesonderte Skulpturen-Abteilung überflüssig machte, ist allenthalben augenfällig. Die Ausstellung ist die erste, die die Beispiele für eine die Bildnerei der 60er-Jahre ablösende, neue Ästhetik so umfassend vor Augen führt. An diesem Material wirkt vieles zunächst grau, unscheinbar, nur als Merkwürdigkeit irritierend. Auch das forderte den Betrachter, macht ihm spontanen Enthusiasmus vielleicht schwer. Aber die *documenta*, indem sie so stark auf das Neue, Unbekannte setzt, hat sich damit auch als vorderster Schauplatz begriffen; sie setzt darauf, dass sie als Institution auch die Chance und die Kraft hat, das, was an Anfängen und Ansätzen zu sehen ist, mit durchzusetzen. Das ist wohl eine richtige und sinnvolle Disposition.

Es ist auch darauf geachtet worden, dass Kassel für die hundert Tage der *documenta* den Anreiz einzelner, aus der Fülle des Materials hervorstechender Attraktionen braucht. Sie sind vorhanden. Panamarenkos Luftschiff in einem der Säle des Fridericianums, Ben Vautiers Selbstausstellung, Anatol Herzfelds Blockhaus und Arbeitsplatz, eine Szene, auf der versucht wird, das Vergehen von Zeit sichtbar zu machen, John de Andreas nackte Menschen, das *Maus Museum* Claes Oldenburgs, die Sammlung von Beispielen für die Malerei von Geisteskranken und, sicher vor allem, das in einem Zelt neben der Neuen Galerie untergebrachte *Five car stud* von Ed Kienholz, das im letzten

Moment noch für Kassel gewonnen werden konnte, müssten der Ausstellung auch ihren Erinnerungswert sichern können. Kienholz hat die gespenstische nächtliche Szene der Kastration eines Schwarzen, der mit einer weißen Frau zusammen war, nachgestellt, die beklemmendste Metapher sicher für das, was amerikanische Realität ist. Sie muss nun, paradox genug, ausgleichen, dass die *documenta* auf Belegstücke für den sozialistischen Realismus und auf den chinesischen „Hof für die Pachteinnahme", weil die Sowjetunion und China ihre Beteiligung verweigert haben, zu verzichten hatte.

Schade gewiss auch, dass die darstellende Kunst und der Film als Beispielbereiche fehlen. Dennoch: Man sprach in Kassel schon vor und dann während der Eröffnung dieser *d 5* davon, dass sie „ein Trip" sei. Sie ist, nimmt man das Wort auf, ein Trip in die Zeit. In unsere. Ganze Trupps von Helfern sind ausgebildet worden, den anreisenden Betrachtern, wenn sie es möchten, auf dem Weg durch das Erlebnis dieser Ausstellung beizustehen. Man will in Kassel die Kunst auch aus ihrer Entfernung von der Gesellschaft zurückholen. Mit extremen Beispielen. Ein kühner Versuch. Der Aufruf heißt: Ab nach Kassel. Wer kann, sollte ihm folgen.

Zur *documenta 5*, *Frankfurter Rundschau*, 28. Juni 1972

Lucio Fontana
Schnitte und viel mehr

Im Palazzo Reale, dem alten Königspalast am Dom, nur einen kurzen Gang entfernt vom Corso Monforte, wo in dem Haus Nummer 23 sein Atelier war, hat die Stadt Mailand Lucio Fontana die bisher umfänglichste, ausführlichste Retrospektive auf sein Werk inszeniert. Die Ausstellung, vier Jahre nach dem Tod Fontanas, ist eine großzügige Ehrung des Mannes, dessen Ansehen schließlich fast zu einer Popularität sich entwickelt hatte, wie sie hier aus dem Bereich der Künste sonst nur Filmmenschen und manchmal so genialen Spielern wie Gianni Rivera oder dem vortrefflichen Inter-Verteidiger Giacinto Facchetti zuteilwird.

Fontana hat in seinen letzten Jahren diese Anerkennung der Zeitgenossen bescheiden und dankbar erfahren; aber wenn man mit ihm damals zusammen war, konnte man auch merken, wie ihm das Spaß machte, dass er sich durchgesetzt hatte und Mailand ihn kannte. – Der englische Kritiker Lawrence Alloway hat darauf hingewiesen, dass die Stadt Leonardos und der Manifeste des Futurismus, ihrer Tradition nach, die Verknüpfung von Technik und Kunst, zivilisatorischem und kulturellem Fortschritt offenbar begünstigend, in Fontana noch einmal einen Repräsentanten ihres geistigen Klimas hatte. Solche Beziehungen zwischen einem Werk und einer Stadt, die nicht nur sentimental sich begründen, sind heute selten. Über die vielen Einzelstücke, die aus privatem milanesischem Besitz stammen, wirkt die Zugehörigkeit von Werk und Stadt spürbar in die Ausstellung hinein. Sie konnte in dieser Breite, weil manche der besten Arbeiten von ihren Sammlern kaum woandershin ausgeliehen worden wären, wohl auch nur hier zustande gebracht werden.

Jedoch ist die Schau im Palazzo Reale nicht nur sehenswert, weil sie die Abschnitte des Werks, das Fontana hinterlassen hat, mit so exzellenten Stücken belegt. Wichtig ist auch, dass sie die europäische Ausstellungsszene in einem Augenblick erreicht, in dem die Unsicherheit über die Bedeutung der abstrakten Formfindungen, vor allem der 50er- und 60er-Jahre, manche Beobachter angesichts neuerdings propagierter Realismusvarianten mächtig durchschüttelt; und etwa Schnelldenker, wie der Schriftsteller Günther Herburger (in einer der letzten *Konkret*-Nummern), sich zu der Behauptung versteigen, in den vergangenen 50 Jahren sei in der bildenden Kunst nichts geschehen. Die Mailänder Retrospektive allein reicht nicht aus, das als Torheit zu widerlegen. Sie widerspricht allerdings auch den Interpretationen, mit welchen Fontana etwa bei uns, als seine Bilder um 1958 in Düsseldorf zuerst auftauchten, gern als Abräumer der damals dominierenden informellen Malerei (europäischer wie amerikanischer Spielart) gesehen wurde. Man hat das – auch der dies schreibt, beging den Irrtum – seinerzeit falsch beurteilt.

Es ist nämlich eine der Überraschungen, die die Ausstellung bereithält, wie Fontana noch nach den ersten Aufbrüchen der Leinwand, mit denen er um 1943 beginnt und die ihn später so bekannt machten, immer wieder und bis zuletzt versucht hat, den Effekt des konkreten, nicht mehr nur gemalten, illusionären Bildraums, den die durchstoßenen, aufgeschnittenen Leinwände vorstellten, mit Wirkungen gerade der informellen Malerei zusammenzubringen. Diese Anläufe zu einer Synthese von Techniken, die das Tafelbild überholten und aufgaben, und Methoden geradezu einer subtilen Peinture sind das zentrale Ereignis der Schau. Ein Kunstgriff der Hängung sorgt dafür, dass man auf dem Weg durch die Säle immer vor Augen hat, was am Ende der Versuchsreihe steht: Ein einfarbig rotes Bild mit einem der berühmten vertikalen Einschnitte, die von hinten schwarz vernäht sind, ist in den Fluchtpunkt des Rundgangs gehängt. An den Schnitt, die unverwechselbare Signatur Fontanas, wird so erinnert als an die kühnste, auch polemischste bildnerische Formulierung des Werks. Aber erst im Zusammenhang der Experimente von gut vier Jahrzehnten, die Fontana zur Plastik führten und zu den Raumlösungen früher Neon-Environments (1949 entwirft er einen Raum, den man heute einem Dan Flavin zuschreiben würde), werden die Schnittbilder auch erkennbar als der Lust am spielerischen Umgang mit dauernd neuen Formen und Materialien abgetrotzte Akte der Disziplinierung.

Der experimentelle Charakter der Produktion ist schon in deren Anfängen nachzuweisen. Sie sind, um 1930, noch bestimmt von der Spannung zwischen Gegenständlichkeit und Abstraktion. Die Ausstellung belegt das mit Tierskulpturen und einer *Sitzenden* von 1934.

Fontana, als Kind italienischer Eltern 1899 in Argentinien geboren, arbeitet zu dieser Zeit in Italien; 1940 geht er nach Buenos Aires, wo er mit einer Gruppe von Freunden das *Manifiesto Blanco* verfasst; ab 1947 lebt er in Mailand. Noch in den Studien für die fünfte Tür des Mailänder Doms, die 1951 entstehen, sieht man bronzene Menschengruppen, die sich nervös aus der Fläche herauszubewegen scheinen. Fontanas Begabung und Neigung zur dramatischen Gebärde (auch die Schnitte sind dafür ein Zeugnis), die Tendenz zur gestischen Bewegung, bringt die wenig bekannten frühen Arbeiten in Beziehung zu den folgenden. Mehr und mehr konzentriert er sich auf das Raumproblem. In einem Blatt von 1952 (*Ambiente Spaziale*) umkreisen weiße Bahnen auf braunem Grund ein gelbes Zentrum – der Raum ist da noch gemalte Illusion.

Aber es gibt zur gleichen Zeit bereits Arbeiten, in denen die Bildfläche durchstoßen und so eine andere Räumlichkeit geschaffen ist. Es beginnen dann die Bemühungen, um solche Durchbrüche wieder dichte Farbfelder aufzubauen. Und zwar zunächst in tachistischer Manier, nachher jedoch auch in ruhiger Komposition in der Art der Monochromie etwa Jef Verheyens oder des frühen Gotthard Graubner. Man kann diese Anstrengung, Farbe als einen autonomen Wert nicht preiszugeben, auch deuten als den Versuch, die dramatische Wirkung der aufgebrochenen Flächen gleichsam wieder zu beruhigen. In einer Serie von Bildern, die um 1961 in Venedig gemalt wurden, werden diese Versuche, von der Ausschließlichkeit, dem eigenartig Endgültigen der Schnitte zu einer sachteren Sinnlichkeit zurückzufinden, noch einmal aufgenommen. *Piazza S. Marco al Sole* – eine goldene, stillgemachte Fläche, die Aufbrüche hier fast verstohlen angebracht – sucht nach der Möglichkeit, einem Gefühl, einer Stimmung zu entsprechen. Zweifellos hat Fontana die Schwierigkeiten gesehen, die aus dem Wunsch resultieren mussten, die Bildfläche zu zerstören und sie zugleich doch auf traditionelle Weise noch malerisch zu nutzen. Er hat sie nicht immer zu lösen vermocht.

Arbeiten wie die erwähnten venezianischen machen deutlich, dass sich das Werk auch aus dem Widerstand gegen die eigenen Erfindungen weiterbewegt. Davon zeugen die bunten, eiförmigen Leinwände mit vielen Einstichen, die wie ironische Nachsätze auf die kühlen Schnittbilder wirken, ebenso wie schließlich die *Theaterbilder*, aus deren Rahmen, die perforierte Flächen umgeben, Holzformen herauswachsen, die man wie Figuren vor einem Theaterprospekt wahrnimmt. Fontana hat da noch einmal Erweiterungen des Bildraums probiert, sich zugleich damit jedoch auch befreien wollen von der Fixierung an erreichte Lösungen. So hat er oft gegen sich selbst gearbeitet.

Die Retrospektive zeigt also einen, der sich viel bewegt hat. Aber er ist selbst auch für andere ein Beweger, ein kräftiger Anreger gewesen. Die Rezeptionsgeschichte seiner Leistungen am Beispiel der Werke seiner Zeitgenossen zu entwickeln würde heißen: die Geschichte der wichtigsten Stiltendenzen zwischen 1940 und 1965 zu schreiben. Es wäre dabei auch ein Begriff von Realismus zu definieren, an den das jetzt in Mode kommende Abmalen von Frauenkörpern, Autos und Pferdchen allerdings nicht heranreicht. Die Wirklichkeiten von Material, Raum und Form waren Fontana elementare Realitäten. Indem die Ausstellung vorführt, wie das Werk darauf insistiert, würdigt sie – einen großen Realisten. – Das macht in diesem unsicheren Augenblick ihre kunstpolitische Bedeutung aus.

Zur Ausstellung *Lucio Fontana*, Palazzo Reale in Mailand, 1972, *Frankfurter Rundschau*, 18. Mai 1972, S. 16

Thomas Bayrle
Ein kritischer Manierist?

Es ist zehn Jahre her – da hatte Thomas Bayrle eine gute Zeit. Die fruchtbare Zusammenarbeit mit dem etwas älteren Bernhard Jäger ging damals zu Ende, gleichzeitig veränderte Bayrle (Jahrgang 1937) seine Handschrift. Er hatte sich eingeführt mit nervösen, die Beziehung zum Tachismus, auch zum Schriftbild, nicht leugnenden, von Zeichen und Zitaten dicht besetzten Blättern: ersten Versuchen offenbar, auf das Erlebnis der Konsum- und Massengesellschaft noch ziemlich impulsiv und voller Elan zu reagieren. Um 1966 war dann eine neue Disziplin zu beobachten, eine größere Konzentration und ein gesteigertes Formbewusstsein.

Es entstanden zu der Zeit Objekte, zum Teil in sich beweglich, in welchen aus Hunderten von kleinen, seriell gereihten Gesichtern ein großes gebildet wurde, das *Great Face*, die Physiognomie der Monroe zum Beispiel, zusammengesetzt aus den entindividualisierten Visagen ihrer Bewunderer. Nach Art verstellbarer Jalousien konnten die Oberflächen dieser gebastelten Bildkästen mithilfe von dahinter angebrachten Elektromotoren so verändert werden, dass etwa die Züge der Monroe sich fließend in die Maos verwandelten. Schon diese ironisch verformbaren Objekte verdankten sich einer Methode, an der Bayrle bis heute festgehalten hat: dem Prinzip nämlich, aus vielen genormten, gleichartigen Einzelteilen eine über sie hinausweisende, sie übergreifende Form zu gewinnen, und zwar eine Form, zu der die Details sich irgendwie kommentierend verhalten – nicht explizit kritisch übrigens: Den Arbeiten Bayrles aus der Mitte der 60er-Jahre eignete eher etwas fröhlich der Epoche und ihren Idolen Zustimmendes.

Eines Tages, später: das Ende der Lustigkeit. Bayrle enthielt sich, wenigstens einmal, aller Verschlüsselung, verschickte, aus gegebenem Anlass, ein großes Plakat, darauf zu lesen, in hohen, roten Lettern auf weißem Grund: Che lebt. Er zählt diese verzweifelte Sympathieerklärung für den kubanischen Revolutionär vielleicht heute gar nicht mehr zu seinem Werk – sieht man aber jetzt die neuesten Arbeiten in der Frankfurter Galerie Meyer-Ellinger, so spürt man doch, dass eine Zäsur, ein Umbruch vorausgegangen sein muss; das Plakat mag immerhin ein Signal dafür gewesen sein.

An den Zeichnungen des letzten Jahres fällt zuerst auf, dass keine Farben mehr verwendet werden, die Neigung zu einer gewissen Buntheit ist entschieden unterdrückt, Grauwerte bestimmen jetzt die Blätter, die in der Modulation empfindlicher geworden sind, aber es ist auch ein Anflug von Bitterkeit in ihnen. Sie sind von schmalen, mäandernden Bändern überzogen: endlosen, vielfach sich überlagernden Fließbändern, Straßenschluchten, Mauern. An einzelnen Punkten ist die Regelmäßigkeit der ornamentalen Muster unterbrochen, gestört. Diese Störungen sind so ins Bild gesetzt, dass aus ihnen jeweils eine größere Form gleichsam herauswächst: die Kontur eines Gesichtes, eines Kopfes.

Das Porträt Friedrich Nietzsches etwa bildet sich zwischen und aus lauter ummauerten Gängen; in einer anderen Arbeit wird mitten in Schleifen von Autostraßen plötzlich ein merkwürdig umwickeltes, verstümmeltes, anonymes Gesicht wahrnehmbar. Wir haben es hier demnach mit der Art von Menschenbildern zu tun, der Heinz Fuchs gerade in der Mannheimer Kunsthalle eine thematische Ausstellung gewidmet hat: Bilder von Menschen, in denen diese nur noch vorkommen als Produkte der Zwänge, unter welchen ihr Leben steht. Durch die Bandstruktur, die die Zeichnungen überspannt, wirken die Gesichter verzerrt und entstellt – notwendige Folge beschädigender, verletzender äußerer Umstände.

Bayrles Kunst ist also kritisch geworden, wenn auch der Zusammenhang zwischen einzelnen Köpfen und Geflechten, aus denen sie entstehen, nicht immer schlüssig ist. Denn man muss ja fragen, warum denn zum Beispiel der Kopf des Turiner Autokönigs Giovanni Agnelli, der doch eher ein Täter als ein Opfer ist, ebenso von Fließbändern umwunden ist wie in einem anderen Blatt, Bayrle nennt es *Los Angeles*, das Gesicht eines unbekannten Zeitgenossen von den Straßenzügen der Großstadt. Die Methode Bayrles scheint jedenfalls zur Darstellung von Unterdrückung weit eher geeignet als zur Kennzeichnung von Herrschenden. Da muss er sich selbst wohl noch Klarheit schaffen.

Ein anderes Problem, auf das die neuen Arbeiten hinweisen, ist die Frage, inwieweit sie einem zeitgenössischen Manierismus zuzuordnen wären. Nicht zu leugnen ist, orientieren wir uns an historischen Beispielen, eine Verwandtschaft der Zeichnungen Bayrles etwa mit dem berühmten manieristischen Bild des Italieners Giuseppe Arcimboldo aus dem 16. Jahrhundert, dem *Sommer* im Wiener Kunsthistorischen Museum, das einen Kopf zeigt, der aus den Früchten der Jahreszeit komponiert ist. Man kann auch Bayrles Entwürfe als Ausdruck eines durchaus ähnlichen, auf das Sinnbild zielenden geistigen Programms bestimmen.

Es ist dieses Programm allerdings, was die Mittel seiner Verwirklichung anlangt, merklich bedroht von Beschränkungen, Verengungen, Wiederholungszwängen. Wie lange wird das Verfahren, aus genormten Kleinteilen und aus der Störung ihres strengen Ordnungssystems die größere Form abzuleiten, noch tragen? Es scheint, als habe Bayrle sein Instrumentarium nahezu erschöpft. Er muss jetzt sehr darauf achten, dass sein Kompositionsprinzip nicht zur bloßen Masche absinkt. Wie kommt er wieder frei? Dass sich in der Frankfurter Ausstellung keine Ansätze einer Antwort zeigen, macht hinsichtlich der weiteren Entwicklung schließlich doch auch etwas skeptisch – wenn auch die gegenwärtigen Ergebnisse noch aller Beachtung wert sind.

Zur Ausstellung *Thomas Bayrle. Zeichnungen*, Galerie Meyer-Ellinger, Frankfurt am Main, 22. Januar bis 28. Februar 1976, *Frankfurter Rundschau*, 31. Januar 1976, S. 12

Robert Rauschenberg „Ich bemühe mich, mit dem, was ich tue, nicht vertraut zu sein"

Der Mann, offenbar um die 50, Jeans, helle Windjacke, dunkle Sonnenbrille, das Gesicht älter als auf den Fotos der letzten Kataloge, hat sich ausgestreckt auf einem Ledersofa und trinkt zur Ernüchterung Tomatensaft mit Gin, Bloody Mary. Gestern Abend, sagt Robert Rauschenberg als Erstes, seien sie alle sturzbetrunken gewesen, „stoned". Die Vorbereitung für die große Einzelausstellung in 15 Sälen des Forte di Belvedere, dem Kastell über Florenz, waren beendet worden, das wurde gefeiert. Am liebsten wäre er immer selbst dabei, wenn seine Arbeiten irgendwo gezeigt werden. „Ich folge meiner Kunst gerne bis zu den Leuten, weil sie erst fertig wird in den Köpfen derer, die sie sehen; ich lerne dann von den Reaktionen." Der Vormittag ist grau und windig, später wird es regnen. Durch die breiten Glasfenster des Hotelsalons, in dem wir uns verabredet haben, sieht man auf ein Rasenstück mit Palmen; an der Bewegung der Bäume können wir beobachten, wie der Wind zunimmt, während wir reden.

Rauschenbergs Ruhm ist groß, eine Gelegenheit, mit ihm zu sprechen, ist nicht leicht herbeizuführen. Ein früherer Versuch, vor einigen Jahren in New York, war misslungen – die freundlich abweisenden Sicherungen, mit denen er seine Person schützt, funktionierten aussichtslos gut. Aber wenn er sich stellt, wie an diesem Morgen, ist es beinahe, als habe er auf so ein Gespräch gewartet, das dann auch mühelos in Gang kommt; kein Frage-und-Antwort-Ritual, sondern eine Unterhaltung von sogleich merkwürdiger (freilich manchmal auch ein bisschen oberflächlicher) Vertraulichkeit, wie das Amerikanische sie begünstigt.

Die Urteile Rauschenbergs, auch die, die er über seine eigene Arbeit formuliert, kennzeichnet eine überraschende Direktheit, ein naiv-unkomplizierter Umgang auch mit deutlich komplizierteren Sachverhalten. Dafür ein Beispiel: Es muss ja, in Florenz, interessieren, welche Erfahrungen einer, der selbst seit 25 Jahren zu den einflussreichsten Veränderern der Kunst gehört, während wiederholter italienischer Reisen mit den Zeugnissen gemacht hat, die eine andere Epoche tiefgreifender

Verwandlungen des bildnerischen Ausdrucks, das Zeitalter der Renaissance, in dieser Stadt hinterlassen hat. Die Antwort ist aufschlussreich: Er sehe die Malerei Masaccios, Botticellis, Ghirlandaios nicht als Ausprägung eines kunsthistorischen Zusammenhangs, sondern betrachtet und bewertet die Bilder nach dem „Maß an Besonderheit", durch welches sie unterscheidbar seien, also im Hinblick auf den Erfindungswert der einzelnen Arbeit. Dabei sei es ihm unmöglich, sich als Zeitgenossen einer anderen Gegenwart vor dieser vergangenen Malerei auch nur einen Augenblick lang zu vergessen: Im Kontext seiner eigenen Wahrnehmung habe er kein Gefühl für die zeitliche Distanz zwischen Botticellis *Frühling* in den Uffizien und irgendeiner Straßenszene in der heutigen Großstadt Florenz.

Die Bemerkung zeigt zweierlei. Einmal wird so nur sich äußern können, wer nicht von europäischen Traditionen im Umgang mit Geschichte beeindruckt, „gebildet" ist. Die Betonung der „Besonderheit" eines Kunstwerks (eine Kategorie, deren Entwicklung allerdings tatsächlich in der Renaissance einsetzt) ist ein auffälliges Merkmal gegenwärtiger Kunstpraxis, fast ein Marktgesetz: Was nicht durch ein wiederkehrendes Erkennungszeichen, ein Trade Mark, sich vom Übrigen abhebt, geht unter. Zum anderen weist Rauschenbergs Antwort auf ein Verfahren hin, das man als Kompositionsprinzip seiner eigenen Arbeiten bestimmen kann. Er nennt es die Methode der „Juxtaposition", des gleichzeitigen Nebeneinanders von Verschiedenem in einem Bild. (Man kann hier auch vom Prinzip der Collage sprechen. Rauschenberg lernt das Werk von Kurt Schwitters, einem der Erfinder der Collage, um 1949 als Schüler von Josef Albers am Black Mountain College in North Carolina kennen.)

Diese Methode der Verarbeitung nicht zusammengehöriger Realitätspartikel hat im Werk Rauschenbergs zu den erstaunlichsten Erweiterungen des Ausdrucks geführt: zu Überschreitungen der bis dahin scheinbar unüberwindlichen Trennlinien zwischen einer Wirklichkeit der Kunst und der Realität des täglichen Lebens. Indem der Maler sein Instrumentarium erweiterte, aktuelle Fotos und Autoreifen, Malwerkzeuge und Ventilatoren, Drahtgeflechte und Feuerwehrschläuche zu sogenannten *Combine-Paintings* auf der Leinwand montierte, öffnete er seine Bilder für eine Überfülle neuer Reize, Bezüge, Assoziationen. Er nennt seinen Handlungsort: „Die Lücke zwischen Kunst und Leben."

Auch die neueren Arbeiten, die nun in Florenz gezeigt werden, gleichen wieder einer Inventur zeitgenössischer Themen und Phänomene. Szenen und Figuren der öffentlichen Sphäre, Ereignisse und Gesichter, die durch die Vermittlung der Massenmedien zum fatal vertrauten Bestand unseres Bewusstseins wurden, sind mithilfe reproduzierter Fotos ins Bild geholt, eine Zitatflut, die von Vietnam bis zur Monderoberung Bericht gibt von den Pleiten und von den Triumphen der Epoche, darunter einmal, fremd, plötzlich ein Gemälde Tizians. Inhaltlich ist der Abstand zwischen den Zitaten, die in einer einzelnen Arbeit zusammengerückt werden, strapazierend groß. Man muss, diese Collagen betrachtend, die weitesten Sprünge bewältigen, von Cassius Clay zu Dante – so, als würden der Wahrnehmung alle Bilder der *Tagesschauen* einer Woche als ein einziges Bild präsentiert.

Es ergibt sich da sofort ein kompositorisches Problem: Wie kann verhindert werden, dass die so verschiedenen Details nur ein willkürliches Durcheinander, ein Gemenge von Reizen bilden? Die Frage zielt auf Schwierigkeiten der Bindung, zu widerlegen ist der Verdacht der puren Addition. Rauschenberg hat früher als Basis (gleichsam als „Bindemittel“) seiner Collagen noch die Farbe benutzt: Aus kräftigen Farbelementen wurde der Bildraum aufgebaut, der dem hereingenommenen Fremdmaterial jeweils seinen Ort zuwies. Man kann jetzt eine andere Methode kennenlernen. Rauschenberg überspannt die collagierten Flächen mit hellen Tülltüchern, die das ganze Bildgeviert bedecken. Was dahinter liegt, scheint nun eigenartig entrückt, Rauschenberg sagt: „Wie eine Landschaft, auf der Reif ist.“ Diese vorgehängten Filter haben, auf der kompositorisch-technischen Ebene, die Funktion, Bindung herzustellen, etwa in dem Sinn, in dem eine Bühnenmusik auseinanderfallende szenische Einzelheiten in einen Wahrnehmungszusammenhang integrieren kann. Zugleich signalisieren sie inhaltlich die Ohnmacht des Zeitgenossen, der auf die Fülle ihm täglich vermittelter Informationen kaum noch anders als pauschal reagieren kann. Rauschenberg: „Es gibt eine Frostgrenze zwischen dem, was geschieht, und unseren Möglichkeiten, sich dazu in jedem Fall angemessen zu verhalten.“

Wie die Vermittlungspraxis der Medien die Nachricht, indem sie uns nähergebracht wird, gleichzeitig auch entrückt, werden die Fotozitate in den Bildern Rauschenbergs durch die transparenten

Gazevorhänge gewissermaßen entmaterialisiert. – Daneben sind aber auch Arbeiten zu sehen, in welchen ein entgegengesetztes Ziel verfolgt wird: statt der Abschwächung hier die Akzentuierung der Materialreize. An die Wand genagelte, braune Pappen, rabiat in den Raum gekippte Schrottteile, zu rohen Figurationen zusammengestellte Hölzer – das sind scharfe Kontraste zu den auf Distanz gehaltenen Collagen. Wie erklärt sich dieser Methodenwechsel, dieses scheinbar unvermittelte Nebeneinander sich widersprechender Umsetzungsformen des verwendeten Materials? Rauschenberg fasst seine Begründung in einem gefährlich schönen Satz zusammen: „Ich bemühe mich, mit dem, was ich tue, nicht vertraut zu sein.“ Das ist ein Satz gegen die Gewöhnung, gegen die Routine, gegen das Festhalten am einmal Ausprobierten – und ein Bekenntnis zum ständigen Aufbruch, zu Umbruch und Veränderung als entscheidenden Motivationskräften der Arbeit.

Allerdings, Rauschenberg fügt auch hinzu: „Diese Wechsel, Sprünge, extrem verschiedenen Ansätze machen mir oft Angst.“ Man spürt sogar im Gespräch – an einem abrupten Lachen, mit dem er sich Luft macht, einer ausweichenden Geste manchmal – etwas von dem Erschrecken vor der Fülle der Möglichkeiten, die er sich offenhält. Es ist eine Angst, die auch herrührt aus der Erfahrung des bedrängenden Nebeneinanders von Daten. Wer, wie Rauschenberg, die Extreme simultan erlebt und verarbeitet, kann notwendig Brunelleschis Domkuppel, die sein Blick durch das Fenster eines Ausstellungssaals plötzlich unmittelbar neben einem eigenen Bild wahrnimmt, nicht nur als ein reizvolles optisches Aperçu empfinden: Er muss erschrecken davor, wie nahe sich alles kommen kann, das Vergangene und das Jetzt, und was an dem Jetzt das Vergangene ist – wie soll ein Bewusstsein vor so viel sich halten? „Manchmal“, sagt er, „bin ich wie gelähmt davon.“

Was von dieser Angst in seinen Bildern ist, ein Todesgedanke mitten im heftigsten Betrieb, zwingt, das Werk Robert Rauschenbergs gegen den Zusammenhang der Pop-Art entschieden abzugrenzen, zu deren Protagonisten er früher (aber wohl immer schon zu Unrecht) von manchen gezählt wurde. Es ist jedenfalls von einem Stil-Programm nicht abzudecken, das zeitkritische Absichten mindestens zurückstellt. Aber kann Rauschenberg sagen, was er bei seinem Publikum erwirken will? Die Antwort kommt rasch, doch bleibt sie, sicher geschickt formuliert, sehr allgemein, eine eingeübte Geste der Unverbindlichkeit: „Wenn ein Bild, das Sie vorher nie gesehen haben, Ihre Ansichten in keinem Punkt verändert, sind entweder Sie ein störrischer Narr oder das Bild ist nicht sehr gut."

Dann sind wir nicht mehr allein. Der Salon füllt sich mit den Begleitern, den an diesem Morgen etwas grauen Gesichtern des Hofstaats eines Stars. Michael und Ileana Sonnabend, die klugen und sympathischen Vertreter Rauschenbergs in New York und in Paris und einige junge Amerikaner, die an der Ausstellung mitgearbeitet haben, diskutieren die nächsten Termine. Einer versucht, italienische Zeitungstexte zu übersetzen. Mao ist gestorben. Man spekuliert, wie es in China weitergehen könnte. Rauschenberg wechselt den Platz, während sie reden. Mehr und mehr zieht er sich zurück in die Gruppe seines Gefolges. Als wir uns verabschieden, trägt er wieder die dunklen Gläser.

Ein Gespräch mit Robert Rauschenberg anlässlich der Ausstellung *Robert Rauschenberg*, Forte di Belvedere in Florenz, 11. September bis 19. Oktober 1976, *Frankfurter Rundschau*, 6. Oktober 1976, S. 7

Sam Francis und Richard Diebenkorn
Die blauen Bäume von L.A.

Wirklichkeit und Kunst in Kalifornien. Ein Besuch

Späte Erinnerung an eine frühe Reise: Die erste Ankunft in Kalifornien, vor 25 Jahren, die Propellermaschine aus Chicago musste, weil Los Angeles im Nebel lag, auf einem Notflugplatz am Rande der Wüste von San Bernardino landen, es war sehr früh am Morgen, bis zum Weiterflug nach L.A. durften die Passagiere das Flugzeug verlassen, draußen, außer einem kleinen Tower, kein Gebäude, jenseits der Landebahn nur weites, flaches Land, gelbliche Prärie, von der rasch aufziehenden Sonne lichtüberflutet, die Ferne flirrend; unwiderstehlich damals plötzlich der Drang, kindisch in diese Weite hineinzulaufen, in dieses helle Licht zum ersten Mal, das Verlangen, eine so nie zuvor erlebte Ausdehnung von Land körperlich zu erfahren.

Der Eindruck des ersten kalifornischen Morgens hat lange nachgewirkt: Eine Nachahnung vielleicht auch der Empfindungen jener Abenteurer, die, ein Jahrhundert zuvor, mit ihren Planwagen durch die Wüsten und über die Berge Nevadas gekommen waren, angelockt von den fantastischen Erzählungen über das Gold und den ewigen Frühling in einem (von Mexiko gerade mit Kriegsgewalt abgetrennten) Paradies an der Westküste des Kontinents – nun hatten sie die Reise hinter sich und ihr altes Leben, in Kalifornien würden ihre Erwartungen sich erfüllen.

Die Hoffnungen der Einwanderer, die im 18. Jahrhundert die Ostküste Amerikas als englische Kolonisten besiedelten und dann die Trennung von England durchsetzten, haben sich, im Osten schon enttäuscht, während der 60er-Jahre des 19. Jahrhunderts noch einmal auf Kalifornien gerichtet. Das Versprechen: Amerika erneuerte sich im Versprechen: Kalifornien. Der Optimismus der Epoche hat dann an der Westküste länger vorgehalten als im übrigen Amerika. Um 1955 jedenfalls war eine optimistische Grundstimmung noch das prägende Merkmal der kalifornischen Gesellschaft. Die Dichterin Joan Didion hat in ihrem Essayband *The White Album* noch einmal daran erinnert: „Wir glaubten, wir könnten die Welt abermals erfinden.“ Stolz wurden einem damals die zivilisatorischen Errungenschaften vorgeführt: der einzige Fluss der Welt, der (durch ein kompliziertes System von Schleusen) dazu gebracht werden konnte, bergan zu fließen, der San Joaquin River; die enorme technische Leistung der Bewässerung der heißen, ursprünglich dürren Ebene zwischen San Francisco und Los Angeles, aus der ein reiches Plantagenland wurde; die Flugzeugindustrie im Süden; das Verkehrsnetz der oft schon zehnspurigen Autobahnen. Ein zukunftssicheres Leben schienen diese Kalifornier sich geschaffen zu haben. Der Slogan hieß: You name it, we have it – Sag' nur, was du willst, wir stellen es bereit. Die Ideologie war die der Machbarkeit von allem, der grundsätzlichen Lösbarkeit aller Schwierigkeiten.

15 Jahre später, 1969, wurde eine andere Reise nach Kalifornien manchmal schon fast zur Fahrt in einen Albtraum. Ronald Reagan, der stumpfe Konservative, war Gouverneur geworden und reagierte auf die Fragen der Studenten von Berkeley mit der rohen Gewalt seiner Polizeieinheiten, die den Campus mit Hubschraubern bedrohten. Aber der Realität der veränderten Verhältnisse war so nicht beizukommen. Amerika führte in Vietnam einen Krieg, den die junge Generation nicht billigte. Eldridge Cleavers *Soul on Ice* war erschienen, die Kampfansage der Afroamerikaner; der (ohnehin nur fiktive) Konsens der gesellschaftlichen Schichten und der Rassen war aufgebrochen, zerstört. In Watts, dem Stadtteil der Schwarzen in Los Angeles, kam es zu blutigen Aufständen. In Delano, einer Kleinstadt im heißesten Teil der Ebene, plante Cesar Chavez, der Führer der mexikanischen Minderheit, von seinen Leuten geschützt gegen die nächtlichen Mordversuche der weißen Farmer, den Kampf gegen die Ausbeutung der Erntearbeiter. In einer Villa in Beverly Hills geschah der Ritualmord an Sharon Tate und ihren Gästen. Eine tiefe Skepsis breitete sich aus, der Schriftsteller Curt Gentry nannte sein Kalifornien-Buch damals: *Die letzten Tage des ehemals großen Staates Kalifornien*. Nur in Reagans feisten Reden behauptete sich noch eine heruntergekommene Zuversicht. Die Blumenkinder und Drop-outs besetzten das Viertel Hight-Ashbury in San Francisco; es bildeten sich die ersten jener später 3000 Sekten, jede mit einem anderen Heilsversprechen, aber fast alle einig in ihrer Abkehr von dem Vertrauen in den zivilisatorischen Fortschritt, einem Vertrauen, das Amerika bis dahin mehr als alles andere bestimmt hatte und Kalifornien besonders.

Wieder unterwegs in Kalifornien, nun im Frühsommer 1979, kann man erleben, wie Skepsis inzwischen zum dominierenden Lebensgefühl geworden ist. Aus dem Stolz der Kalifornier, noch in deren Perversionen die Avantgarde der westlichen Zivilisation zu sein, wurde ein Pessimismus, der sich allenthalben, öffentlich und privat, artikuliert. Als wir diesmal in San Francisco ankommen, ist die Energiekrise das Hauptthema, aber es wird darauf anders reagiert als in Europa: panischer. Oder mit aberwitzigen Verdrängungen, zum Beispiel wird behauptet, nur Präsident Jimmy Carter sei schuld an der Benzinknappheit, er wolle die Kalifornier bestrafen, Unterschriften werden gesammelt für solche Anklagen gegen den Präsidenten, dem ein wilder Hass unterstellt wird gegen den „Goldenen Staat“.

In den Straßen der Stadt ist der Autoverkehr fast erstorben. Die Bedrohung des Autos durch den Benzinmangel hat das Selbstbewusstsein der Leute auf ungeahnte Weise beschädigt. Es ist in Kalifornien immer alles übertrieben worden, jetzt wird auch die Selbstkritik auf nicht selten lächerliche Art forciert. So kommt etwa die Werbung ohne das Wort „Sparsamkeit“ kaum noch aus, es ist das neue Zauberwort der Industrie, die also noch aus einem Defizit kommerziellen Profit schlägt. Wie mittelalterliche Büßer – so, als müssten sie sich für jeden in ihrem Leben gefahrenen Kilometer selbst bestrafen – joggen Hunderttausende in Kalifornien täglich zehn, zwanzig und mehr Kilometer, bis an den Rand der Selbstzerstörung. Diese Läufer, junge Männer, Frauen, Kinder, Greise in kurzen Hosen und durchgeschwitzten T-Shirts, bestimmen, vor allem morgens und abends, das Bild der Städte. Ich habe erwachsene Leute getroffen, die früher noch nicht 100 Meter ohne Auto zurückgelegt hätten und sich heute in lange Ausführungen darüber vertiefen, wie man lernen könne, als älterer Herr eine Meile in sechs Minuten zu laufen. Der Bestseller der Saison heißt: *Das Goldene Zeitalter des Fußes.*

Es ist jetzt ein Endzeitklima. Selbstquälerisch wiederholen Leitartikel und private Gesprächsrunden die Frage, was denn nun der Gewinn des technischen Fortschritts, dem man so lange gedient hat, wirklich gewesen sei. Das Prinzip der Variante, ein bis in Autokarosserien, die Wechselfälle der Mode oder die Schlagertexte nachweisbarer Grundgedanke des kapitalistischen Systems, der voraussetzt, dass für gleichbleibende Funktionen immer noch irgendwie veränderte

Produkte und Formen angeboten werden können – dieses Variieren scheint in wesentlichen Bereichen mit dem Mangel der Grundstoffe ans Ende geraten. Jetzt wird wie bei Tschechow gefragt: Wie sollen wir weiterleben? Die immer schon auffällige Neigung der Kalifornier, von sich selbst zu sprechen, scheint sich unter dem Druck der Verhältnisse noch zu steigern. Man kommt mit diesen Leuten schnell ins Gespräch, mühelos, sie haben eine angenehme Offenheit, sogar eine Herzlichkeit, die der Europäer freilich vielleicht als ein wenig auswendig gelernt empfinden mag – so rasch jedoch die Unterhaltung anläuft, ebenso bald sind sie auch bei sich selbst, nicht nur dem Fremden gegenüber, auch wenn sie unter sich sind, beginnen viele ihrer Sätze mit: „Wir als Kalifornier ...“ In diesen Selbstbespiegelungen ist noch etwas von dem tradierten Anspruch der Westküstenspezies auf Anerkennung einer Besonderheit, Anerkennung eines zivilisatorischen Vorsprungs. Aber dieser Anspruch wird nun irritierend konfrontiert mit der Befürchtung, durch die Energieprobleme auch am heftigsten betroffen zu werden.

Daran ist richtig, dass bei Betrachtung der verkehrstechnischen Infrastruktur Kaliforniens der Verzicht auf das Automobil tatsächlich fast einem Verzicht auf Mobilität überhaupt gleichkäme. Während im letzten Drittel des vorigen Jahrhunderts einige der großen Vermögen Amerikas mit dem Bau und dem Betrieb von Eisenbahnen verdient wurden, gibt es heute, und besonders an der Westküste, praktisch keine Zugverbindung mehr. Alles ist auf das Auto gegründet. (Und auf das Flugzeug: Als darum jetzt die Maschinen vom Typ DC-10 Flugverbot erhielten, haben sich die Zukunftsängste mancher Leute zu Hysterien ausgewachsen.) Doch nicht nur zwischen den Städten, sondern auch innerhalb der Großstädte gibt es außer dem Auto kein Verkehrsmittel. Das Paradebeispiel dafür ist Los Angeles. Diese Stadt, mit inzwischen etwa zehn Millionen Einwohnern, verfügt über Stadtautobahnen mit einer Gesamtlänge von 750 Kilometern, allein die Ost-West-Querverbindung, der Santa Monica Freeway, misst 26 Kilometer, fast durchgehend zehn- bis zwölfspurig. In die Bundesrepublik versetzt, würde Los Angeles sich von Wiesbaden bis Mannheim erstrecken, an den Taunushängen wäre gerade Platz für Beverly Hills und ein bisschen Hollywood. Aber die einzelnen Abschnitte dieses riesigen Areals werden durch keine U-Bahn, keine Straßenbahn, keine

Buslinien verbunden. Ohne Autos müsste hier alles soziale Leben zusammenbrechen, denn von Glendora nach Santa Monica – das joggen selbst austrainierte Leute nicht leicht an einem Tag.

Es entsteht eine eigenartige, die Ausdehnung der Stadt bezeichnende Poesie, wenn Bewohner von L.A. beschreiben, wie man sie, mit dem Auto natürlich, erreichen kann, es ist der Code einer Autostadt. Der Maler Richard Diebenkorn zum Beispiel beschwichtigte, uns einladend zu sich, der Weg sei wirklich nicht weit, eigentlich bloß um die Ecke – und gab dann am Telefon diese Anweisungen zum Mitschreiben: „Nehmen Sie Autobahn 10, nach einer halben Stunde Abfahrt Lincoln, fahren Sie auf Lincoln in südlicher Richtung, nach 14 Ampeln, links ein Schulhaus mit roter Tür, wählen Sie Ocean Park nach Westen, nach Kurzem kommen Sie durch einen längeren Tunnel, bald nach dem Tunnel werden Sie für einen Moment den Pazifik sehen, der Augenblick ist wichtig, denn vier Ampeln später nehmen Sie Main nach Norden, versuchen Sie, auf der rechten Spur zu bleiben, dann sehen Sie links ein Haus, das mit Efeu bewachsen ist, Sie können von da an beginnen, einen Parkplatz zu suchen, Sie sind nun schon in unserer Gegend."

Vielleicht, dass solche Sätze einmal, nach dem Ende der Ära des Autos, einer anderen Generation nur noch als rätselhafte Hinweise auf sonderbare Bewegungen in einer fernen Vergangenheit erscheinen. Einstweilen aber – und eben gerade weil die Vorahnung des Endes dabei ist – ist das Fahren in L.A. sicher noch einmal eines der lustvollsten Trivialvergnügen des Zeitalters: mit einem offenen, auf der Straße mehr schwimmenden als rollenden Achtzylinder abends auf dem Santa Monica unterwegs, 90 rare Liter im Tank, mittreibend im Strom der tausend anderen dicht neben, vor und hinter sich, aber auch selbst den Strom antreibend, kühn die Spuren wechselnd, auch mal nur so (weil es schwierig ist und doch machbar), die Fahrt dabei nicht einmal langsam, immer hinein in die Millionen Lichter der Stadt und hinweg über sie, Wind im Haar, und das Radio lärmt – man kann da schon in einen rauschhaften Zustand geraten, und jedenfalls für sich plötzlich wünschen, das nicht zu leugnende Hochgefühl eines momentanen Einverständnisses mit der eigenen Zeit und mit der Zivilisation des 20. Jahrhunderts, unmoralisch oder nicht, es möchte dauern.

Es dauert natürlich nicht. Am anderen Morgen kommt der Kater mit dem Smog-Alarm (der praktisch nur von den Joggern befolgt wird, die rennen dann etwas weniger). Der Himmel hängt tief, grau und vergiftet über der Stadt. Sogar die im Mai und im Juni in einem wunderbar zarten Blau blühenden Jacarunda-Bäume überall in den Straßen von L.A. wirken blass an so einem Vormittag, mehr noch als sonst scheinen sie dann in diese Stadt zitierte Naturstücke zu sein, fremd und hinfällig.

Wie reagieren die Künstler? Zu den Bildern von Francis und Diebenkorn

Je mehr die Grundlagen der Konsumgesellschaft nicht mehr nur, wie am Ende der 60er-Jahre, theoretisch bezweifelt werden, sondern sich tatsächlich als ungesichert erweisen, umso deutlicher kann man in Kalifornien beobachten, wie der Wunsch nach Individualität zunimmt, meist propagiert als Wunsch nach mehr „Selbsterfahrung“. Gegen die Krise des ganzen Systems setzen viele: die Beschäftigung mit sich selbst, einen individualistischen Lebensstil, die betont nonkonformistische Gebärde. Diese Anstrengungen produzieren freilich, etwa in der Massenbewegung der Sekten, eine neue Konformität. Man kann das an vielen Beispielen aus der Architektur, der Werbung, der Sprache belegen: wie eine entschieden hervorgekehrte Individualität sich neutralisiert zu einem abermals normierten Denken und Verhalten. Wenn die Künste traditionell als Domäne individuell-eigenwilliger Weltauslegung gelten können – wie reagieren sie in Kalifornien auf die veränderte Befindlichkeit der Gesellschaft?

Man muss das Feld zunächst verengen. Schauspiel und Musiktheater haben an der Westküste nie Geltung gewonnen, der Theaterplatz Amerikas war immer New York, wenn sich dort auch, nach den stürmischen Aufbrüchen der experimentellen Bühnen um 1965, heute kaum noch etwas regt. Öffentlich tritt auch die moderne bildende Kunst in Kalifornien überraschend wenig in Erscheinung. Im Museum of Modern Art in San Francisco steckt der Aufbau einer Sammlung noch sehr in den Anfängen. Auch in dem berühmteren County Museum von Los Angeles kann der Direktor der modernen Abteilung – Maurice Tuchman, sicher der wichtigste Anreger im Lande, unermüdlicher Agent vor allem auch der jüngeren Künstler, zudem ein glänzender Theoretiker – einstweilen nur eine schmale Sammlung amerikanischer Malerei der letzten drei Jahrzehnte vorweisen, mehr lassen Tuchmans finanzielle Mittel und die Räumlichkeiten nicht zu.

Diese geringe öffentliche Präsenz der bildenden Kunst, die durch einige ausführliche Privatsammlungen nicht wettgemacht werden kann, ist deswegen erstaunlich, weil von der Westküste doch Impulse ausgingen, die die amerikanische Kunst sehr beeinflusst haben. Historisch nachweisbar ist etwa die Wirkung Clifford Stills (der seit der Mitte der 40er-Jahre in San Francisco lebt und lehrt) innerhalb der Entwicklung des ersten originalen Kunststils Amerikas, des abstrakten Expressionismus, besonders Stills Einfluss auf Mark Rothko; ähnliche Beziehungen gibt es zwischen Mark Tobey, der vor seiner Basler Zeit viele Jahre in Seattle (im Staat Washington) arbeitete, und Jackson Pollock.

Der Kalifornier Sam Francis gilt, wie Richard Diebenkorn, seit Langem unbestritten als eine der großen Figuren der amerikanischen Malerei. Francis unterstützt mit seinem Renommee und seinen Verbindungen die aktuelle, jüngste Strömung, die sich an der Westküste herausgebildet hat: die Kunst des Environments. Künstler wie Maria Nordman, Doug Wheeler, James Turrell, Michael Asher drücken sich nicht mehr im Tafelbild oder im Objekt aus, sondern im Entwurf von Räumen, die nicht Umgebung eines Kunstwerks sind, sondern dieses selbst. Es ist naheliegend, in diesen Räumen eine Entsprechung für die gesellschaftliche und landschaftliche Offenheit Kaliforniens zu sehen, unter solchem Aspekt wäre fast von einem Regionalstil zu sprechen. Unterstützung brauchte die Richtung, ihrer Bedeutung nach, allerdings mehr, als ihr zuteilwird. Arbeiten einiger Environment-Künstler sind heute in Europa, zum Beispiel in der Sammlung Panza di Biumos in Varese, besser zu studieren als dort, wo sie zuerst ausgedacht wurden. Von Maria Nordman fanden wir immerhin schließlich auch in Kalifornien doch noch eine Arbeit; einen weißen Raum, ähnlich dem, durch den sie auf der venezianischen *Biennale* von 1976 international bekannt wurde, installiert in einem kleinen Laden an einer Geschäftsstraße im westlichen Los Angeles, eine Art von Sensibilisierungsanlage, zugänglich direkt von der Straße und sich einreihend in die Angebote der Läden rechts und links daneben.

Wie man die extreme Instrumentalisierung des Lichts in den Räumen der Nordman als eine (freilich schwer rationalisierbare) Reaktion auf Kalifornien erlebt – sodass man sofort sagen möchte: das konnte nur hier entstehen –, scheint auch die Malerei von Francis und

Diebenkorn an der Westküste ihren gleichsam „natürlichen“ Entstehungsort zu haben. Die Farbsetzung von Francis ist impulsiv, spontan; Diebenkorns Bilder sind strenger organisiert, entschiedener komponiert. Aber gemeinsam ist beiden die Fähigkeit, den Farben Atmosphäre, Atem mitzuteilen, Assoziationen einer bestimmten Weitläufigkeit zu provozieren (die eine kalifornische Erfahrung ist); die Bilder von beiden sind Hinweise auf größere Vorgänge (Francis) oder Landschaften (Diebenkorn), die außerhalb von ihnen liegen, Ausschnitte, deren abstrakte Formen dennoch von Umwelt handeln. Beide bestehen im Gespräch darauf, fast mit den gleichen Worten, dass Malerei eine „fundamentale Tätigkeit“ sei, nicht nur der Hände, sondern ebenso des Denkens, Bilder gingen immer über Bilder hinaus.

Diese Spiritualität, aus der sich ihre Arbeit begründet, verstehen sie als Gegenstimme zu der sie umgebenden Zivilisation. „Es ist ein Vergnügen, gegen diese Umwelt die andere Realität von Bildern zu setzen“, sagt Diebenkorn. Und Francis, als unsere Unterhaltung auf die Energiekrise kommt: „Das Problem unserer Zivilisation ist nicht die Verknappung der Grundstoffe, sondern dass wir die Verbindung (connection) verloren haben zu den Energien, die eine Existenz erst sinnvoll machen, in diesem Sinne sind wir ‚Unverbundene‘ (disconnected), hier liegt die Chance des Künstlers: Das größere Defizit muss sein Thema sein.“

Ich war mit Sam Francis in seinem Atelier am Broadway in Santa Monica verabredet. Die beiden flachen Hallen, die zur Hausnummer 2058 gehören, liegen hinter einer niedrigen Straßenfront in einer hässlichen Industriezone zwischen Fabriken und Lagerhäusern. Der Maler ruft an, er sei aufgehalten worden und käme erst etwas später. Seine drei jungen Assistenten führen durch das Atelier, riesige Räume, in denen großformatige Leinwände, bis zu 5 × 6 Meter, teilweise schon bemalt, auf dem Boden liegen, die Helfer beschreiben, wie Francis arbeitet: Meistens gleichzeitig an mehreren Bildern, ohne Staffelei, mit langstieligen Pinseln und Bürsten werden die Farben auf die am Boden ausgespannten Leinwände aufgetragen, ohne Vorzeichnung, die Geste erfasst und besetzt die großen Flächen spontan, instinktiv, selten wird nachträglich korrigiert. Die Arbeit erfolgt in Schüben, in „Sessions“ (eine Vokabel der Jazzmusiker), oft malt Francis wochenlang nicht, dann Tag und Nacht.

Als er selbst eintrifft, erklärt Sam Francis diesen Arbeitsrhythmus aus der Intensität des Malakts, der längere Phasen des Aufbaus der Konzentrationskraft voraussetze. Der 56-Jährige scheint der Vitalität seiner Kunst als Person auf den ersten Blick nicht zu entsprechen: Ein kleiner, stämmiger Mann im braunen Cordanzug, eher ein wenig unscheinbar, auffallend nur diese sehr hellen, blauen Augen. Man spürt den Elan, der in ihm steckt, erst wenn die anfängliche Zurückhaltung sich lockert, wenn er von seinen Jahren in Europa erzählt, von der Zeit in Paris („als wir wussten, dass die Entscheidung für die Kunst der Entscheidung für die Armut gleichkommen würde“ – es ist dann nicht ganz so geworden, Bilder von Francis sind heute Spitzenwerte des internationalen Kunstgeschäfts), von seinen Initiativen zur Förderung jüngerer Künstler, von den Projekten, die ihn außerhalb der Malerei beschäftigen, ein weitgespanntes Programm, das Filmdokumentationen zur Geschichte der Psychologie und die Finanzierung des Baus von Windmühlen zur Stromgewinnung einschließt. Was die Kunst anlangt: Zum ersten Mal werde er jetzt Glasfenster ausführen, das sei Neues für ihn, auch den Auftrag von Renault in Paris für ein Wandbild (eines der schönsten seines Werks befindet sich im Treppenhaus der Basler Kunsthalle) werde er annehmen. Über seinen Begriff von Malerei sprechen? Er lehnt das nicht ab, aber man empfindet da, dass an dem Mann etwas ist, das sich in Wörtern nicht mitteilen kann, eine Verschlossenheit plötzlich: Um über diese Grenze hinauszukommen, muss man von ihm selbst fort und seine Bilder sehen.

Einige Tage später, nun schon weit von L.A., eröffnet die Galerie Emmerich in New York eine Ausstellung der neueren Arbeiten von Sam Francis. Es sind die großen Formate, wie wir sie im Atelier in Arbeit gefunden hatten. Sie bedeuten den Anfang von noch einmal einem neuen Abschnitt im Werk dieses Malers. Im Vergleich scheint die Farbgebung der vorausgegangenen Jahre lockerer, spielerischer. Das immer Eindrucksvolle früher bei Francis war ja das Erblühen scheinbar beliebig auf die Leinwände getupfter, geworfener, verstreuter Farben, die durch Dripping-Spuren miteinander verbunden wurden. Manchmal, in den Edge Paintings, geschah alles nur am Rande, das Zentrum der Bildfläche blieb weiß und leer. Jetzt wirken die Entwürfe nachdrücklicher vorbedacht, geplanter. Eine Rasterform aus breiten horizontalen und vertikalen, dunklen Balken bildet eine Grundstruktur, eine Ordnung –

die aber gleichzeitig aufgelöst, aufgehoben wird. Farben in oft kühnen Konfrontationen (rot/gelb, gelb/grün) besetzen die Zwischenräume, überströmen die schweren Balken, verdichten sich gelegentlich zu Vorhängen, hinter welchen das Balkengitter dann kaum noch sichtbar ist. Im Ganzen und im Detail ist viel Bewegung, es ist, als sei der Farbauftrag noch im Gange, man sieht die Veränderung der einzelnen Farbwerte, Verdünnung und Verdichtung (wie im Aquarell), alles scheint noch im Fluss. Etwas Statisches, die starre Rasterform, wird überwunden von Ausbrüchen der Farbe, von vehement dynamischen Energien. Seit Langem hat Farbe sich nicht mehr so triumphierend realisiert und als autonom behauptet wie in diesen neuen Bildern des Sam Francis. Sie gleichen Bekenntnissen: zu den Innovationskräften der Spontaneität. Es liegt nahe, sie in dieser Hinsicht auch als gesellschaftliche Metaphern zu begreifen.

Keine Bilder im Atelier Richard Diebenkorns in Santa Monica. Er, fast gleichaltrig mit Francis, arbeitet beständiger als dieser, doch währt der Entstehungsprozess seiner Bilder auch länger. Die Nachfrage ist so groß, dass, woran er arbeitet, meistens schon verkauft ist. Diebenkorn, der seltene Typus des gebildeten, philosophisch geschulten, kultivierten Kaliforniers, hat seit seinen Anfängen um 1943 ein Œuvre geschaffen, das in seinen verschiedenen Entwicklungsschritten die Geschichte der abstrakten Malerei in diesem Jahrhundert noch einmal zusammenfasst. Es beginnt, unter dem Einfluss des magischen Realismus von Edward Hopper und der Flächigkeit von Henri Matisse, mit allerdings schon sehr eigenwilligen gegenständlichen Formulierungen, verarbeitet in den 50er-Jahren Erfahrungen mit dem abstrakten Expressionismus (Diebenkorn nennt Clifford Still, Mark Rothko, Ad Reinhardt und Franz Kline als Bezugspersonen, die auf ihn gewirkt haben) und findet im folgenden Jahrzehnt zu beruhigten abstrakten Landschaften, in denen nun etwas von der frühen Kenntnis Piet Mondrians nachklingt.

Die Bildfläche ist in Sektoren gegliedert, in welchen jeweils ein Farbwert in subtilen Differenzierungen ausgemalt wird. Den Bildaufriss bestimmen Vertikale und Diagonale. Während Sam Francis Farben in explosiven Ausbrüchen freisetzt, weist Diebenkorn ihnen zwar weitläufige, dennoch immer bemessene Felder der Entfaltung zu. Seine Bilder im amerikanischen Pavillon der *Biennale von Venedig* im vorigen Sommer bezeugten die unwiderrufliche Bedeutung dessen, was „peinture“ ist und vermag.

Die weiten Flächen in seinen Bildern, die großzügige Aufteilung des Raums – ich werde dabei immer an die Landschaften Kaliforniens denken. Diebenkorn hat mehreren Bilderserien der letzten Jahre den Titel *Ocean Park* gegeben. So heißt auch der breite Boulevard, der in Santa Monica, in unmittelbarer Nähe des Ateliers und nicht weit von der Wohnung des Malers, am äußersten Westrand von Los Angeles und Nordamerika entlangführt. Dahinter liegt, in allen kalifornischen Bildern immer zu spüren: der Pazifik, die große Unruhe des Stillen Ozeans.

Frankfurter Rundschau, 7. Juli 1979, Seite 3

Mark Rothko
„Immer suchte ich etwas, das mehr wäre"

Mit dem Ende beginnen. Zuletzt, in den Gemälden, ist die sichtbare Welt längst vergangen, war nur noch Einsamkeit, unerbittlich der Zwang, sie zu suchen. Es gab ein Aufbegehren manchmal, Augenblicke eines panischen Verlangens nach Menschen: Einmal rief er Leute an, die ihm plötzlich in Erinnerung kamen, lud sie zu einer Party in sein Atelier; das wird ein schwieriges und trauriges Treffen gewesen sein, zwischen den Gästen stand er fremd.

Sonst drangen Besucher nur noch selten bis zu ihm vor. Donald McKinney, der mit ihm befreundet war, hat von den letzten Monaten im Leben Mark Rothkos erzählt: „Als der Maler im Herbst 1968 von einem Aufenthalt am Meer nach New York City zurückkehrte, zog er sich in sein Atelier zurück, um dort fortan für sich allein zu leben. Seine Behausung war anspruchslos: die gekachelten Wände des Studios, das ursprünglich als Lagerraum diente, überdeckte er behelfsmäßig mit gewaltigen Wandplatten, an denen sich die eigenen Gemälde dank besonderer Seilrollen beliebig befestigen oder verschieben ließen. Durch eine pyramidenförmige Öffnung in der Deckenmitte fiel das Licht aus etwa zehn Meter Höhe in das Atelier. Ein Bett, Stühle, der Tisch und sein Grammophon vervollständigten die Arbeits- und Wohnstätte. Persönliche Gegenstände fehlten. In diesem riesigen Raum pflegte Rothko stundenlang zu sitzen und sein Werk zu betrachten, in tiefes Nachdenken und Sinnen darüber versunken. Er lebte hier bis zu seinem Tod."

Den Tod gab er sich selbst. Ein elender Abgang: Am Morgen des 25. Februar 1970 fanden sie Rothkos massigen Körper, bekleidet mit langen Unterhosen und schwarzen Socken, in einem See von Blut auf den Dielen des Ateliers. Sie stellten fest, dass er Sorgfalt darauf verwendet hatte, sich auszulöschen – er hatte eine Überdosis von Schlafmitteln geschluckt und sich dann die Arme an den Ellenbogen mit einem Rasiermesser durchtrennt.

Es wurde nach den Motiven dieses Selbstmords gefragt. Als Rothko sich tötete, war er schon seit zwei Jahrzehnten weltberühmt. Mit Arshile Gorky (der sich 1948 das Leben nahm) und Jackson Pollock (der 1956 bei einem Autounfall starb), mit Willem de Kooning, Robert Motherwell und Clifford Still, die ihn überlebt haben, hatte Rothko den ersten originär amerikanischen Stil in der Geschichte der Malerei begründet, der sich international durchsetzte, den abstrakten Expressionismus. Aber er war skeptisch gegenüber der öffentlichen Akklamation, die zu Beginn der 50er-Jahre einsetzte; er fürchtete das Missverständnis. Und er erschrak vor dem Reichtum, der für ihn mit der Anerkennung verbunden war. Seit seiner Jugend hatte er nie auf der Seite der Reichen gestanden, nie sich dem herrschenden Kunstbetrieb, dessen Protagonist er dennoch wurde, zugehörig gefühlt: „Ich bin immer Anarchist, was sonst?“ Seine begünstigte und beneidete Position in der Kunstwelt hat ihn eher unglücklich gemacht. Hinzu kamen Schwierigkeiten in seiner zweiten Ehe; auch verfiel er dem Alkohol.

Entscheidender für den Selbstmord können jedoch noch andere Gründe gewesen sein. Rothko hatte den abstrakten Expressionismus mit heraufgeführt, aber von allen Weggefährten hat er ihn auch als Erster wieder überwunden. Vielfalt, Farbenwechsel und Bewegung im einzelnen Bild wurden von ihm so sehr reduziert, dass ein äußerster Punkt immer näher rückte: der Moment der Verwandlung der Materialität einer Farbe in eine immaterielle, geistige Substanz. Diese höchste Absicht abstrakter Malerei, die Erscheinung der Farbe als Idee, ist in den späten Werken Rothkos erfüllt. Doch hat der Maler, je weiter er dabei vorstieß, eine wachsende Angst vor dem Scheitern empfunden. Sie ist in vielen Äußerungen seiner letzten Jahre belegt: Ein Zweifel daran, ob mit den Mitteln der Malerei überhaupt zu leisten sei, was er sich abverlangte; eine tiefe Furcht vor dem Ende des Bildes. Über Bilder hinaus aber, und ohne Bilder, wollte er seine Existenz, die von seiner Malerei nicht zu lösen war, nicht denken. Man kann sagen: Mit seinem Sterben ist Rothko seinen Bildern über eine letzte Grenze nachgegangen.

Den dissonant-profanen Nachklang dieses Endes bildeten dann die Geräusche eines der größten Skandale in der neueren Kunstgeschichte. Knapp zwei Jahre nach Rothkos Tod verklagten seine beiden Kinder, die Tochter damals 20, der Sohn gerade acht, die von dem Maler noch selbst eingesetzten Verwalter des Erbes von 798 Bildern, den Künstler Theodoros Stamos, den Anthropologie-Professor Morton

Levine und einen Buchhalter namens Reis. Der Streitwert wurde auf 32 Millionen Dollar beziffert, die höchste Summe, auf die das hinterlassene Werk eines amerikanischen Malers bis dahin je geschätzt wurde. Die Anwälte der Kläger behaupteten, die drei Verwalter hätten mit der Marlborough-Galerie, in deren Diensten sie zeitweilig standen, bei der Verschleuderung des Rothko-Erbes zusammengearbeitet, so sei etwa ein Komplex von 100 Gemälden für insgesamt nur 1,8 Millionen Dollar an Marlborough verkauft worden, das einzelne Bild also für 18.000 Dollar – der wahre Marktwert war seinerzeit schon zehnmal so hoch.

Der Prozess dauerte vier Jahre. Was er zutage förderte, füllte die Klatschspalten der Journale und machte den Namen Rothkos auch bei Leuten bekannt, die noch nie ein Bild von ihm gesehen hatten. Am Ende gewannen ihn die Kläger. Das Gericht verurteilte die Galerie zu einem Bußgeld von 9 Millionen Dollar, ihr Gründer Frank Lloyd verließ die Vereinigten Staaten, der Kunsthändler wurde Immobilienmakler auf den Bahamas und in New York seitdem nicht wiedergesehen. Auch der Maler Stamos, von der Kunstszene geächtet, lebt heute nicht mehr in Amerika. (Der Reporter Lee Seldes hat über diesen Prozess ein Buch geschrieben, 400 Seiten eines abenteuerlichen Exkurses in den sumpfigen Untergrund des internationalen Kunsthandels: *The Legacy of Mark Rothko*, erschienen im Verlag Holt, Rinehart and Winston.)

Erst die Klärung des Rechtsstreits um das Erbe hat eine Ausstellung von Bildern aus verschiedenen Arbeitsphasen Rothkos ermöglicht, die als Retrospektive auf das Gesamtwerk gelten kann. Sie wurde Ende 1978 von Diane Waldman für das New Yorker Guggenheim-Museum zusammengestellt. In Europa war zwar schon vor sieben Jahren eine Auswahl vor allem der späten Bilder zu sehen, die von Zürich nach Berlin, Düsseldorf und Rotterdam weitergereicht wurde – doch macht erst die aktuelle amerikanische Ausstellung, weil sie auch auf frühe Arbeiten zurückgreifen kann, die Entwicklung des Werks im Zusammenhang sichtbar. Besondere Bedeutung hat diese Rothko gewidmete Initiative des Guggenheim im Hinblick auf die gegenwärtige Situation der bildenden Kunst.

Warum? Die Positionen in der Kunst der 70er-Jahre sind bestimmt von einer beträchtlichen Undeutlichkeit. Zu beobachten ist in der Breite eine Orientierung an Ergebnissen der Vergangenheit, die Mal für Mal epigonal aufgearbeitet werden und eine neue Art von Akademismus hervorgebracht haben: Sogar radikale Lösungen in der Malerei, wie etwa die Monochromie, die einmal Leistung einer Avantgarde war, werden heute schon in den Arbeiten von Kunststudenten selbstverständlich übernommen. Andererseits sieht man Versuche, sich auf schmale Felder der privaten Erfahrung zurückzuziehen. „Spurensuche", aber auch die mit der Bewegung in den offenen Landschaftsraum nur scheinbar weiter ausgreifende Land-Art, mögen sie auch im Einzelfall gelegentlich über soziale oder psychische Befindlichkeiten Auskunft geben, können einen (von ihnen selbst freilich kaum noch formulierten) Anspruch auf Verbindlichkeit nicht mehr einlösen. Schon gar nicht sind sie imstande, auf Sinnfragen ihrer gesellschaftlichen Umgebung zu antworten. Übersichtsausstellungen wie die vorige *documenta 6* und die venezianische *Biennale* 1978 haben das bewiesen. Auch Qualitätskriterien sind gegenüber einer nur noch auf das Recht zur individuellen Eigenwilligkeit sich berufenden Kunst nicht mehr geltend zu machen – weil die Kunst zur Entwicklung solcher Kriterien selbst nicht mehr beiträgt. Das hat die Unsicherheit im Publikum wachsen lassen. Das Defizit an Verbindlichkeit musste die bildende Kunst fast zwangsläufig in die Isolation führen.

Eine Ursache dieser Schwierigkeiten erkennen wir heute in dem raschen Wechsel der Kunststile während der 60er-Jahre. Abgesehen von einzelnen, in sich selbstständigen und konsequenten Leistungen, produzierten die Künstler rasch einander ablösende Novitäten. Als dann, am Ende des Jahrzehnts, die Energien der Erfinder nachließen, verringerte sich auch das Interesse der Öffentlichkeit, das eine jedenfalls lebhafte, immer mit Überraschungen aufwartende Szene bis dahin noch hatte auf sich fixieren und halten können. Einer Gesellschaft, deren Selbstverständnis sich plötzlich veränderte, als ihr Optimismus an die „Grenzen des Wachstums" stieß, hatte die Kunst, außer ihrer eigenen Krise, kaum noch etwas mitzuteilen. Sie bestand weiter auf dem Vorrang der aparten optischen Erfindung. Die Anstrengung zu einem Transzendieren von Realität wurde nur von wenigen unternommen. Die Sonderstellung von Joseph Beuys, Francis Bacon, Sam Francis, Robert Rauschenberg und eben Mark Rothko hat ihren Grund darin, dass sie dieser notwendigen Anstrengung nicht wie die meisten ausgewichen sind.

Einige Ausstellungsmacher sind inzwischen im Begriff, aus dieser Lage der Dinge die richtigen Folgerungen zu ziehen. Ein hervorragendes Beispiel dafür ist der Entwurf, den der Eindhovener Museumsdirektor Rudi Fuchs für die ihm anvertraute *documenta* des Jahres 1981 vorgelegt hat. Fuchs nennt das Ergebnis der verstärkten Ausstellungsaktivitäten seit etwa 1965 „ein künstlerisches Labyrinth, worin die Qualitätsverhältnisse unklar sind, vor allem für das allgemeine Publikum". Er verlangt als Gegenmittel jetzt eine „kartografische Arbeit". Die Fragen, die er für die *documenta* stellen will, sind so naheliegend wie kühn: Welche Kunst ist um 1980 „wichtig und gut"? Und Fuchs deutet in seinem Entwurf dann an, in welcher Richtung er nach Antworten suchen wird: „Das kann ganz junge Kunst sein, aber auch ältere, deren Qualität immer noch maßgebend für weitere Entwicklungen ist."

„Maßgebend für weitere Entwicklungen" – die Definition bringt uns zu Mark Rothko zurück. Tatsächlich wirkt das Œuvre von Rothko zum gegenwärtigen Zeitpunkt wie eine große Herausforderung. Rothko hat, je mehr er sich auf die Verfeinerung seiner Mittel konzentrierte, doch immer das Technische seiner Bilderfindungen als die Dimension einer bloß sekundären Unmittelbarkeit des Materials von Farbe und Leinwand verstanden. „Immer suchte ich etwas, das mehr wäre" (I was always looking for something more) – das Bekenntnis beschreibt, was Rothkos Lebensarbeit bewirkt hat: die Sehnsucht, mit der Malerei über die Malerei hinauszureichen, einen letzten Sinn zu erfassen, die Erfahrung der eigenen Existenz zu konfrontieren mit der Botschaft von einem jenseitigen Ufer der Kunst. Die Ausstellung, die nun durch Amerika zieht, bezeugt diese Anstrengung. Sie erinnert an Verluste. Aber sie ist vor allem eine Provokation: So viel ist leistbar; so weit können Bilder hinaus über sich selbst.

Die existenzielle Begründung der Kunst Rothkos, Ernst, Schwermut und Vergeistigung besonders in den späten Bildern, sind oft in Zusammenhang gebracht worden mit der jüdischen Herkunft des Malers. Er wurde 1903 in Dvinsk im zaristischen Russland geboren. Der Vater, ein Apotheker, wandert 1910 an die amerikanische Westküste aus und lässt sich im jüdischen Stadtteil von Portland, Oregon, nieder. Mit seiner Mutter reiste der zehnjährige Marcus Rothkowitz dem Vater 1913 nach. Während der ersten Fahrt quer durch das Land, in dessen Kunstgeschichte er eingehen sollte, trägt der junge Rothkowitz (der seinen Namen erst 1940 verknappte) ein Schild um den Hals, auf dem zu lesen ist, dass er kein Englisch spricht. Bald nach der Ankunft in Portland stirbt der Vater. Der Knabe muss mitverdienen, schließt aber doch die High School ab und erringt ein Stipendium für Yale, damals schon eine der besten Universitäten des Landes. Yale liegt in New Haven, Connecticut, er geht also, 1921, an die Ostküste, entscheidet sich für ein diffuses Studienprogramm: Englisch, Französisch, Geschichte, Mathematik, Physik, Biologie, Volkswirtschaft und Philosophie. Das Studium bricht er ohne Examen zwei Jahre später ab und zieht nach New York. 1924 kommt er noch einmal auf kurze Zeit nach Portland, tritt dort einer Theatergruppe bei, die von Josephine Dillon, der ersten Frau Clark Gables, geleitet wird. Später erzählt er: Für eine Rolle, die er, Rothko, in einer Aufführung der Gruppe gespielt habe, sei Gable die zweite Besetzung gewesen. Und auch noch mit einer anderen Bemerkung hat er sich an das Theater erinnert: „Ich stelle mir meine Bilder als Dramen vor, ihre Formen sind die Darsteller.“

Der erste Kontakt mit der Malerei ist eher zufällig, ein Freund in New York nimmt ihn mit zum Aktzeichnen in eine Kunstschule. Der 20-Jährige entscheidet: Das ist es, was ich will. Die Anfänge sind schwankend. Rothko gerät in eine Kunstszene, die geprägt ist von den Konventionen einer auf das realistische Abbilden verpflichteten Malerei. Den politischen Isolationstendenzen der USA nach dem Ersten Weltkrieg entsprechen ähnliche Strömungen in der Kunst. Obwohl einige amerikanische Maler sich von 1914 sehr mit den Umbrüchen vor allem in der französischen Kunst der Zeit beschäftigt hatten, erstirbt dieses Interesse an den 20er-Jahren fast ganz. Es ist die Epoche eines tiefen Provinzialismus. Der Malereiprofessor Max Weber allerdings, an dessen Unterricht Rothko teilnimmt, hat die eigene, frühe Begeisterung für Paul Cézanne, die Fauves und den Kubismus nicht vergessen. Er eröffnet Rothko, um 1926, Perspektiven, die ihm später helfen werden, die gegenständliche Malerei zu überwinden.

Die frühesten Bilder der Ausstellung sind Aquarelle, die gegen Ende der 20er-Jahre entstehen. Rothko notiert damit, wie in einem Tagebuch, flüchtige Impressionen. Ein schwerfälliger Akt von 1920 bezeugt den durch Weber vermittelten Einfluss von Picasso, aber auch von Matisse. Ab 1935 schärfen sich die Konturen, zugleich werden die Kompositionen formal nachdrücklicher organisiert. *Subway Scene* von 1938 zeigt deutlich die entschiedene Gliederung des Bildraums durch vertikale und horizontale Achsen. Was die Menschenbilder angeht, setzt Rothko sich hier schon ab von dem gesellschaftskritischen Realismus, der in den Depressionsjahren vorherrscht und den wir zum Beispiel von Ben Shan kennen: Die Figuren am Eingang zur Untergrundbahn haben etwas Entferntes, sogar Schematisches, eine bekannte Umwelt wird als fremde erlebt.

Das ist auch eine Folge der Einwirkung des europäischen Surrealismus auf Rothko. In den 30er-Jahren kommen, veranlasst durch die politischen Verhältnisse in Europa, Max Ernst, Yves Tanguy, Roberto Matta, André Masson, Marcel Duchamp, Fernand Léger nach Amerika. Es ist für die Entwicklungsgeschichte der amerikanischen Kunst eine Zeit außerordentlicher Veränderungen. Die gesamte Szene gerät in Bewegung. Adolph Gottlieb, Willem de Kooning, Jackson Pollock, Arshile Gorky, Barnett Newman – alle reagieren, wenngleich sehr unterschiedlich, auf den großen Import neuer Ideen. Vor allem ist es tatsächlich die Einwirkung des Surrealismus gewesen, die den Durchbruch der Amerikaner zur Abstraktion vorbereitet und gefördert hat. Das ist am Werk Jackson Pollocks vielleicht am besten nachzuweisen, das ohne die Automatismus-Theorien André Bretons nicht zu denken ist. Aber auch bei Rothko beginnt nun, unter dem Einfluss der Europäer, eine Phase der Auseinandersetzung mit der abendländischen Mythologie, einem der tradierten Themen der europäischen Kunst. Rätselhafte Figuren und Embleme drängen sich auf Bildflächen zusammen, die kaum noch eine Raumtiefe vorgeben. Bildtitel verweisen auf antike Stoffe: *Antigone*, *Iphigenie*, *Tiresias*. Man spürt die Bemühung um Bedeutungsgehalt jenseits des Sichtbaren, die Anstrengung zur metaphorischen Formulierung. Doch scheinen uns diese Bilder heute fast alle von Absichten überfrachtet und strapaziert.

Diese Verkrampfung löst sich zu Beginn der 40er-Jahre. Die Auflockerung wird erreicht durch den (vorübergehenden) Verzicht auf Ölfarben. Wasserfarben erzeugen den Eindruck einer größeren Leichtigkeit, Entspanntheit der Farbgebung. Auch die Linie wird spielerischer, freier. *Slow Swirl at the Edge of the Sea* von 1944 zeigt ein beinahe wie aus Joan-Miró-Bildern zitiertes, befreites, kalligrafisches Spiel. Es ist ein Bild (übrigens wieder in Öl gemalt), dessen fantastische, wie unter Wasser schwebende Formen schon die Voraussetzung für den nächsten Entwicklungsschritt Rothkos enthalten: die hier nämlich bereits fast vollständige Entbindung der Linie und der Farben von der Auflage, Elemente der Wirklichkeit abbildlich zu reproduzieren.

Diesen nächsten Schritt tut Rothko (ermutigt von dem kalifornischen Maler Clifford Still) zwischen 1945 und 1947. Er reduziert nun das Linienspiel, schließlich verschwinden alle linearen Zeichen aus den Bildern: Die Farbe wird zum einzigen Ausdrucksmittel, sie bestimmt die Komposition nun allein, gewinnt strukturierende Bedeutung. Die lange Vorgeschichte endet in diesem Augenblick, der alles Vorausgegangene aufhebt: Die Malerei hat sich zu einem Medium entwickelt, das, wie Rothko selbst formuliert hat, jetzt zum Ausdruck grundlegender menschlicher Empfindungen imstande ist, „Empfindungen der Tragödie und der Ekstase und des Untergangs".

Ab 1949 werden jeweils nur noch wenige Farben – manchmal sind es nur noch zwei, drei Werte, fast immer ist ein Rot darunter – in rechteckigen Feldern verdichtet, deren Ränder verschwimmen. Der Auftrag erfolgt in mehreren Lagen, eine unterste Schicht durchdringt die Leinwand, wird dann wieder und wieder dünn übermalt – aber so, dass am Ende dieses vielfachen Überdeckens die zuerst angelegte Schicht noch durchscheint. Es ist, als seien die Bilder von einer verborgenen Lichtquelle, gleichsam von innen heraus beleuchtet. Rothko hat diese Technik des Farbauftrags in den Meisterwerken der 50er- und 60er-Jahre immer subtiler gehandhabt. Gleichzeitig vergrößert er die Bildformate. Vor den Bildern wird der Betrachter von ihnen scheinbar umfasst, er tritt ein in Farbräume. Zwar betonen schmale, waagerechte Bänder zwischen den Hauptfeldern die planen Flächen der Leinwände; dennoch kann man den Eindruck haben, die vielschichtigen Farbblöcke hätten ihren Ort in einem Raum vor der Leinwand und bewegten sich, je länger das Auge sich ihnen aussetzt, auf den Betrachter zu.

Für Jackson Pollock, Willem de Kooning, Franz Kline war es wesentlich, dass der physische Akt des Malens im Bild erlebbar wurde: Sie dachten die Malerei als Handlung, das Abbild als möglichst unmittelbaren Ausdruck erregter Bewegung, deren Spuren die Leinwand festhält. Von ihren Vorstellungen im Stilkontext jenes abstrakten Expressionismus hat Rothko sich während der beiden letzten Jahrzehnte seines Lebens weit entfernt. Nicht um die Erinnerung an Bewegung geht es ihm – sondern gerade um deren Stillstellung, um eine große Ruhe, in der alle Ablenkung verstummt und alle Wörter enden vor dem

Geheimnis der Farben. Die rationalistischen Konzepte der bildenden Kunst in diesem Jahrhundert, auch die zunächst durchaus noch rational begründeten und entsprechend nachvollziehbaren Entwicklungsphasen bei Rothko selbst, sind in den späten Bildern des Amerikaners überwunden. Indem allein Farbe nun Volumen, Form, Raum, Licht und Geschichte nicht mehr nachbildet, sondern ist – gewinnt sie metaphysische Qualität. So kehrt die Malerei hier zurück zu einem ihrer Anfänge: zur Meditationstafel, zum Andachtsbild.

Man kann dieses transzendierende Moment heute auch in einigen europäischen Museen erleben. Hauptwerke Rothkos hängen im Düsseldorfer Schloss Jägerhof (Besitz der Kunstsammlung Nordrhein-Westfalen), in der Berliner Nationalgalerie, in der Staatsgalerie Stuttgart und – ein schönes Ensemble von drei Arbeiten, das eine weite Reise lohnt – im amerikanischen Saal des Basler Kunstmuseums. Im Zusammenhang solcher Museumssammlungen stört freilich immer die unvermeidbare Nachbarschaft anderer Bilder. Es war eine Wunschvorstellung Rothkos, die räumliche Wirkung seiner Malerei dadurch noch zu erweitern, dass mehrere seiner, in der Grundstimmung aufeinander bezogene Bilder zu einem Environment zusammengebracht würden. Als er 1958 einen Saal im New Yorker Seagram-Building ausstatten sollte, sah er die Möglichkeit, einem nur vom Ausdruck seiner Bilder bestimmten Erlebnisraum zu schaffen. Dann wurde jedoch beschlossen, den Saal des Restaurants zu benutzen, und Rothko zog seine Tafeln zurück; einen Teil der Entwürfe schenkte er 1959 der Londoner Tate-Galerie. Werner Haftmann hat (im Katalog der Düsseldorfer Ausstellung 1971) von der Enttäuschung Rothkos berichtet, der „gar nicht daran dachte, seine Bilder als Dekoration für die Vergnügungen einer Gesellschaft herzugeben, die er als abscheulich und miserabel abqualifizierte und im Eifer seiner Rede mit schlimmen Invektiven bedachte". (Haftmann erwähnt auch den Vorschlag Rothkos, in Deutschland eine Sühnekapelle für die jüdischen Opfer des Nationalsozialismus auszumalen – ein Angebot, das damals kein Interesse fand.)

Eine kleine „Rothko-Kapelle" wurde dann 1960 erstmals in einem der Räume der Phillips Collection in Washington eingerichtet. Die räumlichen Verhältnisse sind hier jedoch bis heute zu beengt, als dass sich Rothkos Vorstellung von einem Environment wirklich hätte erfüllen lassen. Erst vier Jahre später erhält er den Auftrag, der ihn bis zu seinem Tod beschäftigt hat: Dominique und John de Menil hatten in Houston, Texas, eine von dem Architekten Philip Johnson entworfene, achteckige Kapelle gestiftet, deren Gebetszone Rothko anvertraut wurde. Er malte für diesen Andachtsraum drei Triptychen und neun Einzelbilder, die Farbskala in ihnen aufs Äußerste reduziert: Geblieben sind nur unterschiedlich verdichtete Schwarzwerte und ein dunkles Braun (gewonnen aus der Verbindung von Rot und Schwarz, für Rothko die Farbe des Lebens und die Farbe des Todes). Die Flächen sind monochrom verhängt, hellere Schatten im Zentrum der Bilder, manchmal schneiden schwarze Balken ein Geviert heraus, öffnen dann einen Durchblick in andere Räume. Der Bezug auf eine Instanz jenseits der Kunst ist hier offenbar. Die Wirklichkeit des Tages ist verlassen. Dahinter liegen andere Landschaften; vielleicht eine neue Freiheit. In einem Text, den er *Möglichkeiten* (*Possibilities*) nannte, hat Rothko geschrieben: „Ich glaube nicht, dass die Frage je von Bedeutung war, ob man abstrakt oder gegenständlich malen soll. Nur darum geht es immer: Mit diesem Schweigen und der Einsamkeit ans Ende zu kommen; wir müssen wieder lernen, frei zu atmen; wir müssen die Arme heben und unsere Erstarrung lösen."

Die Kapelle in Houston hat Mark Rothko selbst nicht mehr gesehen. Erst ein Jahr nach seinem Tod wurden die Bauarbeiten abgeschlossen und die Bilder nach seinen Plänen im Inneren angebracht.

Zur Ausstellung *Rothko. 1903–1970. Retrospective*, Solomon R. Guggenheim Museum, New York, 27. Oktober 1978 bis 14. Januar 1979, *Frankfurter Rundschau*, 24. März 1979, S. 3

Der Beschreibung der Rothko-Kapelle in Houston ist ein eigener Text gewidmet, s. S. 79 ff.

Arnulf Rainer
Arbeit gegen das Ende

Manchem dient das Werk des Wieners Arnulf Rainer zur Stütze des Verdachts, dass die Kunst der Gegenwart vor allem bewegt werde durch den Trieb zu immer neuen, gewagten Erfindungen, eine Sucht nach Novitäten, auffälligen Maßnahmen, sogar Skandalen, die der Behauptung auf dem Markt nützen. Rainer hat, vor nun schon 20 Jahren, zum Beispiel eigene und die Bilder anderer Künstler zu übermalen begonnen, er hat dann (wie Henri Michaux) unter dem Einfluss von Drogen gezeichnet, später extreme Ausdruckswerte der Körpersprache untersucht, sich dabei selbst zum Medium seiner Kunst gemacht, neuerdings sind Totenmasken sein Material. Waren und sind das nicht alles nur, wird gefragt, Anstrengungen, sich abzusetzen von anderen, Gesten des Anspruchs, ein Besonderer zu sein, originell unter allen Umständen?

Der Verdacht kann die Arbeit Rainers nicht treffen. Nicht die Innovationsleistung ist das Gemeinsame der unterschiedlichen Ergebnisse einzelner Werkphasen, sondern das immer stärker sich ausprägende Verlangen, an den umgebenden Verhältnissen, Menschen, Formen so etwas wie deren „Wahrheit" zu erfassen. Die Fremdheit des Werks in dem kulturellen Umfeld der Zeit ist eine Folge dieser Insistenz, dieses inständigen, dringlichen Fragens, das gegenüber den Machenschaften, Spekulationen, Grimassen des Kunst- und Lebensbetriebs darauf besteht, zu erfahren, welche Substanz durch die sichtbaren Erscheinungsformen verdeckt und verdunkelt wird.

Es ist ein immer deutlicher hervortretendes Merkmal der Arbeiten von Rainer, dass ihre Struktur, entgegen dem ersten Anschein, die des Dialogs ist: Sich beziehend auf wechselnde Wirklichkeitsstoffe, artikuliert er seine Gegenfragen, nach einem Anfang, einem letzten Grund. Dabei wird das aus der Kunstgeschichte, aber auch aus der Lebenspraxis zitierte Material fast immer zerstört. In der Serie der „Übermalungen", während der 50er- und frühen 60er-Jahre, war das zum ersten Mal zu erkennen: Die einfarbig-dunklen Bilder waren nicht Ausdruck irgendwie polemischer Gebärden, sondern Reduktion einer vorgegebenen Realität (der von Rainer selbst oder von anderen zuvor schon bemalten Leinwände) auf eine „einzige Zuständlichkeit, eine einzige große Leere" (Rainer). Aber die Fülle dieser Leere, schrieb Rainer damals, „repräsentiert Absolutes, und der Künstler muss permanent der heroische Zunichtemacher sein, weil er der Gläubige ist".

Dialoge, die die Anstrengung provozieren, im Widerstand gegen die Setzungen anderer zunächst auf sich selbst zu kommen, dann aber auch: sich neue Bezugspunkte zu bestimmen. Auf diese Weise und zu diesem Ziel „sprach" Rainer mit Dieter Roth, in den Arbeiten, die sie eine Zeit lang gemeinsam schufen und signierten. Einen ähnlichen Dialog führte Rainer mit den „Grimassenzeichnungen" Leonardo da Vincis, die er mit eigenen grafischen Reaktionen überzeichnete (eine Sammlung dieser Blätter erschien 1977 in Verlag Löcker & Wögenstein, Wien). Die Suite der *Totenmasken* ist jetzt das jüngste Beispiel für diese dialogische Selbstentfaltung Rainers. In zwei Sälen des Frankfurter Kunstvereins ist sie zurzeit zu sehen: eine Ausstellung, die in Frankfurt hinweist auf einen Künstler, dessen Radikalität und Ernsthaftigkeit ihn heute – nicht nur im Zusammenhang der österreichischen Szene: kein Vergleich mit der Attitüden-Malerei von Ernst Fuchs oder Friedensreich Hundertwasser – sehr einsam machen. (Eine schöne lokale Verbindung ergibt sich daraus, dass Rainer 1952 in der alten Zimmergalerie Franck seine erste Einzelausstellung hatte.)

Es handelt sich bei diesen Blättern um die Fotos verschiedener Totenmasken, die von Rainer mit Tusche, Ölfarbe, Kreide oder Bleistift bearbeitet worden sind. Das heißt: Der in der fotografierten, leblosen Maske enthaltene letzte Gesichtsausdruck von Menschen wird überzogen, oft fast ganz zugedeckt von den Spuren zeichnerischer Aktivität. Es geht dabei nicht um die nachträgliche Kommentierung etwa der Charaktereigenschaften oder der Biografie eines Verstorbenen – eher beziehen sich Rainers Einschreibungen, Einzeichnungen, Eingriffe auf bestimmte Formen der Physiognomien. Sie werden von unruhigen, heftigen Strichen, Linienbündeln durchkreuzt, mitunter chaotisiert, dann wieder eingehüllt in dichte Gespinste, manchmal von Farben überströmt, von Vorhängen verhüllt.

Das ist ein zweifellos provokanter Umgang mit dem in der Maske enthaltenen endgültigen Ausdruck von Menschen. Das letzte Gesicht – darf es zum „Material", auch nur zum Anlass künstlerischer

Expressivität werden? Angesichts der Blätter selbst verfällt die Frage. Kunst war, ist immer auch Arbeit gegen das Verhängnis des Vergehens: Diese Endlichkeit, anschaulich in der Totenmaske, ist Rainers Thema; sein Ansatz niemals ein Disrespekt vor der Individualität des einzelnen Toten. Ein Aufbegehren ist spürbar: Verzweifelt setzt Leben gegen das tote Gesicht, gegen das Inbild von Ende, noch einmal seine Zeichen, Formen, Farben. Gegen das Ende beharrende Erinnerungen an etwas, das gewesen ist – und (noch) dauert. Was der ersten Überlegung vorkommen mag wie eine angestrengte Provokation, hat seinen wahren Grund in dem Skandal, der der Tod selbst ist.

Zur Ausstellung *Arnulf Rainer. Totenmasken*, Frankfurter Kunstverein, Frankfurt am Main, 30. Januar bis 11. März 1979, *Frankfurter Rundschau*, 8. Februar 1979, S. 7

Mark Rothko
Farbe, die Empfindung wird und Gedanke

Die Kapelle der späten Bilder Mark Rothkos in Houston
Ein Monument in der Tradition der religiösen Kunst des Westens

„Lady“, meldete sich der Fahrer des Lastzugs am Telefon, morgens nach dem Schneesturm, in dem er sich verirrt hatte, zwischen New York und Texas, so wird es erzählt, „ich hab’ hier für ’ne Million Dollar Bilder ...“, immer diese trivialen Geschichten, nein, zuerst anderswohin und weiter zurück.

Ein Dokument aus dem Jahr 1466, der Auftrag an den Maler Piero della Francesca, das Banner der Gesellschaft von der Verkündung zu malen, erwähnt die Arbeit Pieros im Chor der Kirche San Francesco in Arezzo als ein Werk, das dem Maler zu höchstem Ruhm gereiche. Wahrscheinlich hatte Piero, nach einer Anstrengung von sieben Jahren, die Gerüste vor den Fresken der *Legende vom Wahren Kreuz*, auf welche die Bemerkung in der erhaltenen Urkunde sich bezieht, schon 1459 abgeschlagen, er wird da ein Mann um die 40 gewesen sein, das Geburtsjahr ist nicht genau belegt, jedenfalls nach 1410 und vor 1420. Das Hauptwerk der Renaissance, das er in Arezzo (nach den abgebrochenen Ansätzen des Bicci di Lorenzo) geschaffen hat, erzählt in 16 Abschnitten, die lose einem windungsreichen Kapitel der *Legenda Aurea* von Jacopo da Varagine folgen, von der Geschichte, den Mythen und der Gegenwart der Gesellschaft, die diese Bilder zuerst erlebt hat. Es ist der kühnste Versuch, den wir bis dahin in der Malerei kennen, das die Menschen einer Zeit Prägende, ihre spirituellen und materiellen Erfahrungen, die Inbilder ihrer Angst und ihrer Hoffnung in einen sichtbaren Zusammenhang zu bringen.

Wie große Kunstwerke immer, sind die Fresken Pieros zugleich Antwort und Antizipation. Antwort, indem sie im Dialog erscheinen mit vorausgegangenen Entwicklungen, besonders in der Malerei Giottos und Masaccios und den Theorien Leon Battista Albertis, des Architekten, Philosophen und einflussreichen Bewegers, der Piero förderte; und Vorwegnahme, nicht nur zum Beispiel in Hinsicht auf die späteren

Landschaften Giovanni Bellinis, sondern Antizipation der Moderne im weitesten Sinn: Ein Weltgefühl ist in diesen Bildern, das sich als individuell und gesellschaftlich bestimmendes zu ihrer Zeit erst vorbereitet – aber wir erkennen uns darin in unausweichlicher Nähe.

Denn in den Fresken, die so viel Lebensstoff enthalten, heftige Eindrücke von Schlachten, Siegen und Niederlagen, Folterungen, Glücksmomenten und schweren Träumen, in dieser Malerei, die so sehr dem Ereignis verpflichtet scheint, der erfundenen und der überlieferten Begebenheit, ist doch auch eine große Stille, Bewegung zu Ende gebracht, Außenwelt in ihrer Schilderung zugleich überwunden, alles Erzählen aufs Äußerste reduziert, im Lärm der Taten ist das Schweigen, das vorher war, und nachher kehrt es wieder – haben nicht sogar die wüstesten Berichte der Chroniken etwas seltsam Stilles?

Von Mobilität, Bewegung in der Welt, handeln die Aretiner Fresken Pieros unter dem Blickpunkt des Endes. Die Lebendigkeit der Szenen enthält zugleich schon ihren Gegensatz: die Erstarrung; die Ermüdung ist mitten in der Tat. Der einzige göttliche Eingriff, der einmal thematisiert wird, ist die Verkündung nicht der Geburt, sondern des Todes von Christus, nicht vom Leben, sondern vom Ende spricht der Engel zur Jungfrau. So spricht hier die erzählerische Kunst dieser Malerei auch vom Ende des Erzählens; Mitteilungen hart am Rande zur Absage. Im *Tod des Adam*, der Szene, mit der der Zyklus beginnt, stirbt auch schon Samuel Becketts Malone; kurz sind die 500 Jahre, die uns davon trennen.

„Lady", fragt also der *truck driver*, der aus dem Schneesturm kommt, am Telefon die Millionärin in Houston, auf dem Weg nach Texas, wie gesagt, „ich hab' hier Bilder für 'ne Million Dollar, wo genau soll ich denn nun hin damit?" Fünf Jahrhunderte nach Piero hat in unserer Zeit ein Maler den Dialog mit dem Meister von Arezzo noch einmal aufgenommen, der LKW hat das Ergebnis geladen.

Im Winter 1964 hatte Mark Rothko – damals 61 Jahre alt, Sohn russischer Juden, geboren in Dwinsk, 1913 nach Amerika gekommen – in New York die Arbeit an den Bildern für eine Kapelle begonnen, die der Architekt Philip Johnson auf dem Campus der katholischen Universität St. Thomas in Houston in Texas bauen wird, für diese Bilder; drei Jahre später ist die Arbeit abgeschlossen, kurz darauf erfolgt der Transport nach Houston. Dort treffen schließlich 18 Tafelbilder ein,

Öl auf Leinwand, 14 davon sind für die Kapelle gedacht, dreimal sind jeweils drei der Gemälde zu Triptychen verbunden, vier Bilder sind Alternativ-Stücke. Finanziert werden die Werke von dem Ehepaar John und Dominique de Menil, Franzosen, die erst seit den 40er-Jahren in Texas leben, Milliardäre im Ölgeschäft.

Rothko beschäftigt sich nachher noch oft mit Johnsons Bauplänen der Kapelle, besonders mit den Problemen der Beleuchtung, er ordnet die einzelnen Bilder den acht Wänden des Oktogons zu, das im Februar 1971, in Anwesenheit von Protestanten, Katholiken, Juden und Muslimen als „Gebetsstätte aller Religionen" geweiht wird. Über die Lichtquellen waren der Maler und der Architekt sich nicht einig geworden; nicht Johnson, sondern die Architekten Howard Barnstone und Eugene Aubrey hatten den Bau zu Ende geführt. Rothko selbst hat ihn nie gesehen, er hatte sich ein Jahr zuvor in seinem New Yorker Atelier, East 69th Street, das Leben genommen. In einem Brief an die de Menils hat er über seine Arbeit an den Bildern für Houston geschrieben: „Auf jeder Ebene der Erfahrung und der Bedeutung übertrifft die Aufgabe, in die sie mich eingespannt haben, alle meine Vorstellungen. Sie lehrt mich, über alles hinauszureichen, was mir bisher möglich gewesen ist."

Im Frühjahr 1968, als die Bilder für die Kapelle gemalt waren, erkrankte Rothko schwer, er konnte danach kaum noch arbeiten, experimentierte mit Acryl auf Papier, es entstehen fast nur noch kleine Formate. Die Houston-Bilder sind also fast die letzten dieses Malers, der schon zu seinen Lebzeiten als einer der Großen des Jahrhunderts galt. Er hat in ihnen die Summe seines Werks und seines Lebens gezogen. Die Entwicklung des Œuvres, die einsetzt mit gegenständlichen Straßenszenen zu Beginn der 20er-Jahre, sich unter dem Einfluss des Surrealismus mythische Dimensionen erschließt, um 1950 dann den radikalsten Schritt vollzieht, Form jetzt nur noch aus der Setzung großflächiger monochromer, pulsierender Farbfelder gewinnt, in deren innerste Bewegung der Betrachter merkwürdig hineingenommen wird – diese Entwicklung mündet mit den Bildern der Kapelle in ein Spätwerk, das nun auch die Palette stark reduziert, auf dunkle, fast schwarze Farben, manchmal gerade noch die Erinnerung an ein Braun, ein Rot, ein tiefes Blau, Farben vor dem Ende der Malerei, wie die Vorhänge eines tiefen Schweigens; aber dann dennoch voller Energie,

Spannung. Bilder, die spürbar hinauswollen über Bilder. Es ist, als überführten sie ihre Materialität in eine gereinigte Zone der Gedanken, das Sichtbare verwandelnd in den Ausdruck von Erfahrungen, den zu sehen sich nur denken lässt.

Das nun in Houston. Piero fand im Chor von San Francesco in Arezzo, heißt es, zum ersten Mal die räumlichen Voraussetzungen, das Raummaß, seine Bildideen zu entfalten. Aber das Werk wahrte doch die Bindung mit der Umgebung der toskanischen Stadt, mit dem Rhythmus des Lebens ihrer Bürger. Wir dürfen glauben, dass die Menschen in Arezzo wahrnehmen konnten, was er gemalt hatte, sich einstellen konnten darauf. Das gilt für die Rothko-Chapel so nicht mehr. Die bildnerische Radikalität der Gemälde Rothkos wird hier durch die weitere Umgebung noch verstärkt, fast zum Schock, vor dem viele Besucher zurückweichen; aus dem Tag von Houston eintretend in die Kapelle, vollbringen wir es kaum noch, den Abstand zu überbrücken; mit der Umstellung, die sie verlangt, wird hier schon die bloße Wahrnehmung zur Schwierigkeit.

Denn Houston, das ist noch einmal, wie es schon nicht mehr sein kann. Der Fortschrittsglaube, die stärkste Kraft in der Geschichte Amerikas, aber jetzt erschüttert und in schweren Krisen, wirkt hier noch beinah unverbraucht. Alles ist, dem Fremden sofort auffällig, noch ganz auf Zugriff gestimmt, auf Besitznahme, Wachstum, unbedingtes Streben nach Erfolg. Keine Stadt der Welt stellt sich so optimistisch dar wie diese: Boomtown, wir haben hier alles und wollen trotzdem noch mehr, wir sind immer unterwegs, schließlich wird von hier aus zum Mond geflogen, „Mission Control Houston", die Dialoge der Erde mit den Männern im Raum, das war unsere Sache; und wir sorgen auch unten für Bewegung, Hunderte von Kilometern Stadtautobahn, niemand geht hier zu Fuß, es gibt keine Busse, keine U-Bahn, nur das Auto, in jeder Woche ziehen tausend Menschen zu, bald werden wir mehr Einwohner haben als Los Angeles.

Mit jener Stadt in Kalifornien teilt Houston jetzt schon die Ausdehnung. 50 Kilometer sind es vom Flughafen, bis man die Silhouette der Wolkenkratzer von Downtown sieht, aber das ist, man erlebt es später, nur eines von vielen Zentren, die diese Stadt hat, wild wächst sie in das flache texanische Land hinaus. Es gibt, worauf sie hier stolz sind, keine Stadtplanung und keine Bebauungsvorschriften. Wer ein Stück

Boden hat, kann darauf 70 Stockwerke setzen oder ein Holzhaus, das war das Gesetz des Westens: Alles ist machbar, und hier gilt es noch. Weit draußen kommt man zuerst an den Friedhöfen vorbei, gepflegte Rasenflächen zwischen den Rasthäusern, Schrottplätze, Tankstellen, gewaltige Reklametafeln, dann ist die Autobahn auf Stelzen gestellt, die Fahrt hinein führt hinweg über die unstrukturierte Wirrnis der Peripherie – aber wohin? Westheimer Road gilt als die Hauptstraße, nichts für Flaneure, sie ist länger als der Weg von Hamburg nach Darmstadt, die Häuser meistens flach, nachts immer gleiche Kulisse bunter Leuchtreklamen zu beiden Seiten, eine Road tatsächlich, nicht Avenue oder Boulevard, sondern Landstraße, provisorisch urbanisiert, fahren muss man auf ihr, fahren; fahren, nicht fragen, wann es endet.

Kein Aufenthalt ist eigentlich vorgesehen in diesem Ort, Houston. Eine Liebesgeschichte hier – wo fände sie Nischen, den angehaltenen Moment in der Bewegung der Zeit, den Liebe braucht? City of the one-night-stands, Stadt des Westens, westlichste Stadt, in der sie ausleben, denkst du, was wir natürlich ja sind: Fremde, die es bleiben.

Auf dem ausgebreiteten Stadtplan von Houston liegt die Kreuzung von Sul Ross und Youpon einigermaßen in der Mitte. Man befindet sich in einem Wohngebiet, einheitlich zweistöckige Holzhäuser, am Rande der Universität St. Thomas, deren Bauten locker über den Campus verstreut sind, viel Freiraum zwischen den Backsteingebäuden der Hörsäle, Seminare, Wohnheime. Philip Johnson hat in den 50er- und 60er-Jahren an dieser Anlage mitgebaut. Als die de Menils den Plan zu einer Rothko-Chapel fassten, lag es darum nahe, Johnson auch mit ihrem Bau zu beauftragen. Sie erwarben die Fläche in dem Winkel, den die beiden Straßen bilden – und erwarben auch gleich die umliegenden Wohnhäuser, um zu verhindern, dass, eben weil es in Houston keine Bebauungsvorschriften (kein sogenanntes „zoning“) gibt, in der Umgebung der Kapelle eines Tages etwa Hochhäuser entstünden. So hat sie nun ein ruhiges Umfeld, die Straßen sind baumbestanden, man nähert sich der Kapelle über ein Rasenstück, vor dem Portal ein wassergefülltes Rechteck, aus dem Barnett Newmans *Broken Obelisk* zur Erinnerung an Martin Luther King aufragt, eine oben abgebrochene Säule, die auf der Spitze einer Pyramide steht, in der Betonung der Senkrechten ein Kontrast zu dem eher breit gelagerten Baukörper der Kapelle. (Die Skulptur Newmans sollte ursprünglich vor dem Rathaus von Houston ihren Platz haben, das lehnte die Stadtverwaltung aber ab, so nahe fühlte man sich dem Bürgerrechtler nicht, dass man ständig an ihn erinnert werden wollte. Die de Menils sorgen dann dafür, dass die Plastik vor der Kapelle aufgestellt wurde – sinnvoll in vielerlei Hinsicht, nicht zuletzt wegen der Freundschaft, die Newman und Rothko verbunden hat.)

Die Kapelle selbst ist ein Bau, der sich gegenüber der Außenwelt nicht einladend, sondern eher defensiv verhält: Es geht nicht darum, die Kunst, die der Bau im Inneren birgt, anbietend nach draußen zu vermitteln, gar sie ihrer Umwelt, im Sprachgebrauch der Ideologen gesagt, „zu integrieren" – sondern im Gegenteil sollen die Bilder in diesem Haus schon durch den Bau selbst bestimmt werden als das andere, das gerade nicht Zugehörende, nicht Integrierbare, das zu schützen ist gegen den Tagesverbrauch. Der Entwurf Johnsons, das macht seinen Rang aus, setzt vor die Wahrnehmung der Bilder Rothkos die Entscheidung, sich mit dem Eintritt in das Haus zu lösen von jedem Draußen. Nicht beiläufig oder versehentlich soll einer sich vor den Bildern wiederfinden – sondern bewusst den Einlass suchen und wollen. Der Architekt dachte sich das Bauwerk allerdings zunächst noch mehr als autonome skulpturale Figur, er wollte ihm einen Turm aufsetzen, wogegen Rothko aus Gründen des Lichteinfalls opponierte – so ist nun der Schutzbau-Charakter dominierender als Johnson es konzipiert hatte.

Der Grundriss des Innenraums ist achteckig, eine geometrische Figur von höchster Konzentration, die trennenden Winkel schärfen die Aufmerksamkeit für die Flächen der Wände, die hier so proportioniert sind, dass der Blick nicht rasch weiter irrt, sondern festgehalten wird und zur Ruhe kommt auf den Gemälden. Deren Anordnung folgt der Symmetrie, die das Achteck vorschlägt: Auf der vom Einlass entferntesten Wand, gleichsam als erstes Gegenüber des Eintretenden, ein dreiteiliges Werk (etwa 5 × 2,5 m), die Farbe ein sehr dunkles Braun, im Mittelstück aufgehellt durch Rottöne, wie von einer rückwärtigen Lichtquelle zum Leuchten gebracht; rechts und links von diesem Triptychon dann je eine großformatige Tafel, etwas höher, monochrom dunkelbraun; die nächste Wand auf der Seite gehört wieder jeweils einem Triptychon, wobei die Mittelstücke gegenüber den Seitenflügeln leicht nach oben abgesetzt sind. Die Farbe verdunkelt sich in diesen Arbeiten weiter, die Grundfarbe ist schwarz; daran schließt sich, wieder auf den beiden analogen Seiten des Achtecks, je ein Einzelbild an, in schwerem Braun; neben dem Eingang bildet ein etwas schmaleres Hochformat den Abschluss. Nummeriert man die Bilder im Uhrzeigersinn von 1 bis 8, ausgehend von dem Triptychon gegenüber dem Einlass, so sind 1, 3, und 7 jeweils dreiteilig, und dazwischen 2, 4, 6, 8, ebenso wie 5 neben dem Eingang, Einzelbilder. Deutlich aufeinander bezogen sind die seitlichen Triptychen 3 und 7, aber auch die Einzelstücke 2 und 8 sowie 4 und 6.

Die Beschreibung der Anordnung von Rothkos Bildern sagt noch nichts über ihre Wirkung in dem Raum. Er scheint zunächst monoton, beinahe düster, die Bilder einander auf den ersten Blick fast ununterscheidbar ähnlich. Das Auge braucht Zeit, sich auf die Lichtverhältnisse einzustellen, Oberlicht, das durch eine Öffnung in der Decke einfällt, sich dann über einen unter der Decke aufgespannten Schirm auf die Wände verteilt. Aber auch die Situation selbst braucht Gewöhnung – so unmittelbar von Bildern umgeben, so unausweichlich auf sie verwiesen, war man nie: Sie hängen nicht in einem Raum, sondern sie sind selbst der Raum, bilden ein Spannungsgeflecht, das nach einiger Zeit, wie Rothko es von seiner Malerei immer wollte, alle Empfindungskräfte des Betrachters beansprucht, ihn – eigenartig und verwirrend, aber fühlbar – entkörperlicht, fast so, als sei es ihm auf einmal möglich, die Existenzform zu wechseln.

Die Erfahrung ist umso erstaunlicher, als sie hervorgerufen wird durch Bilder, die Bewegung, Veränderung, Abläufe auf ein letztes Minimum reduzieren – auf einen Rest freilich, in dem alle Dramen der Kunst, alle exzessiven Anstrengungen und revolutionären Stilumbrüche in ihrer Essenz enthalten sind. Wo Akzentuierung, Farbwechsel und Form so nachdrücklich zurückgenommen und identifizierbare gegenständliche Inhalte ganz gelöscht sind wie in diesen letzten Bildern Rothkos, vergrößern sich umgekehrt Bedeutung und Wirkung jedes kleinen Zeichens von Bewegung, jeder Regung auf der Fläche. Sie werden zur Spur der schärfsten Konflikte, der heftigsten Abenteuer, der höchsten Erregung. Erinnerungen geradezu an das turbulenteste Lebensgetümmel – auf dass hier noch einmal ein Maler den Blick wirft, scharf noch, aber schon von weiter fort.

Schon nach Kurzem muss der erste Eindruck, der an dem Ensemble der Bilder meint, eine gewisse Gleichförmigkeit des Ausdrucks festhalten zu können, korrigiert werden: In Wahrheit haben wir es mit einer Vielfalt von differenzierten Formen zu tun, der Zyklus zeigt sich als komponiert aus einzelnen Bild-Individualitäten. Jede der Arbeiten behauptet ihre Eigenständigkeit – und kann gerade darum in Bezug treten zu den anderen. Der Spannungskontext des Raums ist eine Konsequenz des Binnenkontexts jedes Bildes. Erst wenn man sich auf sie einlässt, jedem Bild sich stellt als eben einer Individualität, wird man auch erkennen, wie etwa die seitlichen, schwarzen Triptychen miteinander korrespondieren (nicht nur übereinstimmend, sondern auch kontrovers), oder wie die Einzelstücke rechts und links von dem schmalen Hochformat neben dem Eingang dessen Farbverschiebung (ein rostbrauner Farbkörper im unteren Bilddrittel verflüchtigt sich zum oberen Bildrand hin) aufnehmen und kommentieren. Es ist dabei wichtig, den Begriff der Monochromie, eigentlich „Einfarbigkeit", genauer zu fassen: Er bedeutet im Fall Rothkos die intensive, ja leidenschaftlichste Thematisierung eines Farbwerts, der materiell in all seinen Nuancierungen entfaltet wird und schließlich jenseits der physischen Präsenz die Qualität eines Gefühls und, darüber noch hinaus, die Qualität der Idee: Farbe erreicht – Malerei, die Empfindung wird und Gedanke.

Wenn jedoch die Kapelle nicht bloß – wozu sie verführt, das ist die Gefahr – als Ort einer dämmrigen Stimmung erlebt werden soll, sondern als Schauplatz eines Environments der Malerei, der sie vor allem ist, muss immer wieder auf die Instrumentierung der Themen, auf die Mittel, zurückgegangen werden. Das ist als Vorsatz richtig – nur stößt Sprache dabei, schon auf einer technischen Ebene der Beschreibung, auf die Limitierung ihrer Vermittlungsfähigkeit. Tatsächlich sind Rothkos letzte Bilder derart ausschließlich Malerei, dass die sprachliche Annäherung in der Umschreibung nur den Abstand der Wörter von der Sache – nicht diese selbst – bezeichnen kann. Zwar ist es möglich, zum Beispiel im Triptychon 1 eine deutliche Akzentuierung der Horizontalen, dagegen in den Bildern 4 und 6, auch in den beiden schwarzen Triptychen, eine hervorgehobene Senkrechte zu erkennen und zu benennen, aber hätten wir wirklich Wörter für die Gegenwart der Farben, für die feinen Nuancen ihrer Veränderung im veränderlichen Licht des Tages? Ist das Violett nicht doch ein Nachtblau, und was ist „braun" für ein Wort, wie tauglich noch, wenn es wirklich aushalten soll und fassen, worauf wir es doch nur leichtfertig beziehen? Und welches „Schwarz“ trifft die schwarzen Bilder, in denen so viele Nachtschatten sind? Stoff, Thema und das elementare Ereignis dieser Gemälde: die Farbe – sie hat sich der begrifflichen Fixierung längst entzogen, ihre Namen abgegeben als etwas Akzidentelles, von ihrem Wesen weit.

So macht, was bei Rothko als Erinnerung an vergangenes Drama, an die alten Geschichten sichtbar und spürbar wird, den Zuschauer still. Die dunklen Bahnen, die stürzenden Farbwolken, die Helligkeit, die einbricht und vergeht, die Ballungen und das Fließen, eine hereindrängende Masse, die sich wieder verteilt, Verdichtungen und Verdünnungen – das provoziert alles eine Zeit lang die Lust, es reproduzierend zu formulieren, in Assoziationen zu sagen, aber dann verzweifelt das Reden. Vor der Essenz der Geschichte und vor ihrem Geheimnis verfallen endlich die Worte.

Es ist der Augenblick, den Rothkos Bilder in der Kapelle in Houston mit Pieros *Legende vom Wahren Kreuz* in Arezzo teilen. Wie in den Aretiner Fresken der Realität der Epoche zugleich versammelt und transzendiert ist, so überschreiten auch Rothkos Gemälde den Kontext der Gegenwart, von der sie doch handeln, dieses ganze egoistische Gerüttel und geheimnislose Gerümpel der Moden und Revolutionen und Stilwechsel in der Kunst des Jahrhunderts. Es ist eine Merkwürdigkeit, dass Rothkos Gegenbilder zu dem, was gerne als „Geist der Zeit“ sich versteht, gerade in Houston ihren Ort gefunden haben, finanziert von Ölmagnaten.

Rothko wollte ein Monument, das den Vergleich aushalten würde mit der großen Tradition der religiösen Kunst des Westens. Er hat es in Houston geschaffen, mitten in der Trivialität der Epoche. „Immer wieder suchte ich etwas, das mehr wäre.“ In den nächtlichen Gemälden der texanischen Kapelle ist dieses Verlangen eingeschrieben – wie in den Legendenbildern der fernen Kirche in Arezzo.

Frankfurter Rundschau, 6. Juni 1981, S. 2

Nicolas de Staël
Das Glück und das Scheitern

Er träumte, Nicolas de Staël, von einer „direkten Sprache“ der Malerei. Es war nicht nur ein Träumen – vielmehr ein Kampf, Arbeit mit allen Kräften. Wir wissen, können es sehen in den Bildern, die zwischen 1948 und 1953 entstehen, wie er sich diese Sprache vorgestellt hat: eine Malerei, welche die Wahrheit ihrer Erscheinung nur aus der Farbe hat, sich löst von der Abbildung der Dinge, ohne geborgte Geschichten, ohne Psychologie; und doch voller Leidenschaft, Pathos und Passion. Man kann Cézanne zitieren: „Ich bilde meine Pläne mit meinen Tönen auf der Palette“, soll er im Gespräch mit dem Dichter Joachim Gasquet gesagt haben (die Unterhaltungen Gasquets mit Cézanne, aufgezeichnet 1912, sind ein schönes Stundenbuch der Kunst, heute wichtiger denn je: daraus zu lernen). Es gab eine Zeit, in der auch de Staël so von seinen Kompositionen sprechen konnte, die Pläne seiner Bilder sich nur aus den Farben herleiteten. Aber die Freiheit und die Schönheit, die er damals gewann – er konnte sie nicht halten. Die neuen Ansätze, die er suchte, ergaben sich ihm nicht mehr. Die Wiedereinführung des Gegenstandes in der freien Malerei, dieser Versuch einer Synthese, bezeichnet die Bruchstelle des Œuvres von de Staël; er spürte das Ungenügende der Lösungen. 1955, mit 41 Jahren, nahm er sich das Leben.

Ein Moment der Erfüllung, der Rest ist Krise. Unter den Künstlern (nicht nur) dieses Jahrhunderts haben viele ähnliche Erfahrungen gemacht, mit ähnlichen Konsequenzen für ihre Existenz. „Je fais de la peinture pour m'aider à vivre“, wie für de Staël hieß auch für Arshile Gorky, Jackson Pollock, Mark Rothko, nennen wir nur sie, zu leben: zu malen. Es gab nichts anderes, das Ende beglaubigte das; und die Werke dieser Maler haben ihre Würde aus der gelebten und erlittenen Totalität des Anspruchs. – Die Retrospektive auf die Kunst des Nicolas de Staël, die Pontus Hultén im Pariser Grand Palais eingerichtet hat, erzählt also ein Drama. Es ist nicht eine jener Ausstellungen, die ein Gesamtwerk als gleichsam heiles, gesichertes, vorbildliches behaupten und vor Augen führen, sondern die Exposition eines Konflikts, der gerade nicht gelöst und nicht versöhnt ist. Eine Anti-Retrospektive eigentlich, weil die Ausstellung erweist, dass da kein Werk ist, welches sich als Ganzes überblicken und fassen ließe; vielmehr eine Summe von Frakturen, bleibende Widersprüche.

In dieser Hinsicht gehört die Bemühung Hulténs um de Staël als vertiefende Darstellung eines Einzelbeispiels in den Zusammenhang der Erinnerungsarbeit, die für die bildende Kunst zurzeit im Centre Pompidou (mit *Paris/Paris*, der Dokumentation der Jahre 1937 bis 1957) und der Kölner *Westkunst* (1981) geleistet wird. In den beiden weit ausgreifenden Unternehmungen erscheint die Kunst in der Mitte des Jahrhunderts als vielfältige Thematisierung der Krise – der Krise ihrer Stoffe, der Formen, des Zeitbezugs und der gesellschaftlichen Rollenfunktion des Künstlers. Was da als Grundzug an der Entwicklung insgesamt sichtbar wird, sehen wir bei de Staël in der individuellen (und exemplarischen) Auswirkung.

Die Ausstellung beginnt mit einem Bild, das in der Harmonie des Ausdrucks, in dem Zusammenklang von Farbe und Figur und Gefühl, die kommenden Widersprüche auszuschließen scheint: Das *Portrait de Jeannine* (1941/1942), Amedeo Modigliani nahe, auch ein wenig auf den Kubismus anspielend, hängt hier ganz vereinzelt in der Umgebung von Arbeiten aus etwa der gleichen Zeit, in denen de Staël die Auflösung, Zerlegung, Zerstörung eben jener Form wagt, die in dem Porträt mit großer, gelassener Selbstverständlichkeit vorgetragen wird. Es ist ein Bild der Erinnerung und eines der Sehnsucht: So war es; könnte es doch so bleiben. Es bleibt nicht. Bis 1948 bestimmt eine heftige Unruhe des Ausbruchs die sich verdunkelnden Bilder, die Flächen zersplittern in viele spitzwinklige Segmente, *La part du vent* (Nachricht von dem Wind, 1944) – da fallen die kantigen Teile tief in den Raum, wie angesogen.

Später dann, zunehmend, eine Beruhigung. Die Teilflächen vergrößern und stabilisieren sich, der Farbauftrag wird pastoser, die gespachtelte Farbe als Materie sichtbar. *Calme* (Ruhe, 1949) drückt das schon im Bildtitel aus, jetzt entstehen die Bilder, in denen Farbe zu sich kommt, sich endlich durchsetzt, nicht länger Instrument der Vermittlung, sondern selbst Thema und Inhalt ist. Noch einmal Cézanne: „Ein Bild stellt nichts dar, soll zunächst nichts darstellen als Farben" – mit *Composition en gris* (1950) ist der Schritt zur Erfüllung dieses

Konzepts der Malerei vollzogen, gegen einen hellgrauen Grund ist eine dunkelgraue, aus mehreren Blöcken aufgebaute Horizontale abgesetzt, das Grau, gerade noch zu ahnen, aus einem Blauton entwickelt: Das Ereignis des Bildes ist, wie das Blau einmal hervorbricht, sich ausgrenzt und eigenen Raum gewinnt, so, wie eine Empfindung plötzlich andere überwachsen kann, ohne sie auszulöschen, es bleibt gegenwärtig, was war, aber ins Zentrum ist etwas anderes, Neues getreten. Derart überwältigend ist dieses in jeder Bewegung vollendete Bild, dass man denken kann, es sei schon allein die Mühe der vorausgegangenen Anstrengung und die Enttäuschungen wert, die folgen werden.

Wir sind da auf dem Höhepunkt der Kunst de Staëls. Er begann nachher, die Farben wieder an schmalere Flächen zu binden, die sich locker rhythmisiert in die Bildtiefe staffeln. Es entstehen heiter-freundliche Effekte. Er spürte wohl selbst deren Tendenz zum Dekorativen. Ein Ausweg scheint ihm die Rückverpflichtung an den Gegenstand. Sie gelingt, obwohl nicht in allem überzeugend, etwa in der Hommage an den Jazzmusiker Sidney Bechet Anfang der 50er-Jahre; die Männer der Band sind nun wieder erkennbar, farbig aufgelockert. Aber der Rhythmus ist ausgeliehen, von der Musik, später auch, ähnlich wie bei Delaunay, vom Erlebnis des Sportkampfs. 1952 sieht de Staël im Prinzenpark unter Flutlicht das Fußball-Länderspiel Frankreich gegen Schweden, die Farben der Trikots, die Bewegungen der Spieler auf dem grünen Rasen unter dem schwarzen Himmel machen ihn enthusiastisch. Doch kann er das nicht mehr umsetzen. Die Stillleben, Akte, Stadtbilder der kommenden Jahre wirken überanstrengt und unsicher. Die Formate werden immer größer, als läge Rettung in der Erweiterung der Dimension. *Das Konzert* (1955), letztes Bild der Ausstellung, hat amerikanische Ausmaße, aber die aufgerichtete Bassgeige kommt in dem weitläufigen, roten Bildraum mit den kleineren Farbfeldern im unteren Bilddrittel, die wie Selbstzitate sind, nicht mehr zusammen. Das Bild ist ohne Spannung und Substanz, leer.

Den Gegenstand hat de Staël nicht wiedergewonnen; und die Freiheit, die erreicht war, hat er verloren. Zwischen dem Porträt der Geliebten Jeannine zu Beginn und der nur noch posierenden Geste des letzten *Konzerts* stieg sein Weg hoch hinauf und fiel tief ab. Der Lebenslauf dieses Malers ist früh von den Tumulten der Zeit erfasst worden. Geboren wurde er als Sohn eines Generals in Petersburg und war bestimmt, Page am Hof des Zaren zu werden. Vor der Revolution floh die Familie nach Polen, der Junge wuchs in Belgien auf, wurde später Franzose und ein Protagonist jener École de Paris, mit der sich noch einmal ein französischer Stil formulierte (die „Neuen Realisten“ – das war dann schon eine internationale Bewegung). Im Werk de Staëls, das er zu einer Einheit nicht bringen konnte, spiegelte sich das Drama, spiegeln sich Glück und Scheitern der abstrakten Malerei wie ein schmerzlicher Reflex der Kunst auf die Umbrüche der Epoche.

s. S. 131

Zur Retrospektive *Nicolas de Staël*, Grand Palais, Paris, 22. Mai bis 24. August 1981, *Frankfurter Rundschau*, 25. Juni 1981, S. 20

Joseph Beuys
Schönheit ist der Glanz des Wahren

Als vor einer Woche, nach der Eröffnung der großen Retrospektive auf das Werk Gerhard Richters, im obersten Stockwerk der Düsseldorfer Akademie gefeiert wurde, wird mancher aus der internationalen Gesellschaft der Künstler und ihres Gefolges beim Gang durch die langen Korridore und über die Treppen des alten Hauses daran gedacht haben, dass diese Akademie in den 60er- und den 70er-Jahren vor allem als ein Schauplatz und ein Wirkungsfeld des Joseph Beuys Bedeutung hatte. Hier hatte er 1961, als 40-Jähriger, seine Arbeit als Lehrer aufgenommen und hier gegen den damaligen Wissenschaftsminister Rau um die Aufhebung des Numerus clausus für seine Klasse gestritten; von dieser Akademie waren viele seiner Initiativen ausgegangen, der Gedanke besonders, es müsse *jedem* das Recht zugestanden werden, sich schöpferisch zu entfalten und sich als Künstler zu verstehen, gleichgültig auf welchem Praxisfeld einer tätig sei. Das war ein Gesellschaftsprogramm von nachwirkender Ausstrahlungskraft, in der Gründung der „Freien Universität", mit vielen Niederlassungen überall in der Welt, sollte es Folgen haben.

Aber am Abend des Festes für Richter hat man Beuys vergeblich gesucht, er war da schon, schwer erkrankt, auf dem Weg in die Klinik, in der er wenige Tage darauf gestorben ist. Kaum einer, der sein Fehlen an dem Abend nicht bemerkt hätte, die Freunde, die Bescheid wussten, konnten von nichts anderem sprechen.

Beuys hatte während der vergangenen 20 Jahre bei keiner der übergreifenden Schaustellungen der Kunst der Gegenwart gefehlt. Die *documenta* in Kassel, die *Biennale* in Venedig und überhaupt alle Ausstellungen, die sich um Sammlung und Überblick bemühten – was wären Sie gewesen ohne ihn? Immer haben den von Beuys diesen Unternehmungen beigesteuerten Werken und Auftritten die ersten Fragen gegolten; was er zeigte und wie er selbst sich zeigte bei solchen Anlässen, hat ihn wie selbstverständlich in das Zentrum der Szene gestellt.

Er gab die Signale, in denen diese Ausstellungen dann plötzlich ihr Erkennungszeichen hatten, er lieferte die Auftritte, durch welche die

Kunst zum Diskussionsstoff der Gesellschaft wurde, deren Vitalität für ihn eine Frage der kontroversen Auseinandersetzung war. Als die Museen in Basel und München Werke von ihm erwarben, hat deren Installation diese Städte in hellste Aufregung versetzt und die Kunstinstitute genötigt, sich neu zu definieren. Wo immer der Mann erschien, zwischen Stockholm und Neapel, zwischen Berlin und New York, war der Gleichmut der Zeitgenossen gestört, wurden die falschen Übereinkünfte und Befriedungen unterlaufen, die Verträge des allgemeinen Arrangements provozierend zerrissen.

Eine unvergleichliche Wirkung. Wir müssen jetzt fragen, wie sie möglich war. Was war an diesem Menschen und an seinen Erfindungen, das ihn zu einer der charismatischen Hauptfiguren der Epoche gemacht hat? In ihm kam vieles zusammen: eine extrem ausgeprägte, radikale Moralität; eine starke Begabung für das Sichtbarmachen realer Widersprüche und utopischer Gegengedanken in der Form der metaphorischen Setzung, also ein Sinn für die Notwendigkeit, im praktischen Leben die Idee der Transzendenz zu behaupten; schließlich, es ist auch das nicht zu unterschlagen, die Fähigkeit zur Selbststilisierung. Diesen Qualitäten eines aufs äußerste empfindlichen und zugleich unnachgiebig durchsetzungskräftigen Temperaments verband sich die Veranlagung, ja: die Lust zur pädagogischen, vermittelnden Anstrengung.

Tatsächlich ist Beuys zuerst, im weitesten Sinn, ein Lehrer gewesen. Es war die Rolle, die sich auf den für seine Existenz fundamentalen Anspruch gründete: das Ganze zu wollen. Entgegen der Ästhetik Adornos, die das Ziel für unerreichbar erklärt, hat Beuys nicht abgelassen, auf den Zusammenhang einer Gesellschaft zu bestehen, in der die Kunst sich aufheben könnte und aufgehoben sein würde, eine Gesellschaft als Skulptur humaner Möglichkeiten.

Darum war es ihm selbstverständlich, seine *politische* als zugehörigen, integralen Teil seiner *künstlerischen* Arbeit zu begreifen. Das Düsseldorfer „Büro für direkte Demokratie“, die Vorschläge zur Abschaffung des Geldes, der Einsatz für die Bunten Listen und später für die Grünen waren ihm so wichtig wie seine Zeichnungen, Skulpturen und szenischen Einrichtungen in den Schutzzonen der Museen. Das Programm hieß „Erweiterung des Kunstbegriffs“, gemeint war damit aber nicht nur, dass im Kontext einer nicht-normativen Ästhetik nachgerade alles – Filz, Fett und Badewannen – zum Stoff der künstlerischen Formulierung taugen kann, sondern vor allem die Ausdehnung des ewigen Kampfes der Kunst um die Form auf das Leben der Gesellschaft selbst.

Ihm stand immer das Ganze auf dem Spiel. In unzähligen Bildern bewahrt das Gedächtnis die schiere Unermüdlichkeit, mit der Beuys bei Tausenden von Anlässen um die Menschen geworben hat, um ihr Verstehen, ihre Einsicht, ihre Zustimmung. Insistenz, eine unendliche Geduld und eine niemals nachlassende Freundlichkeit haben diesen Menschen bestimmt: Wie er alles wollte, hat er auch alles gegeben. Wer ihm je zuhören, zusehen durfte, dem wurde plötzlich erlebbare Wirklichkeit, was das ist: Brüderlichkeit.

Das Publikum hat ihn so in Kassel erlebt, als er 1977 während der gesamten Laufzeit einer *documenta*, 100 Tage lang anwesend war, bereit zum Gespräch mit jedem einzelnen Besucher. Seit den Protagonisten der alten Philosophie, deren Vermittlungsform das Gespräch war, hat vielleicht niemand mehr so wie Beuys der Chance der direkten Anrede vertraut. Er glaubte das wirklich: Die Welt würde eine bessere werden, wenn nur Mensch für Mensch davon überzeugt werden könnte, dem anderen ein Gefährte zu sein. Es gereicht Beuys zu höherem Ruhm, als nur irgendein Künstler ihn gewinnen kann, diese Überzeugungsarbeit auf sich genommen zu haben. Auf seinem Tisch, damals in Kassel, stand immer eine Rose: „Ohne die Rose tun wir's nicht, da können wir gar nicht mehr denken" – liebenswerter hat nie einer die Lasten des Sisyphus sich aufgeladen.

Er wollte nicht, im Sinne Goethes, sein Leben als Kunstwerk gestalten – weil er die Trennung der Sphären gar nicht anerkannte. Die Praxis des Kunstbetriebs hat sie dennoch vollzogen, Beuys ist der Kommerzialisierung nicht entgangen. Dass der Kunsthandel mit seinen Werken Millionenumsätze machte und ihn selbst dabei mitunter auch instrumentalisierte, haben viele nicht verstanden. Wer Beuys näher kannte, weiß, dass es auch für ihn ein Problem war. Man muss aber, gegen viel Häme, die ihn diesbezüglich traf, auch sehen, wie viel von seinen Einkünften er wieder in politische, gesellschaftliche Aktionen investiert hat. Seine Lebensumstände blieben die einfachsten. Und als das Guggenheim in New York ihm 1979 die umfassendste Retrospektive einräumte, die jemals einem deutschen Künstler in den USA zugestanden wurde – was für die Objekte natürlich eine weitere Preissteigerung bedeutete –, galt die Sorge von Beuys der Gefahr, sein Marktwert könne der Vermittlung seiner politischen Ideen in Amerika hinderlich sein.

Man kann schwer umhin, an den Vorstellungen, die er zur Gesellschaft entwickelte, nicht auch die Naivität wahrzunehmen – er war, wenn er realistisch wurde, doch immer auch ein Visionär und wunderbarer Träumer. Wie er, nehmen wir ihn jetzt nur als Künstler, träumend immer auch ein Realist war. Denn aus der Erfahrung, dem Erlebnis harter Wirklichkeit, kamen die Bilderfindungen des Zeichners, die seinen Rang zuerst begründet haben, mit Blättern, die zart, fast sich verflüchtigend, an die Ränder dessen reichen, was überhaupt noch formulierbar ist. Die Motive – der Schlitten, der Hase, der Hirsch, der Fisch – leiteten sich, wie die Materialien der plastischen Werke – Filz, Fett, Honig, Wasser, Kupfer – her, aus der niemals vergangenen Erinnerung an das Kriegserlebnis des jungen Fliegers, der über der Krim abstürzte, von Tartaren gefunden und verpflegt wurde: Die wiederkehrenden Themen des Werks, Erdnähe, bergende Hülle, Zirkulation der Energien, haben in jener Zeit ihren Ursprung.

Man hat Beuys gelegentlich, der Verschlüsselung seiner Ikonografie wegen, einen Mystiker genannt. In seiner Einführung zu einer der schönsten Zusammenstellungen einiger Zeichnungen zwischen 1948 und 1980 (*Zirkulationszeit*, Werner'sche Verlagsgesellschaft, Worms 1982) hat Peter Anselm Riedl diese Kennzeichnung mit dem Hinweis auf eine entscheidende Perspektive korrigiert: Es gehe Beuys nicht um die Rekonstruktion mythischer Vergangenheit, vielmehr suche er das, „was in den Mythen als Lebenswahrheit aufscheint, als Chance einer neuen Naturfindung zu ergreifen".

Auch in der Aktion *Coyote*, 1976, ging es um eine neue Naturfindung. Beuys ließ sich in New York für einige Tage mit einem Coyoten einschließen, der Mensch und das Tier näherten sich einander, lernten einander zu begreifen. Noch in der Dokumentation Caroline Tisdalls, die eine der genauesten Interpretinnen des plastisch-szenischen Werks von Beuys ist, lässt sich die Poesie der Begegnung erleben (Verlag Schirmer/Mosel, München). Neben dem Medium der Zeichnung wird für Beuys in den 60er-Jahren das Ausdrucksmittel des Happenings wichtig als „die Aktion", die aus der Realität zitiert und zugleich Realität stiftet (zum Beispiel: *und in uns...unter uns...landunter*, Wuppertal

1965). Aus diesen Formen, der unter Einbeziehung des Zufalls inszenierten Situation und Bewegung (wie etwa auch der Durchkreuzung der klassischen Verse von Goethes *Iphigenie* mit den barbarischen Vorgängen in Shakespeares *Titus Andronicus* auf der Frankfurter *Experimenta*, 1969, gemeinsam mit Claus Peymann und Wolfgang Wiens), entstehen die späteren Environments, gleichsam Zeugnisse vergangener Bewegung, erstarrt, aber ihrerseits, wie Beuys richtig sah, den Assoziationsfluss im Kopf des Betrachters unter Umständen heftiger auslösend, als die inszenierte Bewegung es kann.

Mit den Environments, plastischen Sinnbildern, hat Beuys ein neueres Genre der Kunst, dessen Anfänge freilich bis in die Renaissance zurückreichen, weiterentwickelt und als Gattung etabliert. Es sind raumgreifende Metaphern, Versuche, komplizierte Sinneszusammenhänge der visuellen Erfahrung zu erschließen. *Das Rudel*, jetzt in Kassel, die *Feuerstätte* in Basel, *Honigpumpe* auf der *documenta* 1977, der *Arbeitsraum* in der Halle des Berliner Gropius-Baus während der *Zeitgeist*-Ausstellung von 1982 bedeuten Erweiterungen des künstlerischen Ausdrucks, die Beuys auch unter traditionellen Gesichtspunkten seinen Platz in der Kunstgeschichte sichern. (Der mitunter transitorische Charakter dieser Installation steht dem nicht entgegen: weil Kunstgeschichte zuvörderst Problemgeschichte ist.) In ihrem sozialen Appell waren die Environments oft von zwingender Einfachheit: Aus Felsbrocken sollten Bäume werden (*Stadtverwaldung statt Stadtverwaltung*, Kassel 1982), im gleichen Jahr schmolz Beuys das Herrschaftssymbol einer Zarenkrone in einen Hasen um.

Straßenbahnhaltestelle / Tramstop / Fermata del Tram, 1961–1976, A Monument to the Future im deutschen Pavillon der *Biennale von Venedig* 1976 war unter allen Arbeiten dieses Genres vielleicht die bannendste: Ein Monument, Mahnmal für die Notwendigkeit und die Energien der Erinnerung, auf den Schauplatz Venedig ebenso bezogen wie auf das niederrheinische Kleve, den Ort der Kindheit. Mit diesen Environments hat Beuys den Wert der Metapher als Mittel der Durchdringung und Erfahrung von Realität sichtbar werden lassen. In den Installationen war immer die Herausforderung enthalten, den Sinn für das Gleichnis, das Symbolische, nicht zu verlieren: weil darin die Wechselbeziehung, die Zirkulation des Lebens zwischen Materialität und Transzendenz sich zu erkennen gibt.

Vom Kleinsten zum Größten, von der Zeichnung bis zur politischen Aktion und den Räumen der Environments, die einen eigenen Kosmos bilden – es ist ein ausgreifendes Œuvre. Und es gab große Kämpfe darum. Viele Missverständnisse. Aber wer hinsehen kann, Geduld hat für die Wahrnehmung der Einzelheit und deren Zusammenfügung mit anderen Einzelheiten, der wird auch verstehen können. Wenngleich ein unbegreiflicher Bestand immer bleibt, ein Geheimnis in jedem Werk; keine Kunst ohne das.

Nun ist Joseph Beuys nicht mehr da. Man wird den Verlust spüren. Dieser ratlosen Republik in ihrem Neo-Biedermeier wird er fehlen. Fehlen wird seine Moralität. Seine Gläubigkeit. Der Antrieb, der von ihm ausging. Das Anstiftende, das ihm eigen war, er verfügte da über fast verloren gegangene Energien: Lust zu machen. Wir werden uns schwerer tun ohne ihn.

Welches ist sein Vermächtnis? Was aber das Schöne sei, hat Albrecht Dürer gesagt, wisse er nicht. Die Antwort von Beuys hieß: „Schönheit ist der Glanz des Wahren." Kunst bedeutete ihm: Entdeckung der Welt und der Kräfte, aus denen wir leben – und dass wir anders, erfüllter leben *könnten*, als wir es tun. Nicht Verdrängung, falsche Harmonisierung, Verschüttung der Widersprüche, sondern Widerstand. Hinter diesen Kunstbegriff, der ein Lebensbegriff ist, können wir nicht mehr zurück. – Versuchen wir, es weiterzutragen.

Frankfurter Rundschau, 27. Januar 1986, S. 19

Bernhard Heisig
Ende der Belehrung

Jeder Form der verleitenden Belehrung ist zu widerstehen – das ist die Aufforderung, die Bernhard Heisig formuliert. Der Zusammenhang mit den aktuellen Vorgängen in der DDR steht dabei außer Frage. Ausgerufen wird das Ende propagandistischer Belehrung, aus dem Lehrstück wird das Leerstück, die Zeit verlangt einen neuen Text.

Den Bezug zur Gesellschaft hat Heisig für seine Kunst immer gefordert, und sich damit scharf abgegrenzt gegen die westlichen Avantgarden und deren unbedingten Freiheitsbegriff. Er hat seine Position in einem Gespräch 1978 so beschrieben: „Dem Problem der Freiheit ist man mit der Formel: ‚Machen sie mal, was sie wollen' nicht gewachsen. ‚Machen sie ganz frei, was sie wollen' heißt zugleich: ‚Mach doch, was du willst!', und das ist eine gespenstische Gleichgültigkeit, die bei dem Künstler das Gefühl des Nichtgebrauchtwerdens erweckt, weswegen er dann notwendigerweise zum Clown werden kann, in eine tragische Rolle gebracht werden kann …" In seinem Essay zu dem (im Prestel-Verlag, München, erschienenen) Katalog der großen Westberliner Retrospektive auf Heisigs Werk hat Jörn Merkert diese Haltung des Malers in ihrem Gegensatz zu den Vorstellungen auf der westlichen Kunstszene ausführlich analysiert.

Bernhard Heisig ist ein Maler, für dessen Werk das Bild des von den Schrecken der Unterdrückung, der Gewalt und der Zerstörung tief geprägten Menschen der immer wiederkehrende thematische Vorwurf ist. Die Ausdrucksmittel sind der Tradition des deutschen Expressionismus nahe; Max Beckmann wie Oskar Kokoschka sind Künstler, deren Bilder einen starken Einfluss auf Heisig hatten.

Geboren wurde der Maler, der mit Wolfgang Mattheuer und Werner Tübke heute zu den auch im Westen bekanntesten lebenden Künstlern der DDR gehört, 1925 in Breslau. Er wurde Soldat und blieb unmittelbar nach dem Krieg zunächst in seiner Geburtsstadt in Polen, seit 1946 lebt er in Sachsen. Er studierte in Leipzig, vor allem bei Max Schwimmer, an der Akademie, die ihn Jahre später – 1961, er ist Mitglied der SED geworden und hat sich innerhalb des engen kulturpolitischen

Programms des sozialistischen Realismus durchsetzen können – als ihren Rektor beruft. Zur Zeit dieser Berufung plädiert er gegen den Autonomieanspruch der „bürgerlichen Moderne"; als er 1964 die ihm nun allzu pauschale Ablehnung bürgerlicher Kunst durch die staatlichen Kulturfunktionäre kritisiert, wird er abgesetzt.

Während der frühen 70er-Jahre hat Heisig sich dann wiederholt für Korrekturen des staatlich regulierten Kunstbetriebs in der DDR eingesetzt, zum Beispiel für einen Kunstmarkt mit größerer Freizügigkeit. 1976 wird er abermals zum Rektor der Leipziger Hochschule für Grafik und Buchkunst gewählt. Er hat in dieser Funktion zwar stets an seiner Vorstellung einer gesellschaftlichen Verpflichtung der Kunst festgehalten, gleichwohl aber auch Toleranz gegenüber abweichenden Konzepten gefordert und selbst gezeigt. Den ihm verliehenen Nationalpreis der DDR hat Heisig in diesem Herbst zurückgegeben, aus der Preissumme werden Studierenden der Hochschule Stipendien gewährt.

Einige der Meisterschüler an der Leipziger Akademie, wie etwa auch Hartwig Ebersbach, haben wichtige Impulse für ihre eigene Entwicklung gerade daraus gewonnen, dass sie sich *gegen* Heisigs Position entfalten konnten. Seine prinzipiell tolerante Offenheit bei gleichzeitig einem Höchstmaß an eigener Entschiedenheit, könnte Heisigs Stimme auch in der nun in der DDR einsetzenden Diskussion über die Möglichkeiten der Künstler, an der Erneuerung der Gesellschaft mitzuarbeiten, Gehör und Nachdruck verschaffen.

Frankfurter Rundschau, 30. Dezember 1989, S. 4

Jean Tinguely
Der Spieler an den Rändern der Trauer

Er mochte alles, was sich bewegt, Zeppeline sehr und Rennwagen (einmal beteiligte er sich mit einem heckgesteuerten Eigenbau an den 24 Stunden von Le Mans), schnelle Spiele, aber auch die Filme von Eisenstein und maßlose Feste. „Es ist wunderschön, vergänglich zu sein" und „How lovely it is not to have to live forever", heißt es 1959 in einem der frühen Manifeste. Man hat oft spüren können, an seinen Auftritten wie an den Werken des Künstlers, dass die Lust an der Transformation, an dem Fluss, in dem er die Dinge halten wollte, auch provoziert wurde durch die älteste Menschenangst, das Erschrecken vor dem Ende. Der sachte Anflug von Trauer, die bei aller Heiterkeit der Objekte nie ganz überspielt wird, kommt von daher – jetzt ist Jean Tinguely, Enthusiast der Veränderung, der Verwandlung, eben: der Bewegung als Lebensprinzip, in Bern gestorben. Der „alte Indianer", wie er sich zuletzt gern nannte, wurde 66; es war sein letzter Wille, dass aus seinem Begräbnis ein Volksfest werden soll. So werden am kommenden Mittwoch in Fribourg auch Trommler und Pfeifer der Basler Fastnachtsclique Kuttlebutzer teilnehmen, deren Mitglied Tinguely war.

Diesem Künstler ist etwas Paradoxes gelungen: Aus dem banalsten, prosaischen Material, dem Schrott verbrauchter Maschinen, altem Eisen, entwickelte er Gebilde der Poesie, bewegliche Apparaturen, die ironisch (niemals nur karikierend) die Neurosen der Epoche umschreiben. Die umsonst vor sich hinarbeitenden Automaten aus Gerümpel, von Zahnrädern, Pleuelstangen und Elektromotoren ratternd in Betrieb gehalten, sind Paraphrasen auf die Absurdität unser aller hochfahrenden Absichten und ehrgeizigen Regsamkeit – wie sie allerdings, nicht weniger, schwankende Monumente tapferer Selbstbehauptung sind gegenüber den Zweifeln am Lebenszweck. Die Kritik, welche die mobilen Objekte und der konstruierte Leerlauf ihrer Bewegungen an unserer Abhängigkeit von den Maschinen (ohne die wir nicht leben können und die uns zugleich gefährden und bedrohen) vortragen, bezieht ihre Kraft aus dem Witz eines sich selbst immer wieder übertrumpfenden Erfinders von freilich ganz anderen als den uns sonst verfügbaren Apparaten: Deren Pointe und Triumph als Kunstwerke ist, dass sie dem technischen Zeitalter mit dessen eigenen Mitteln kommen, es widerrufend mit der übertreibenden Imitation seiner selbst.

Mit der Erfindung der *Metamatics*, der Malmaschinen, die er sich 1959 in Paris patentieren ließ, hat Tinguely seine Methode des Widerrufs auch auf die Kunst selbst übertragen. Jeder, der eines dieser komplizierten, höchst umständlich sich auf Papierrollen ausschreibenden Geräte in Gang setzte, konnte selbst zum „Künstler" werden – die Beliebigkeit der Ergebnisse unterlief die Aura der künstlerischen „Berufung": Allgemeiner Absurdität, so Tinguely damals, könnten gerade das Kunstwerk und sein Schöpfer nicht entgehen. Am radikalsten wurde diese Position zur Darstellung gebracht, als Tinguely am 17. Mai 1960 im Skulpturengarten des New Yorker Museum of Modern Art eine aus Schrott gebaute motorisierte Plastik vorstellte, die sich während einer kurzen Fahrt selbst zerstörte. Die Fotos dieser Darbietung geben den Eindruck einer wüsten Konfusion – und zeigen in dem explosiven Durcheinander, ganz Herr der Situation, immer wieder den glücklich lächelnden Tinguely.

Wie Max Frisch, Daniel Spoerri (der Schöpfer der *Fallenbilder*) und der Regisseur Werner Düggelin verkörperte Tinguely den (seltenen) Typus des weitläufigen und weltgewandten, für die unterschiedlichsten Anregungen offenen Schweizers. Er war in New York ebenso selbstverständlich zu Hause wie in Paris, wo er die während der 60er-Jahre sehr lebendige Kunstszene mit seinen Ideen und Aktionen (eine Zeitlang gemeinsam mit Niki de Saint Phalle) in Atem hielt. Er hat in allen führenden Galerien jener Jahre ausgestellt, bei Arnaud und bei Iris Clert, bei Denise René, bei Loeb und bei Alexandre Jolas – die Eröffnungen waren Ereignisse, von denen die Stadt sprach, ein Geist der Auflehnung gegen die erstarrten Traditionen der Kunst und ein schöner Elan des Aufbruchs prägten diese Vernissagen, das Beste an der Kultur der Avantgarde in den 60er-Jahren lebte darin.

Es war noch lange bis heute, die Kunst noch nicht Konsumartikel einer gelangweilten Schickeria, die Künstler noch nicht öde Dekorateure wie so viele jetzt, sondern Partisanen, in kleinen Gruppen verbündet gegen eine störrische Umwelt. Noch nicht die Medien, damals kaum interessiert, sondern begeisterte Augenzeugen haben in Deutschland zuerst von Tinguely und seinen aberwitzigen Automaten berichtet. Wie stark die internationale Ausstrahlung schon früh war, lässt sich ablesen an dem breiten Raum, den die jungen deutschen ZERO-Künstler, Otto Piene, Heinz Mack, Günther Uecker und ihr Kreis, in ihrem zu Beginn der 60er erschienenen Standardwerk *ZERO 3* der Darstellung von Tinguelys Arbeiten gaben, den sie wie die Italiener Lucio Fontana und Piero Manzoni zu den ihren zählten.

In Basel, auf dem Platz im Zentrum der Stadt, an den das Theater und die Kunsthalle grenzen, hat Jean Tinguely der Epoche hinterlassen, was nun als sein Hauptwerk gelten kann: das große Becken mit den Skulpturen, die sich darin regen, das Wasser treten, speien, durch Siebe schütten, eine Brunnenanlage, die das international glücklichste Beispiel ist für eine Kunst, die Teil des öffentlichen Stadtraums wurde. Die Personalisierung der mobilen Gebilde aus den stählernen und blechernen Überresten längst zerfallener Maschinen ist hier weit vorangetrieben: Jede Figur scheint wie begabt mit einem eigenen Charakter, individualisiert durch je andere Eigenschaften. Wir erkennen eine Typologie menschlicher Haltungen und Verhaltensweisen, der Leise und Bescheidene, der Heftige und Vorlaute, der Fröhliche, der traurig Verzweifelte – sie bilden hier die seltsamste Gesellschaft. Und die vertrauteste: An den Metaphern in diesem Brunnen wird noch jeder etwas wiedergefunden haben von sich selbst.

Im Winter, wenn das Wasser gefroren ist, Eis die Skulpturen überzieht, werden die Bewegungen erst schleppend, erstarren schließlich ganz. Wenn es dann wieder zu tauen anfing, kam Tinguely in jedem Jahr in die Stadt, um selbst nach seinen Apparaten zu sehen, reparierte ihre Motoren und Treibriemen, half ihnen zurück in die nicht vergessene Bewegung – erst dann war wirklich wieder Frühling in Basel. Jetzt werden andere das besorgen müssen. Für ihn, den intelligentesten unter den Künstler-Ingenieuren des Jahrhunderts, Jean Tinguely, Mann der großen Gebärden von leichter Hand, Provokateur und Beglücker, glänzender Spieler an den Rändern der Trauer.

Frankfurter Rundschau, 2. September 1991, S. 22

Sam Francis
Die schöne, selbstverständliche Freiheit der farbigen Bildgedanken

Das ist eine Ausstellung wie ein Hymnus. Großer, erinnernder Festgesang auf die Vitalität, die schöne Verführungskraft der Farben. Sie sind hier in freier Komposition auf sich selbst gebracht und bei sich selbst gehalten, ganz gelöst von der Verpflichtung auf die Abbildung, zugleich Mittel und einziges Thema der Malerei.

In der Kunst des Sam Francis kommt noch einmal emphatisch vor Augen, was die Moderne in diesem Jahrhundert an Möglichkeiten der Behauptung autonomer Welten, Gegenwelten, entdeckt hat. Jetzt ist schon Abschiedszeit, kaltes Licht, die heroische Periode vergangen – in dem Ensemble der Bilder aber, das Pontus Hultén, der Freund des Malers über viele Jahrzehnte, von Leihgebern aus aller Herren Länder in der neuen Bonner Kunsthalle zusammengebracht hat, und das er weiterreichen wird nach Los Angeles und New York, nach Tokio und Paris, leuchtet wunderbar auf, wovon wir uns trennen und was doch, doppelsinniger Prozess einer Aufhebung, bewahrt bleibt, indem unsere Epoche nun im Begriff ist, es abzugeben an die Geschichte der Kunst.

Die Ausstellung markiert die Zäsur dieser Überführung eines wichtigen Abschnitts der Moderne in das Repertoire der Erinnerung. Zögernd, noch einen Augenblick lang, halten wir inne bei dem alten Glück – und wissen doch: Es ist schon die Musik von damals.

Sam Francis, der in diesem Juni 70 Jahre alt wird, war am Vorabend der Eröffnung der bisher umfangreichsten, bis in das Jahr 1947 zurückreichenden Retrospektive auf sein Werk aus Kalifornien selbst nach Bonn gekommen. Der kleine, zarte, weißhaarige Mann, schwer erkrankt, hat manchmal listig gelächelt, als Pontus Hultén ihn zwischen den Bildern herumführte. Er hatte viele von ihnen, seit sie, einige vor mehr als 40 Jahren, verkauft worden waren, nicht mehr wiedergesehen. Jetzt brachten sie ihm zurück, wie es war (und wie er war), als er sie gemalt hatte.

Begegnung wieder mit der Zeit von fast 40 Jahren, die er als junger Mensch nach einem Unfall während des Wehrdienstes in Arizona ans

Bett gefesselt verbringen musste, nur Arme und Hände konnte er noch bewegen und begann damals zu malen. Eines der Blätter wurde zu einem Wettbewerb eingereicht. Der Maler David Parks wurde aufmerksam, besuchte den Kranken nun regelmäßig, machte ihn vertraut mit Picasso und Matisse, ließ ihn die Entwicklung der Abstraktion in der Malerei kennenlernen, lehrte ihn Techniken.

Kalifornien graue Küste heißt das älteste Blatt der Bonner Übersicht, eine Gouache, entstanden 1947, mit grauschwarzen, fahrig vorgetragenen Vertikalen, ist fast monochrom nahezu die gesamte Fläche bedeckt, nur am oberen Rand ein etwas hellerer Wert. Aus dem gleichen Jahr stammt aber auch das früheste Ölbild der Ausstellung, ohne Titel, starke Leuchtkraft des Orange und des Rot auf dem hellen Bildgrund, eine Arbeit mit vielen Beziehungen zu den etwa gleichzeitigen „Multiform"-Bildern Mark Rothkos und den ersten Abstraktionen Richard Diebenkorns.

Vor den Bildern in Bonn für den Maler auch noch einmal der Geschmack der Pariser Jahre, zwischen 1950 und 1960. Francis hatte nach Studien der Kunstgeschichte, der Philosophie, am Rande auch der Medizin, an der Universität von Berkeley (wo der Vater, mit dem Sohn oft im Disput über dessen frühe Neigungen zum Mystizismus, eine Zeit lang Mathematik lehrte, die Mutter Französisch unterrichtete) aus Kalifornien fort eigentlich nach New York gewollt, die Stadt aber „furchtbar" gefunden und war nach Paris gegangen. Hier schon kam die Anerkennung. Der junge Amerikaner, zunächst fast mittellos, der in einer Pension vor allem nachts malte, bekam in der Galerie Du Dragon seine erste Ausstellung (1952), erhielt Einladungen und Aufträge für Wandgemälde in Tokio, später in Basel, wurde rasch ein Protagonist der dynamischen Pariser Kunstszene, die in jenem Jahrzehnt, wie nachher nie wieder, bestimmt war von einem Klima des Aufbruchs und der Veränderung, und wurde bald eine internationale Größe.

In den ersten der Pariser Bilder arbeiten sich gegen eine dominierende, die Flächen fast vollständig überziehende Farbe andere Valeurs vor, dunklere zumeist gegen eine hellere Vorgabe. Von diesen Bildern ist seinerzeit in Westeuropa nachhaltige Wirkung ausgegangen, nicht zuletzt auf die Maler des deutschen Informel, auf Fred Thieler zum Beispiel, auch auf Gerhard Hoehme.

Seit Anfang der 60er-Jahre wird dann, nach abermals einer schweren Krankheit und einem Zwischenspiel in New York, wieder Kalifornien der Lebens- und Arbeitsort, die mit Wohnungen und Ateliers in Santa Monica, in Palo Alto und Point Reyes Station, einem abgelegenen Platz nördlich von San Francisco, nahe der Küste des Stillen Ozeans. Heftiges Erblühen der Farben in den ersten Jahren nach der Rückkehr an den Pazifik. Eberhard W. Kornfeld, der europäische Galerist von Francis, hat aus seiner Sammlung in Bern ein Beispiel (von 1962) für die Serie der *Blue Balls* ausgeliehen, weiche, mitunter an den Rändern zerfließende, blaue Rundformen, schwebend in der weißen Leere des Bildraums; fast verwundert hat der Maler es in Bonn nun wiedergesehen.

Die *Blue Balls* sind noch Gemälde in Öl, mehr und mehr benutzt Francis in Kalifornien (übrigens von ihm bis heute selbst hergestellte) Farben, deren Pigmente durch Acryl- oder Vinylkunstharze (statt durch das frühere Leinöl) gebunden sind, weniger „tief" als die Ölfarbe, aber, sagt er, „lebendiger, und weil schneller trocknend ein rascheres Auftragen erfordernd, darum geeigneter, den ursprünglichen Gestus des Malakts zu bezeugen". Mehr Licht lasse sich herzaubern mit seinen Acrylfarben – ein anderes Licht wirklich in den kalifornischen als zuvor in den europäischen Bildern.

Die Bilder seines Œuvres, das Sam Francis selbst in Bonn jetzt zum ersten Mal als einen Zusammenhang wahrnehmen konnte, unterscheidet er freilich, so sehr sie ihm an bestimmter Stelle verbrachte Lebenszeit beschwören, weniger nach den Orten ihres Entstehens als nach dem „inneren Rhythmus", durch den sich einzelne Arbeiten zu Werkgruppen verbinden – diese Gliederungen des Œuvres nach einer rhythmischen Intensität sind nicht unbedingt auf zeitliche Perioden zu fixieren, vielmehr erlebt der Betrachter, nicht zuletzt im grafischen Werk, das neben der Malerei in Bonn ausführlich ausgebreitet wird, eine oft erstaunliche Nähe von Formulierungen, die durch mehrere Jahrzehnte voneinander getrennt sein können.

Das liegt an einigen grundsätzlichen und immer wiederkehrenden Problemstellungen, Motiven und Impulsen, die – wenngleich in differierenden Formen – in dem Œuvre verhandelt werden und die Malerei von Francis inspirieren und bewegen. Dazu gehört vor allem die Spannung zwischen Ordnung und Spontaneität, Ruhe und Aufbruch, Konzentration und zufälliger Dispersion (die oft im Verfahren des „Dripping“, des durch Kippen des noch feuchten Bildes beliebigen „Auslaufens“ der Farben, erreicht wird).

Die Bonner Retrospektive eröffnet in dem hohen, weitläufigen Hauptsaal der Kunsthalle mit dem Versuch einer entschiedenen Gegensetzung. Hultén hat zur Linken die Werke der frühen Pariser Jahre (etwa 1952 bis 1956) gruppiert und sie zur Rechten konfrontiert mit den Edge Paintings, die ab Mitte der 60er-Jahre entstehen. Im Zentrum des Saals lassen sich die Großformate der späten 50er, darunter auch das berühmte *Meaningless Gesture* (von 1958) aus dem Treppenhaus des Museums in Basel, als Übergänge von einer hohen Verdichtung der Farbwerte zu einer Malerei verstehen, welche die Farbe fast zum Verschwinden bringt.

Die Pariser Bilder haben mehrere Farbschichten, die einander überlagern, aber einander auch durchdringen. Anders als bei den glatteren „Übermalungen“ Arnulf Rainers, sind die jeweils vorherrschenden Farbwerte an kleine, runde Teilformen gebunden, durch deren Addition im einzelnen Bild eine reiche Binnenstruktur entsteht. 15 Jahre später malt Francis die Edge Paintings: Die Formate sind nun wesentlich größer – aber die Leinwände bleiben weitgehend unbemalt, helle Leere weiter Flächen, nur an den Rändern eingefasst von schmalen Farbspuren. Sind wir hier an einem Anfang oder an einem Ende? Wagt Farbe sich von der äußersten Peripherie vor in den Bildraum oder wird sie zurückgedrängt, zum Verstummen gebracht?

Nur auf den ersten Blick scheint der Abstand zwischen den Bildern der Pariser Zeit und diesen Edge Paintings unüberbrückbar. Wer sich auf die beiden Werkphasen länger einlässt, spürt das Verbindende: Es liegt in dem meditativen Moment einer Malerei, welche die Materialität der Farben überschreiten will – in eine Zone des Spirituellen. Mark Rothkos Bekenntnis, er sei „immer auf der Suche nach etwas, das mehr wäre“, ist übertragbar auch auf Sam Francis. Seine dicht „zugemalten“ frühen Bilder sind wie die späteren, nur an ihren Rändern von Farbe bespielten: Meditationstafeln. „Der Raum im Zentrum der Bilder ist für Dich“ (das meint: für die Selbsterfahrung des Betrachters), hat Francis im Katalog der Bonner Ausstellung notiert. Man versteht, dass der Maler sich zeitlebens angezogen fühlte von der deutschen Mystik des 12. und 13. Jahrhunderts, Meister Eckhardt und Hildegard von Bingen, deren Schriften er in seinem eigenen Verlag ediert hat.

Diese Anstrengung zur Transzendenz ist das (noch heute immer wieder überraschende) wesentliche Merkmal der amerikanischen Malerei nach 1940. Mark Rothko, Barnett Newman, Adolph Gottlieb, Ad Reinhardt, die Kalifornier Richard Diebenkorn, Clyfford Still und eben auch Sam Francis – sie haben alle gegen die „surface values“ der amerikanischen Zivilisation darauf bestanden, dass etwas sein müsste, „das mehr wäre“. Kein Versuch einer Definition der Kultur Amerikas kann diesen Gegenton unterschlagen. So paradox es scheint, lässt sich doch nicht übersehen, dass die Kunst des abstrakten Expressionismus (dem auch das Werk von Sam Francis zugehört), und zwar gerade indem sie auf Weltferne, auf die Autonomie von Gestus und Farbe insistiert, durchaus eine kritische, ja: politische Dimension hat.

Die Radikalität der Edge Paintings der 60er-Jahre wird vorbereitet von der Phase des Werks, in der mehrere Versionen von *Towards Disappearance* (auf das Verschwinden zu) entstehen, die bekanntesten wurden vom County Museum in Los Angeles (nicht nach Bonn ausgeliehen) und dem New Yorker MoMA erworben. Auch *Bedeutungslose Geste* im Basler Museum zählt zu dieser Werkgruppe: blaue Inseln, schwimmend in der Helle des monochromen Bildgrundes, gerandet von wie zufällig gefundenen roten, gelben, grünen Farbfetzen, lose verbunden durch feine Dripping-Fäden. Flüchtige Bildgedanken, Widerspiel des Zufalls (Sam Francis: „Zufall ist ein anderer Name für Gott, müssen Sie wissen“) und einer Ordnung, die allemal Wagnis ist und mit dem Verdacht behaftet, dass sie auf Dauer nicht zu halten wäre. Das derart Provisorische, augenblicklicher Triumph der Farben, ist von schmerzender Schönheit.

Freiheit und Struktur: Auch in den 70er-Jahren sind das die Gegenpole, wenn die Bildflächen gitterartig überspannt werden von breiten, dunklen Rastern, gegen die hellere Farben quirlig aufbegehren. Die jüngsten Bilder schließlich sind von drängender gestischer Dynamik, vitale Geflechte energiegeladener Linien, die sich an mehreren Stellen der Kompositionen ballen zur nachdrücklichen Präsenz dichter Farbkörper. Ein Alterswerk von verblüffender, heiterer Lebendigkeit, Kraft und Weisheit und Sehnsucht.

Wie an dem ganzen Œuvre, im Medium der Malerei wie in dem der Grafik, arbeitet Francis in seiner Druckerei in Santa Monica, dem „Litho Shop“, mit erheblichem Aufwand an der technischen Perfektion der grafischen Serien – wie in allen Abschnitten des Werks ist auch noch angesichts der Bilder des fast 70-Jährigen am erstaunlichsten die Selbstverständlichkeit, mit der die Entwürfe sich entfalten. Nichts an diesen Bildern aus mehr als 40 Jahren wirkt verspannt, gesucht, krampfhaft „innovativ“, aufgesetzt. Vielmehr heißt „Komposition“ hier: das Natürliche zur Geltung bringen als das evident Wahre, das sich einer Art von Nachdenklichkeit, die das lustvoll Spielerische nie preisgibt, gleichsam der leichten Gebärde nie entsagt.

Und doch sind die Schönheiten dieses Werks einem schweren Leben abgewonnen, langen Perioden heimtückischer Krankheit. „I am tough, I hang on“, trotziges Lächeln. Zäher Widerständigkeit, mutiger Behauptung vor dem immer drohenden Ende verdanken wir das Ereignis dieses Werks. Jetzt in Bonn – das kommt nicht wieder.

Zur Retrospektive *Sam Francis*, Bundeskunsthalle Bonn, 12. Februar bis 18. April 1993, *Frankfurter Rundschau*, 17. Februar 1993, S. 9

Rebecca Horn
Pandämonium auf Messers Schneide

Es gibt in Berlin seit einigen Tagen eine Attraktion, die sogar von Christos Verhüllung des Reichstags im nächsten Frühjahr schwer zu überbieten sein wird. Im Parterre der Nationalgalerie hat Rebecca Horn ihren *Rio della Luna* (Mondfluss) installiert: Mehrere, nebeneinander auf dem Boden ausgelegte, leicht gewundene Bleirohre durchqueren den großen Zentralraum des Museums, durchstoßen die gläserne Einfassung der Halle und verlängern sich ins Freie, bis an den Rand der rückwärtigen Terrasse. Wenn die hell glänzenden Röhren durch von oben einsehbare, flache schwarze Metallkästen geführt werden, kann man erkennen, dass von einem Pumpsystem Quecksilber in ihnen bewegt wird. Draußen, auf der Terrasse, kontrastiert ein hoch über den Röhren montierter Glastrichter, aus dem Flüssigkeit in ein Becken abtropft, den horizontalen Fluss mit einer vertikalen Gegensetzung.

Die technische Beschreibung kann allerdings die Wirkung einer Arbeit nicht zulänglich erfassen, deren Materialität und Mechanik einsehbar und nachzuvollziehen sind und ästhetisch zugleich doch transzendiert werden: Wir haben es mit Rohrleitungen und Pumpen zu tun – aber auch mit der romantischen Assoziation von Strahlen silbrigen Mondlichts wie ebenso mit der Vorstellung menschenferner Mondtopografie. *El Rio della Luna* ist verführerisch, wunderbare Durchdringung und Auflösung des Raums durch ein unaufhaltsames, schimmerndes Fließen; und zugleich abweisend, sich entziehend in die Kälte des verselbstständigten technischen Konstrukts, in dieser Verweigerung von Nähe auch bedrohlich und von nicht genau verifizierbarem Schrecken.

In der mimetischen Erzeugung des Eindrucks von einem durch lichtbeglänztes Terrain fließenden Strom mithilfe einer komplizierten Mechanik ist Natur im doppelten Wortsinn aufgehoben im technischen Prozess, das heißt: zugleich bewahrt und gelöscht. Das ist, wie die von dieser Form der Erinnerung ausgehende Bedrohlichkeit, ein Merkmal der Arbeiten Rebecca Horns schon seit Mitte der 70er-Jahre. Die Ausstellung in der Neuen Berliner Nationalgalerie (ermöglicht durch deren privaten Freundeskreis), eine umfängliche Retrospektive auf das Werk der jetzt 50-Jährigen (obwohl Horn selbst sie als Retrospektive nicht bezeichnet wissen will), exponiert in dieser Ausführlichkeit zum ersten Mal in Deutschland eine Künstlerin, die international längst höchstes Ansehen genießt.

Die Mehrheit der Arbeiten wurde im vorigen Sommer im New Yorker Guggenheim, im Herbst bereits in Eindhoven gezeigt. Rebecca Horn hat sie der Halle Mies van der Rohes in Berlin angepasst, dabei an einzelnen der Installationen auch Veränderungen vornehmen müssen. So war etwa der *Mondfluss*, in der Nationalgalerie das ebenerdig ausgebreitete, zentrale Stück, in New York als ansteigendes, die Windungen der schrägen Rampe in dem Bau Frank Lloyd Wrights gleichsam hinaufkletterndes Rankengeflecht inszeniert worden.

Wie im Fall der Environments von Josef Beuys, der sie beeinflusst hat, ist ein theatralischer Impuls bestimmend auch für die Arbeiten von Horn. Besonders sinnfällig ist die Tendenz zum Dramatischen im Element der Bewegung und in deren Bezug auf Zeit. Schon die frühen Objekte Horns, im Untergeschoss der Nationalgalerie zu sehen, waren konzipiert für die Ergänzung durch Bewegungsabläufe: Requisiten, Kostümteile zur Verlängerung der Gliedmaßen – wer mit ihnen umginge, sie dem eigenen Körper anlegte, sich dann mit ihnen bewegte, würde (ähnlich wie Franz-Erhard Walther das von seinen Objekten erwartet) mit der Extension des Körpers auch sein Sensorium erweitern und erst auf diese Weise den Sinn der Artefakte erfüllen. In den späteren Installationen realisiert sich das dynamische Element unabhängig von solchem Mittun des Betrachters, der nun „Benutzer" nur noch insofern ist, als er sich gefordert sieht, die metaphorische Bedeutung der Arbeiten zu entziffern.

Diese ist allerdings fast immer mehrschichtig. Wie etwa in *Die preußische Brautmaschine* (1988): Elf einzelne, hochhackige weiße Pumps drehen sich an dünnen Stiften, die aus der Wand ragen; über ihnen sind zwei Schalen mit Farbe (Preußischblau) montiert, die durch eine Relaissteuerung in unregelmäßigen Abständen so angekippt werden, dass etwas von der Farbe auf die Wand und die Brautschuhe verspritzt. Eine Bewegung, die der kreisenden Pumps, wird – für den Betrachter immer überraschend plötzlich – getroffen von einer anderen, derjenigen der herabfallenden Farbe. Deren Ejakulation besudelt die

Unschuld der Braut – aber dieser naheliegenden Deutung lässt sich zugleich eine politisch-historische einlesen: die des durch Geschichte bekleckerten, für immer besudelten Bildes von Preußen.

Ähnlich ambivalent ist auch *Cutting through the Past* (Vergangenheit durchschneiden, 1992/93): Fünf ringförmig gestellte Türen werden von einem motorgetriebenen Metallstab durchtrennt, der sich zwischen ihnen dreht. Der Vorgang signalisiert die Gefahr der Zerstörung eines Erinnerten durch das Erinnern selbst; zugleich jedoch die Freiheit des Augenblicks, die nur zu gewinnen ist, wenn die Bindung an Vergangenes auch zerschnitten werden kann. Im gleichen Kontext etwas forciert, wirkt die jüngste Arbeit in der Berliner Ausstellung: *Berlin Earthbound* (Berlin erdgebunden) variiert eine Konstruktion, die in New York noch *America* hieß – ein geöffneter Koffer, in dessen Innerem die fragmentarische Zeichnung eines Judensterns zu sehen ist, wird längs einer vertikalen Stange zwischen Decke und Boden der Halle auf und nieder bewegt, der Deckel schlägt dabei hin und her wie ein Flügel. Zweifellos wird hier Angst artikuliert – jedoch von dem durchsichtigen und ein wenig beliebigen Witz der Erfindung auch seltsam unbefriedigend ironisch unterminiert.

Mehrere, zum Teil ramponierte Bettgestelle, übereinander in den Raum gehängt, dazwischen durchsichtige Röhren, in denen Wasser steigt und fällt, das ganze chaotische Gebilde von Blitzstrahlen durchzuckt (*Inferno*, 1993/94); oder ein Konzertflügel, schwebend in der Höhe, die Beine nach oben, dessen Deckel – wiederum unberechenbar, plötzlich – nach unten aufklappt, sodass die technischen Innereien herausfallen wie Gedärm (*Concert for Anarchy*, 1990): In solchen Stücken hat Rebecca Horn kühne, beunruhigende, erschreckende Figurationen gefunden für den immer drohenden, im Gang der Zeit (jederzeit) möglichen Einsturz von Ordnung, den katastrophischen Zusammenbruch, Bildwerte für Ende und Tod.

Diese großformatigen, ausgreifenden Chiffren sind von enormer, hochdramatischer, dabei eiskalter Suggestivkraft. Kleinere der Objekte (die immer auch Maschinen sind) formulieren ihre bösen Pointen in sogar noch schärferer Zuspitzung. Von unten stechen in unregelmäßigen Abständen sieben Messer in sieben darüber montierte Pinsel (*77 Branches of Destiny*, 77 Verzweigungen von Schicksal, 1992) Kunst auf des Messers Spitze, unausweichlich in Gefahr. Noch wenn die zusammengelegten Rabenfedern der *Kleinen Witwe* (1988) sich auf einmal zu Schwingen entfalten, Natureffekt, bewirkt vom eingebauten Elektromotor, ist ein Schrecken an dieser Beschwörung der Möglichkeit des Fliegens und der Freiheit.

Alles ist kalkuliert an diesen Mimesis-Maschinen der Rebecca Horn. Was immer spontan scheint an den Zuckungen, der schlagartigen Erregung, welche die Objekte in Bewegung setzt: Wir wissen ja immer, dass es geplant, den Motoren einprogrammiert wurde. Selbst der Schmutz am Boden oder auf der Wand – herausgeschleudert vom steuernden Relais. Kalt und abständig sogar die erotischen Formen der großen und kleinen Trichter.

Das ist es, was am Ende an dieser Welt der Kunstgeräte von Horn am meisten erschreckt: dass sie ohne Gegenbilder ist; ohne einen Anflug von Zärtlichkeit; kein Platz mehr für Menschen, und also für die Liebe kein Raum. Der Verdacht, den Horn nahelegt, ist: Wir hätten das Pandämonium zu verstehen als die Welt, wie wir sie haben oder im Begriff sind, sie herzurichten gegen uns.

Zur Ausstellung *Rebecca Horn*, Neue Nationalgalerie, Berlin, 4. März bis 1. Mai 1994, *Frankfurter Rundschau*, 7. März 1994

Hartwig Ebersbach
Kunst als Gegenwehr und Triumph

In der hohen Eingangshalle des Gebäudes, das früher Sitz des Reichsgerichts war, noch bis zum nächsten Jahr, wenn es wieder Gerichtsgebäude wird, die Sammlungen von Leipzigs Museum der bildenden Künste aufnimmt, hat Hartwig Ebersbach seine 1995 entstandene *Arche Noah* aufgebaut.

Das ist ein langer, schmaler, abschnittweise überdachter Steg aus hellem Holz, auf dem 15 Plastiken aus Pappmaché teils aufrecht stehen, teils liegen; einzelne sind auch im Begriff, von dem Steg herunterzufallen, über Bord zu gehen. Die plastischen Figuren wirken deformiert, konvulsivisch verrenkt, beschädigt. Nicht etwas Heiles wird in die Arche gerettet vor der großen Flut, vielmehr zeigt die Fracht Noahs hier selbst schon die Spuren jener Gewalt und Zerstörung, vor der sie auf der Flucht ist.

An der Arbeit lassen sich einige der Merkmale erkennen, die im Œuvre Ebersbachs durchgängig wiederkehren. Er ist, 1940 in Zwickau geboren, ein Maler, jedoch hat er schon früh versucht, das Tafelbild auf die räumliche Formulierung hin zu erweitern, durch die Addition mehrerer bemalter Leinwände, die einander verbunden und gegeneinander abgewinkelt werden, als „Faltungen" mehrteilige Skulpturen sind. Die Tendenz geht auf das Genre der Installation. Aber auch inhaltlich bestätigt *Arche Noah*, was sich als Stoff und Antrieb im Gesamtwerk allenthalben ausgedrückt findet: Ebersbachs Thema ist die Gewalt – Figuren und Dingwelt erscheinen als zerbrochene, oft gelöscht, vernichtet von dem ungebärdigen Duktus eines heftigen, ja: wütenden Auftrags der Farben. Tatsächlich wirken die meisten der Bilder wie gemalt in einem verzweifelten Rausch. So kann auch der Mythos, wie im Falle von Ebersbachs Anverwandlung der Rettungstat Noahs, nur noch auftreten als ramponierter. Ein pessimistischer Zug lässt sich nicht leugnen – einzig die bildnerische „Gebärde" bedeutet Selbstbehauptung, gegen die Zeit und die Verhältnisse.

Dabei ist *Arche Noah*, trotz des Konvulsivischen der Skulpturen, von einer gleichsam fließenden Leichtigkeit. Das ist für das Gesamtwerk eher untypisch. Die ungewöhnlich ausführliche Retrospektive, die das Leipziger Museum dem seit Langem in Leipzig lebenden Künstler jetzt eingerichtet hat, verstärkt von Raum zu Raum den Eindruck eines mit zorniger Anstrengung wieder und wieder aufgenommenen Kampfes gegen Verschattung und Düsternis – doch kann, was derart erkämpft werden muss, selbst nicht heiter und entspannt sein.

Sehr deutlich ist Kunst hier ein Mittel der Selbsttherapie, die einzelnen Abschnitte des Werks verarbeiten kritische Lebensphasen Ebersbachs. Das gilt gewiss nicht nur für diesen Künstler, der Bezug ist in seinem Fall aber besonders direkt. Peter Guth, langjähriger Beobachter und Begleiter des Künstlers, geht in seinem exzellenten Text im Katalog mehrmals auf diesen engen Zusammenhang zwischen Vita und Werk ein. Hartwig Ebersbach hatte im Kontext der zeitgenössischen Malerei im geteilten Deutschland eine besondere Rolle gespielt. Er hat die DDR nicht verlassen, an der Leipziger Kunstakademie war er eine von den Auflagen des Regimes zwar auch bedrängte, aber doch geachtete und einflussreiche Figur. Durch die Vermittlung des Galeristen Tim Gierig in Frankfurt am Main wurden Arbeiten des Künstlers schon in den 80er-Jahren auch in Westdeutschland bekannt und gesammelt. Ebersbach durfte reisen, in die Bundesrepublik, nach Italien, wohin Henze ihn für eine orgiastische szenische Arbeit einlud, nach Japan, später auch in die USA. Er hat für seine Position an der Akademie und für seine Existenz gewisse äußerliche Konzessionen an das Regime machen müssen, seine Arbeit und seine persönliche Integrität jedoch hat er sich durch keinen politischen Druck beeinflussen lassen. Einige Jahre setzte er aus, ernährte sich während dieser Zeit als Messebauer.

Der erwähnte Katalogtext Peter Guths behandelt die Beziehungen Ebersbachs zu den Mächtigen in der DDR mit großer Offenheit, nichts von der sich windenden Lügerei, die in diesen Tagen Fritz Rudolf Fries dem Publikum zumutet. 1989 war Ebersbach Mitinitiator eines Leipziger Gesprächskreises von Künstlern und Intellektuellen aus Ost- und Westdeutschland, die sich in seinem Haus trafen. Wir lernten ihn damals kennen als souveränen Moderator, sich bewusst der historischen Situation und seiner eigenen Stellung als gut gehandelter Künstler im Westen und zuletzt auch, so schien es jedenfalls, durchaus Privilegierter in der DDR.

Im Osten war die Zuordnung der Malerei Ebersbachs relativ klar. Sie setzte sich ab gegen Werner Tübke, wurde gesehen im Nachhall expressionistischer Tradition (das Frühwerk lässt an Lovis Corinth denken), aktuell im Kontext des Neo-Expressionismus der Leipziger Schule. Für das heute europäisch zu erweiternde Beziehungsfeld sieht man Nachbarschaften zur Cobra-Gruppe, vor allem zu Karel Appel und Asger Jorn. Darüber hinaus sogar zu Formen des amerikanischen Action Painting – insofern nämlich, als der Akt des Malens, die impulsive, bei Ebersbach oft wildwütige Gebärde, mit der die Farben aufgebracht werden, selbst nicht nur Mittel, sondern auch Inhalt und Thema der Bilder ist.

Das Œuvre beginnt allerdings anders. 1960 malt Ebersbach *Selbstbildnis mit Barbara S.*, ein Doppelporträt in akademischer Manier, hinter der jungen Frau im Vordergrund, ein wenig verdeckt von ihr, en face der Maler selbst, den Betrachter fixierend. Erkennbar ist das technische Potenzial, die Versiertheit im Umgang mit Komposition und Perspektivik. Zwei Jahre später entsteht *Versuch einer Deutung I*, dramatisches Arrangement einer Gruppe von Personen in einem dunklen Raum, die einzelnen Figuren stark individualisiert und gegeneinander bewegt. Eine Variante von 1965, *Versuch einer Deutung II*, löst die Konturen des Personals flächig auf, keine Erkennbarkeit mehr, helle Kreidefarben sind tiefenlos nebeneinandergesetzt. Für Entstehungszeit und -ort ein erstaunliches Bild im Übergang zur Abstraktion, atmosphärisch dem frühen Mark Rothko oder Arshile Gorky nahe. Stilistisch ist die Entfernung zu den Anfängen bereits beträchtlich, die Betonung des Gestischen am Malakt forciert die Entwicklung der enormen Spannweite des Œuvres. Verglichen mit dem Selbstporträt von 1960, markiert *Selbstbildnis im Eimer,* von 1981, die totale Verwandlung: Der „Kopf" ist nun nur noch ein Getümmel pastos „gefetzter" Farben.

Ab den 70er-Jahren taucht die Figur des Kaspar auf, Selbstidentifikation des Malers mit dem Spieler, dem Außenseiter und Störenfried falscher Verhältnisse. Erst nach der Japan-Erfahrung, Ende der 80er, wird Kaspar abgelöst von der Metapher des Drachen. Das Prinzip der Montage einzelner Leinwände zu szenischen Environments bestimmt die zwölfteilige *Widmung an Chile* von 1974, eine Galerie von Opfern der Militärdiktatur, die impulsive Vehemenz der Farbgebung ist hier der Absicht einer politischen Anklage verpflichtet. In der Folge aber werden Ebersbachs Installationen immer freier, *Vulkan Aso* (1990), lässt aus der Formation spitzwinklig am Boden zusammengestellter Leinwände eine Reihe ornamentierter Tafeln wie Lava aufsteigen, bis unter die Decke des Ausstellungsraums.

Eigenwert und Eigenbewegung dieser szenischen Arbeiten können ablenken von den Einzelheiten der bemalten Flächen, aus denen sie sich zusammensetzen. Konzentriert man sich darauf, lässt sich beobachten: Der breite Pinselstrich ist im Duktus kurz abgerissen, wie atemlos, Ebersbach sagt: „gebrüllt". Indes werden abgebrochene Ansätze über Zwischenräume hinweg jedenfalls in der Richtungstendenz wieder aufgenommen – so entstehen dann doch durchlaufende Bewegungen, die jeder Bildfläche eine eigene Dynamik mitteilen.

Die Überfülle des Materials dieser sorgfältig inszenierten Retrospektive birgt die Gefahr einer gewissen Neutralisation der Einzelstücke. Die Ausstellung will als Ganzes genommen werden, als eine Art von Ausschweifung, Schlag ins Kontor der Konventionen. Die zumal nach der politischen Wende in Deutschland förmlich explodierende, immense Produktivität Ebersbachs – der Katalog dokumentiert allein für 1995 fast 70 neue Arbeiten – lässt etwas von dem existenziellen Druck spürbar werden, unter dem sich seine Malerei entwickelt hat: Nicht anders als im Akt des Malens kann er sich entlasten.

So unbezähmbar ist der Antrieb nach wie vor, dass in manchen der jüngsten Collagen die entleerten Farbtuben, als sei keine Zeit, sich damit aufzuhalten, gleich im Bild verbleiben, zerdrückt und damit entsorgt in ihrem eigenen Ausfluss. Noch das beiläufige Detail der mitverarbeiteten Utensilien bestätigt, was seine Kunst für Ebersbach bedeutet: dass er malt – und wie – ist Gegenwehr; zugleich Triumph, über sich selbst und das Alter der Welt; sein Sieg.

Zur Ausstellung *Hartwig Ebersbach. Gemälde, Installationen, Plastiken*, Museum der bildenden Künste, Leipzig, 29. März bis 27. Mai 1996, *Frankfurter Rundschau*, 11. Mai 1996, S. 6

Werner Tübke
Die Zeit reicht nicht bis Zellerfeld

Die Epoche weit entrückt: Werner Tübkes Flügelaltar in der Kirche St. Salvatoris im Harz

Werner Tübke hat für die Stirnseite des Langhauses der Kirche St. Salvatoris in Zellerfeld, die aus dem letzten Drittel des 17. Jahrhunderts stammt, einen Flügelaltar geschaffen. Vor wenigen Tagen ist er in einem Festgottesdienst geweiht worden. Dass zeitgenössische Künstler in kirchlichem Auftrag den Versuch unternehmen, einer alten Aufgabe der Malerei heute noch einmal zu entsprechen, geschieht so selten nicht: Man kann das Angestrengte, oft Verquälte solcher Bemühungen häufig nicht einmal handwerklich besonders befähigter Kunstmaler in manchen Provinzkirchen des Landes zur Kenntnis nehmen. Meist wiederholt sich die Verlegenheit der Schöpfer dieser Werke als bestimmendes Gefühl auch des Betrachters.

Das ist auch in Zellerfeld so, wenngleich der Fall hier zumindest interessanter ist. Denn Tübke ist kein unbekannter Provinzling. In der DDR, deren prominentester Maler er war, verstand er sich als überzeugter Befürworter und Propagandist sozialistischer Lebenshaltung, dem Regime war er eng verbunden, als staatstragender Künstler wurde Tübke mit vielen Ehrungen bedacht. Zwischen 1973 und 1976 war er Rektor der Hochschule für Grafik und Buchkunst in Leipzig, er stellte sich damals den gerade in Leipzig aufkommenden Tendenzen zu einem kritischen Realismus entschieden entgegen. In Frankenhausen (Thüringen) wurde seinem Panorama von Figuren und Szenen aus den Bauernkriegen ein monumentales Gehäuse in der Form eines Gasometers errichtet, das seine Gäste im Inneren noch jetzt mit der Atmosphäre einer nostalgischen Weihestätte der DDR-Kultur umfängt.

Inzwischen jedoch, offenbar, hat sich der 68-jährige Tübke vom Sozialisten in einen christlichen Frömmler verwandelt. Anders ist nicht zu erklären, warum er sich von dem Landesbischof Horst Hirschler, über die Lauterkeit von dessen Motiven jetzt in Zellerfeld und Umgebung gestritten wird, für das Altarbild von St. Salvatoris hat gewinnen lassen. Tartuffe im Westharz – aber die Heuchelei kommt sogleich, viel rascher als bei Molière, an den Tag: Das mehrteilige Bildwerk ist zwar maltechnisch von einiger Virtuosität, jedoch – was an den Bildern von Tübke allerdings immer schon auffiel – ohne emotionale Ausdrucksqualität, Beispiel für das eiskalte Raffinement eines dünnblütigen Historismus. Gehobener Devotionalienkitsch, das Genre ist durchaus das der Heiligenbildchen für die Wohnstuben geschmackloser Gläubiger.

Das gotisch formatierte Altarwerk zeigt in geöffnetem Zustand (4,20 × 4,00 Meter) in seinem Mittelteil eine Kreuzigungsszene, unterhalb davon als Predella die Darstellung der Grablegung. Die Flügel links und rechts schildern die Geburt Christi und die Auferstehung des Gekreuzigten. Werden die auch rückseitig bemalten Flügel geschlossen, sind oben der Garten Eden und darunter das Abendmahl die Themen, in beiden Gemälden erscheint der detailreich ausgeführte Vordergrund vor Flusslandschaften, die sich jeweils tief in den Bildgrund erstrecken. Tübke brilliert hier mit seiner nicht zuletzt in Frankenhausen eingeübten Fähigkeit, einzelnen Figuren und Motiven durch ihr konzentriertes Arrangement zu starker Präsenz zu verhelfen und sie zugleich in weitläufige Bildräume einzubringen, die die Bedeutung steigern.

Die Kreuzigungsszene wird als Komposition dramatisch durch die Diagonale beherrscht, welche die Arme der Figur von Christus an dem leicht schräggestellten Kreuz bilden, die nach links aus dem Bild weisende Bewegung von Maria und Johannes zu Füßen des Kreuzes verstärkt die Dramatik der Inszenierung. Die Anordnung wirkt allerdings auf manieristische Weise affektiert-gekünstelt; was das Sterben Christi bei den unmittelbaren Zeugen an Empfindungen auslöst, wird durch den Gestus der Figuren zwar formal forciert ausgestellt, bleibt aber im Ausdruck leblos. So flexibel sich Tübkes Kunst am Detail, etwa am üppigen Faltenwurf der Gewänder, erweist, so wenig variabel ist er bei der Schilderung der Gemütszustände der Personen: Staunen, Verwunderung, Erschrecken sind eher schematisch und mit geringer Modulationsbreite auf das Personal verteilt. Die Arbeit ist weit weniger vital als die des Bauernkrieg-Panoramas in Frankenhausen.

Tübke hat großen Wert auf die Lichtqualität der Farben gelegt, deren Transparenz, freilich von sehr weit, an Valeurs und Stimmungen bei Pietro Perugino erinnern kann. Gewollt ist ein Primavera-Licht, das frühlingshaft etwas von der selbstgewissen Zuversicht der auf dem Altaraufsatz zitierten Stelle aus dem Hebräer-Brief (13, 8) vermittelt: „Jesus Christus gestern und heute und derselbe auch in Ewigkeit." Jedoch hinterlässt das Licht in den Bildern den Eindruck eines überzogen sich artikulierenden künstlerischen Stilwillens um jeden Preis. Und vor allem bleibt es kalt, erst in der abgedunkelten Kirche, bei geringerem Einfall der Tageshelligkeit von außen, gewinnen die Farben etwas an Wärme, verliert sich ein wenig der Charakter einer Filmstudiobeleuchtung. Den Vergleich mit der Farbigkeit und der emphatischen Innigkeit der Renaissancemalerei, den Tübke sucht, hält sein Werk nicht aus.

Es fehlt ihm vor allem – das ist der hohe Preis für den historisierenden Gestus – der Ausdruck eines zeitgenössischen Empfindens für den alten Stoff. Indem der Malakt ein Altes nur wiederholt, versäumt er die Zeit, in der er sich vollzieht, und es fehlt ihm darum der eigene Impuls. Das wird dann auch zum theologischen Problem: Der Verzicht auf Gegenwart in der Form führt notwendig auch zu Starre und Leblosigkeit in der Auslegung des überlieferten neutestamentarischen Geschehens.

Kaum 20 Kilometer von Zellerfeld entfernt, in Goslar, hat seit Längerem die Moderne einen exponierten Schauplatz, wenn nämlich dort einmal jährlich mit einer begleitenden Ausstellung der Kaiserring verliehen wird an Künstler, in deren Werken sich mit avancierten Mitteln formuliert findet, was wir verstehen können als Glück und Not der Epoche – und als deren durch die Erweiterung der formalen Möglichkeiten veränderte Ikonografie und Bildsprache. Doch war für die Kirchenleitung die Strecke zu den Botschaften aus Goslar ästhetisch offensichtlich viel zu weit. So ist man auf Tübke gekommen, im Rückwärtsgang.

Frankfurter Rundschau, 29. April 1997, S. 8

Otto Piene zum Siebzigsten
Das Licht malt

Er war einer der Ersten, denen Citroën damals seine *Pallas* mit superhellen Halogenlampen ausstattete; eines Abends auf Besuch in Frankfurt, wo er ein Protagonist von Rochus Kowalleks dato-Galerie war, hat er sie gerne vorgeführt, weiße Nacht vom Main bis zum Südbahnhof. Als schwärmerischer Enthusiast des Lichts, später Zögling der deutschen Romantik, erschien der junge Otto Piene Ende der 50er-Jahre auf der Kunstszene, die er zunächst mit den Düsseldorfer Freunden Heinz Mack und Günther Uecker und später, als die von ihnen begründete Gruppe ZERO sich nach Italien, Frankreich, den Niederlanden ausdehnte, in freundschaftlichem Verbund mit Lucio Fontana und Piero Manzoni, Yves Klein und Jean Tinguely, Bernard Aubertin und Jan Schoonhoven so nachhaltig veränderte wie nach ihm keiner mehr. „Mein höherer Traum", schrieb Piene in der von ihm 1961 gemeinsam mit Mack herausgegebenen Anthologie *ZERO 3*, „betrifft die Projektion des Lichts in den großen Nachthimmel, das Ertasten des Universums, so wie es sich dem Licht bietet, unberührt, ohne Hindernisse ..."

Allseitige Expansion hieß das Programm, „das Katapultieren des Schauenden in den Raum, wo freier Atem ist". An der Grenze zur Verflüchtigung überzogen feine, je nach Lichteinfall sich verwandelnde Raster ohne Anfang und Ende die Leinwände in der Serie *Sensibilité prussienne*, bis dann in den *Rauchbildern* das Feuer die Spur dunkler Kreise ausbildete und in den *Lichtballetten*, mithilfe von Lampen und Scheibenprojektoren, das Licht selbst im Raum zu malen und zu tanzen begann: Es war zugleich Thema und Mittel dieser Arrangements.

Man hat das zu Recht als einen Akt der Befreiung zu einem neuen Selbstverständnis der Kunst verstanden, es war die Antwort auf die dominierenden Zeitstile des europäischen Informel und des amerikanischen Action Painting. An dem szenischen Reiz der *Lichtballette* hat Piene früh das theatralische Potenzial erkannt, *Feuerblume* hieß die Arbeit für die Bühne, mit der er in den 60er-Jahren auf einer Frankfurter Theater-*Experimenta* auftrat.

Der Künstler Piene hat sich immer dem Ingenieur verwandt gesehen. Als Lehrer an das berühmte MIT, das Institute of Technology in Massachusetts, berufen, hat er mit seinen Studenten an der Verfeinerung der Techniken von Lichterzeugung und Lichtführung gearbeitet. Die Ausstellung von Forschungsergebnissen seiner Meisterklasse 1988 in Karlsruhe lieferte Orientierung für die Entwicklung des inzwischen dort eröffneten Zentrums für Kunst und Medientechnologie (ZKM).

Hochgreifend verpflichtete der junge Piene, mitten im Materialismus des deutschen Wirtschaftswunders, seine Kunst auf die Idee einer allgemeinen Ästhetisierung aller Lebensverhältnisse. In dem erwähnten Katalog hat er seinem Manifest das Bekenntnis vorangestellt: „Ja, ich träume von einer besseren Welt." Was ist daraus geworden?

Frankfurter Rundschau, 18. April 1998, S. 9

Helen Frankenthaler
Das Glück einer Befreiung

In den USA hängen Bilder Helen Frankenthalers inzwischen in vielen bedeutenden Sammlungen, während die heute 70-Jährige in den großen europäischen Museen nach wie vor so gut wie nicht vertreten ist. Frankenthaler hatte allerdings auch in Amerika zunächst das Problem, der Künstlergeneration anzugehören, die auf die Heroen des abstrakten Expressionismus, also auf Jackson Pollock, Mark Rothko, Clifford Still, Franz Kline, Adolph Gottlieb und Arshile Gorky, folgte und aus deren langen Schatten die Nachfolgenden nur schwer heraustreten konnten.

Es kam belastend hinzu, dass die Tochter eines Bundesrichters, nachdem sie 1949 ihr Kunststudium an dem renommierten College von Bennington abgeschlossen hatte, durch eine enge Freundschaft mit dem Kritiker Clement Greenberg, einem der wichtigsten Theoretiker des abstrakten Expressionismus, rasch und intensiv in die New Yorker Kunstszene und unter den Einfluss von deren damaligen Protagonisten geriet. So sind in dem malerischen und zeichnerischen Werk viele Einwirkungen nachweisbar: Frankenthaler ist sehr empfindlich und empfänglich gewesen für die Motive und Techniken anderer – nie kann ihre Malerei leugnen, was der Künstlerin in einer bestimmten Phase der eigenen Entwicklung an den Arbeiten anderer imponiert.

Es sind historische wie aktuelle Positionen, auf die sie reagiert, Wassily Kandinsky, Jean Miró, Henri Matisse ebenso wie Hans Hofmann, bei dem sie für eine Weile in Provincetown studiert, Arshile Gorky, und später Robert Motherwell, den sie heiratet. Als sie sich künstlerisch im Spannungsfeld zwischen Willem de Kooning und Jackson Pollock erlebt, entscheidet sie sich für Pollock als für denjenigen, dessen Ansätze es weiterzuführen gilt. Morris Louis, der seinerseits Frankenthaler viel verdankt, hat später festgestellt, ihre Malerei sei eine Brücke „zwischen Pollock und dem, was darüber hinaus möglich war".

Angesichts des Netzwerks vielfältiger Verpflichtungen, in dem die Kunst Frankenthalers zu sehen ist, drängt sich die Frage nach der

Eigenständigkeit auf. Die 1989 vom Kunstmuseum in Fort Worth vorbereitete, später auch im New Yorker MoMA gezeigte Retrospektive auf die Malerei Helen Frankenthalers hat sie positiv entschieden: Wahrzunehmen waren über die Jahre Formen einer Rezeption ästhetischer Vorgaben, die Kunst als Antwort auf Kunst bestimmt, dabei ebenso bestätigend, wie aber auch widersprechend verfährt. Nicht nur, weil wir diese Haltung Frankenthalers als eine der späteren Postmoderne wiedererkennen, ist jedoch die Eigenleistung des Werks heute unbestritten: Aus dem Abstand von mehr als vier Jahrzehnten zu ihren Anfängen gewinnt vielmehr eine folgenreiche Entdeckung Frankenthalers an Bedeutung, die jetzt durch eine Ausstellung von Arbeiten aus den 50er-Jahren im New Yorker Guggenheim hervorgehoben wird.

Es ist *ein* Bild, mit dem Helen Frankenthaler tatsächlich Geschichte gemacht hat und das nun im Guggenheim zusammengebracht wird mit anderen Arbeiten der Malerin, die – weniger motivisch als technisch – sich daraus herleiten oder darauf bezogen sind. Das Bild ist *Mountains and Sea* (Berge und Meer), entstanden nach einem Aufenthalt in Nova Scotia im Herbst 1952. Zum ersten Mal hat Frankenthaler für diese Arbeit Techniken Pollocks dem eigenen Bedarf und Gebrauch angepasst. Auf die zuvor nicht grundierte Leinwand (raw canvas), die nicht mehr auf einer Staffelei steht, sondern (wie bei Pollock) am Boden liegt, werden mit Terpentin oder Kerosin verdünnte Ölfarben ausgeschüttet, die in den Bildträger eindringen und selbstständig Farbformen ausbilden. Was entsteht, widersetzt sich kompositorischer Kontrolle durch das Element des Zufalls. Im Unterschied zu Pollock, dessen *action painting* den Gestus des Malers betont, will Frankenthaler die Eigenbewegung der (sich gleichsam selbst malenden) Farben. Dabei wird der traditionelle Gegensatz zwischen Bildträger (der Leinwand) und Bild prinzipiell aufgehoben – das Ergebnis ist dadurch sowohl Bild als auch im strengen Sinne eigentlich Skulptur.

Der Titel *Mountains and Sea* reflektiert den Gegensatz von Bild und Bildträger und dessen Versöhnung in einer Landschaftsmetapher. Die Assoziation von Landschaft liegt auch für den Gesamteindruck nahe, den das Bild von sich gibt. Von diffus verlaufenden blauen Flächen umspielt, erhebt sich in der Bildmitte eine zart graugrüne, nach oben leicht zugespitzte Form als vertikale Achse. Wie auch in den Arbeiten der nächsten Jahre ist also in der abstrakten, von jeder Eindeutigkeit der Abbildung befreiten Komposition eine Erinnerung an das konkrete Erlebnis einer von Bergen und Wasser bestimmten Landschaft noch gegenwärtig. In *Interior* (Innenraum) von 1957, einer in der flächigen Räumlichkeit deutlich von Matisse beeinflussten Komposition, sind Tisch, Stuhl und Fenster noch gut auszumachen; so auch in *Nude*, ein Jahr später, bestimmte Charakteristika des menschlichen Körpers. Und in *Las Mayas*, aus der gleichen Zeit, der Balkon aus Francisco de Goyas berühmtem Bild im Prado. In *Winter Hunt* (Winterjagd), auch von 1958, ist die Anspielung auf ein fuchsartiges Wesen schwer abzuweisen. Man mag es als einen femininen Zug der Kunst Helen Frankenthalers interpretieren, dass sie derart zu der radikalen Abstraktion ihrer Vorbilder und Freunde nicht bereit oder imstande war.

An den Arbeiten bis etwa 1960 fällt weiter auf, dass Frankenthaler fast ohne jede lineare Konturierung der Farbfelder auskommt, sie hat das als „drawing by painting“ bezeichnet, Zeichnen durch Malen: Die einzelnen Farbfelder werden für sich oder gegeneinander nicht definitiv ein- oder abgegrenzt, vielmehr sind ihre Randzonen und die Übergänge fließend gehalten, je nach Konsistenz und Menge der auf die rohe Leinwand gegebenen Farbe. Kenneth Noland und Morris Louis haben später von der Methode profitiert. Man spürt an diesen Arbeiten Frankenthalers aus den 50er-Jahren die Lust der Malerin am eigenen Vorgehen, Lust am Zufall und seiner (behutsamen) Steuerung, an den bedeutungsfreien Valeurs, die sich durch das Eindringen der Farbe in den Grund bilden, und andererseits Lust an der Behauptung annähernd identifizierbarer Momente der gegenständlichen Welt.

Die heitere Unruhe einer verspielten Poesie ist in diesen Arbeiten. Und eine schöne Freiheit – in jedem Augenblick ihrer Kunst scheint Frankenthaler in jenen Jahren des Glücks sich bewusst gewesen zu sein, loslassen, die Farben freigeben, alle alten Bildordnungen aufkündigen zu können. „Künstlerische Arbeit jeder Art“, hat sie in einem Gespräch mit der Kuratorin Julia Brown (veröffentlicht in dem exzellenten Katalog von Susan Cross) gesagt, „ist ein sehr einsamer Vorgang, ganz und gar ein selbstbezogenes, zugleich aber ganz und gar notwendiges Tun, das dann anderen zum Geschenk werden kann.“

Das Aufgelockerte, Gelöste hat Frankenthaler in den folgenden Perioden des Werks zunächst zurückgenommen. Während der 60er-Jahre verdichten sich die Farbsetzungen, sie malt jetzt in Acryl, zu fast monochromen Schleiern in der Art der *Veil Paintings* von Morris Louis, die in den 80er-Jahren – wie eine Rückkehr zu früherem Glück – abermals aufgerissen werden; bedrohlicher allerdings ist diese neue Unruhe jetzt als jene frühe, damals.

Zur Ausstellung *After Mountains and Sea: Frankenthaler 1956–1959*, Guggenheim Museum, New York, 16. Januar bis 3. Mai 1998, *Frankfurter Rundschau*, 13. März 1998, S. 7

Die Macht der Bilder

Eine Auswahl

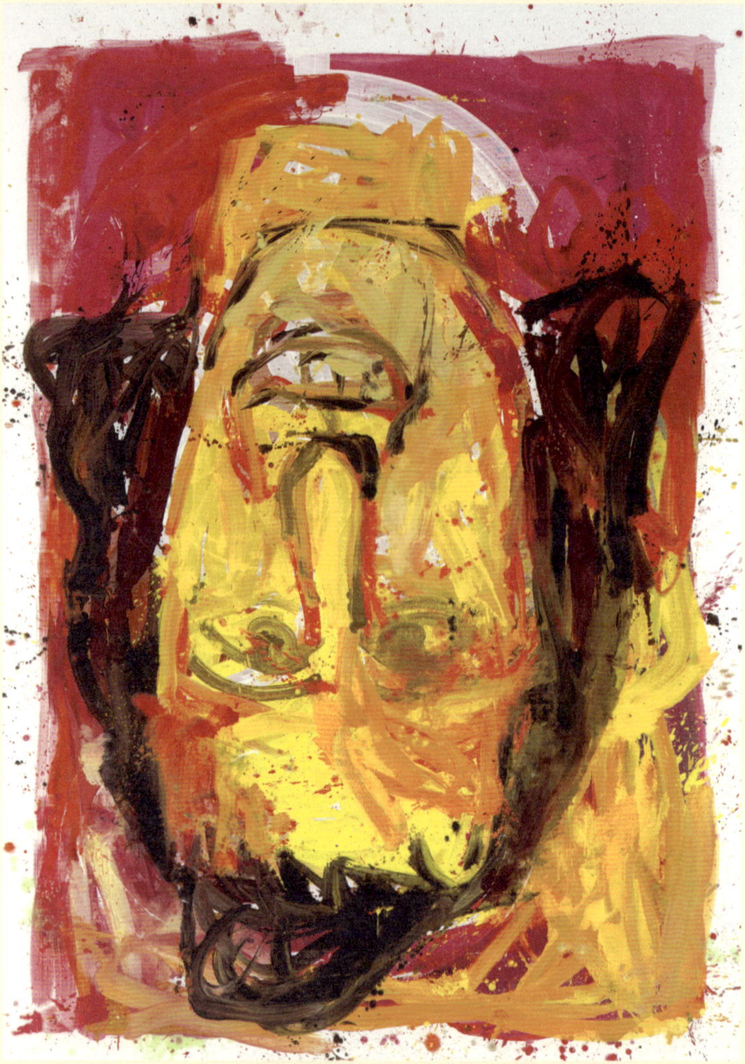

Georg Baselitz
Schwester Rosi III, 1995
Öl auf Leinwand
290 × 205 cm

Sam Francis
Composition noir et jaune, 1954
Öl auf Leinwand
194,5 × 130 cm

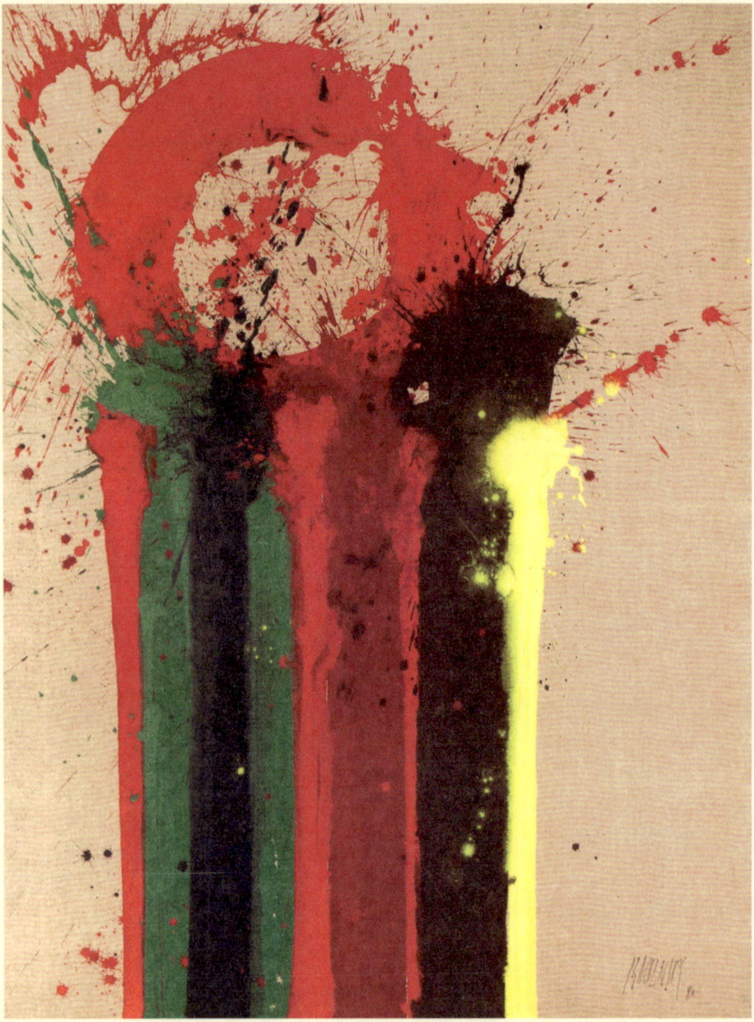

Markus Prachensky
Etruria, 1980
Acryl auf Leinwand
175 × 130 cm

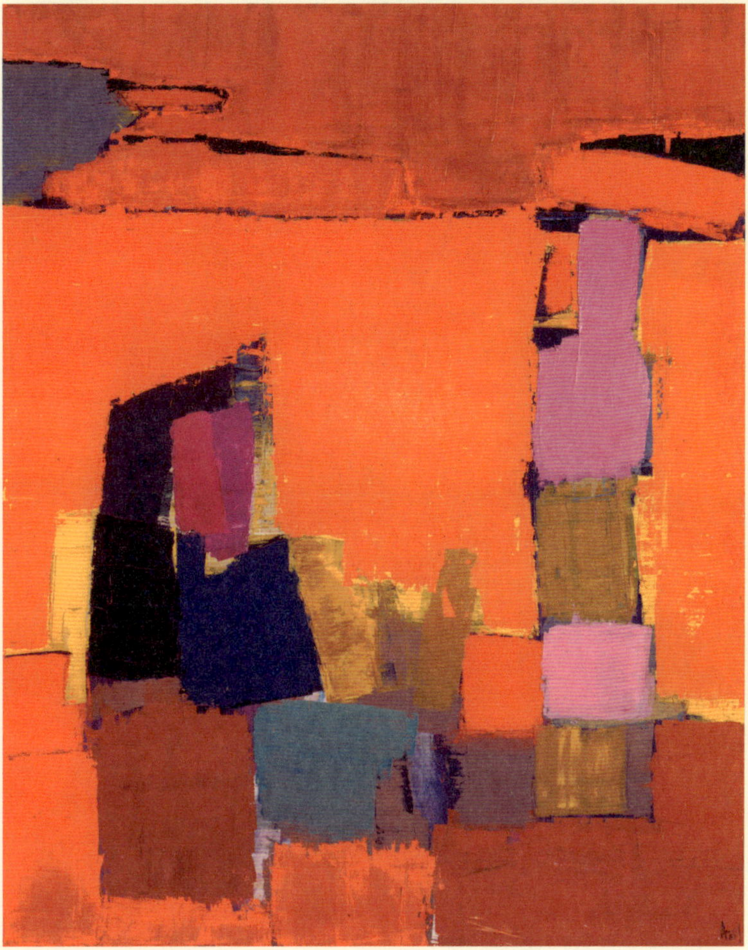

Nicolas de Staël
Figure au bord de la mer, 1952
Öl auf Leinwand
163,9 × 131,8 × 3,2 cm

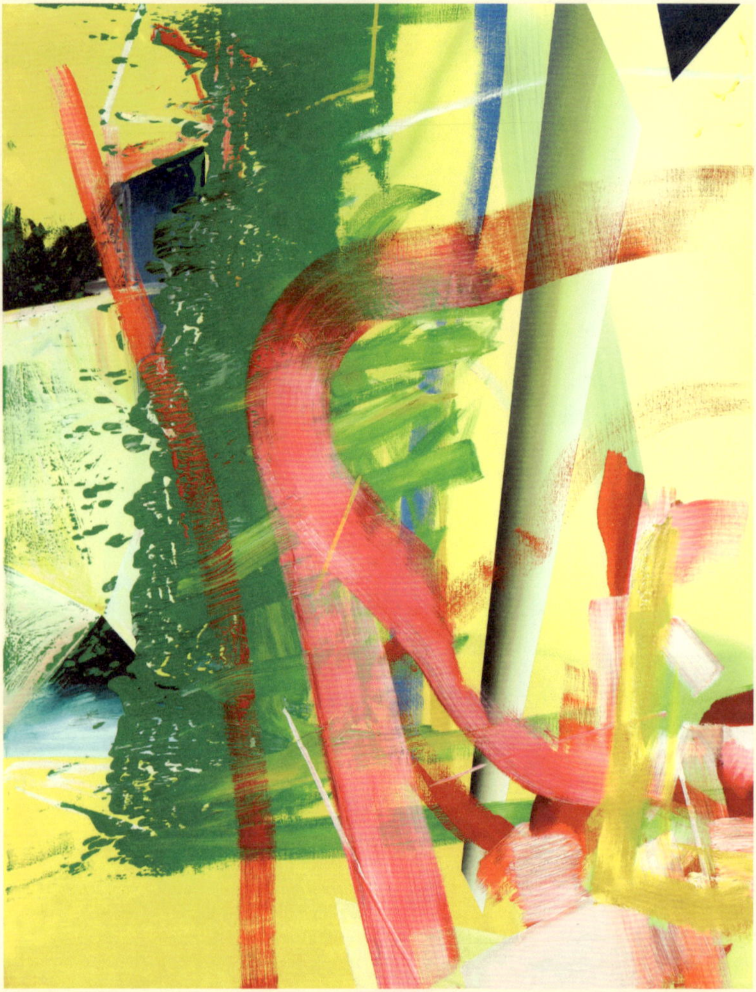

Gerhard Richter
El. L., 1982
Öl auf industriell weiß grundierter Leinwand
261 × 200,5 × 4 cm

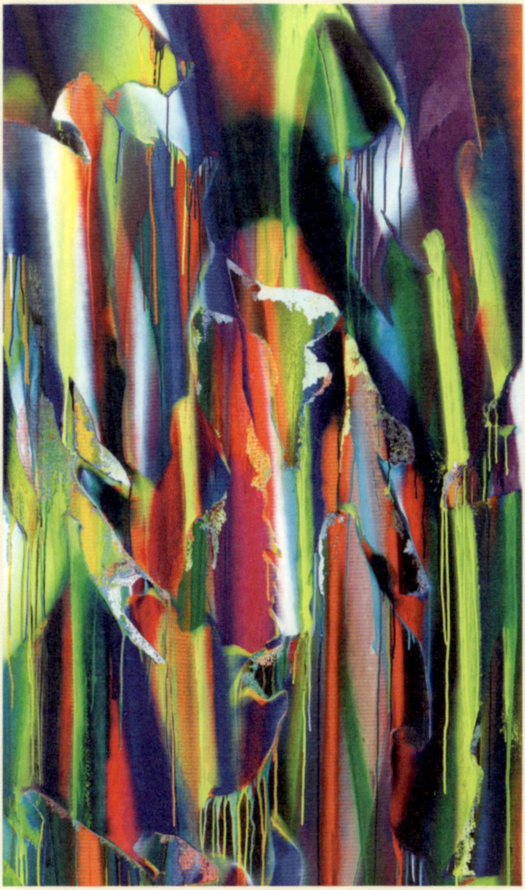

Katharina Grosse
o.T., 2019
Acryl auf Leinwand
220 × 130 cm

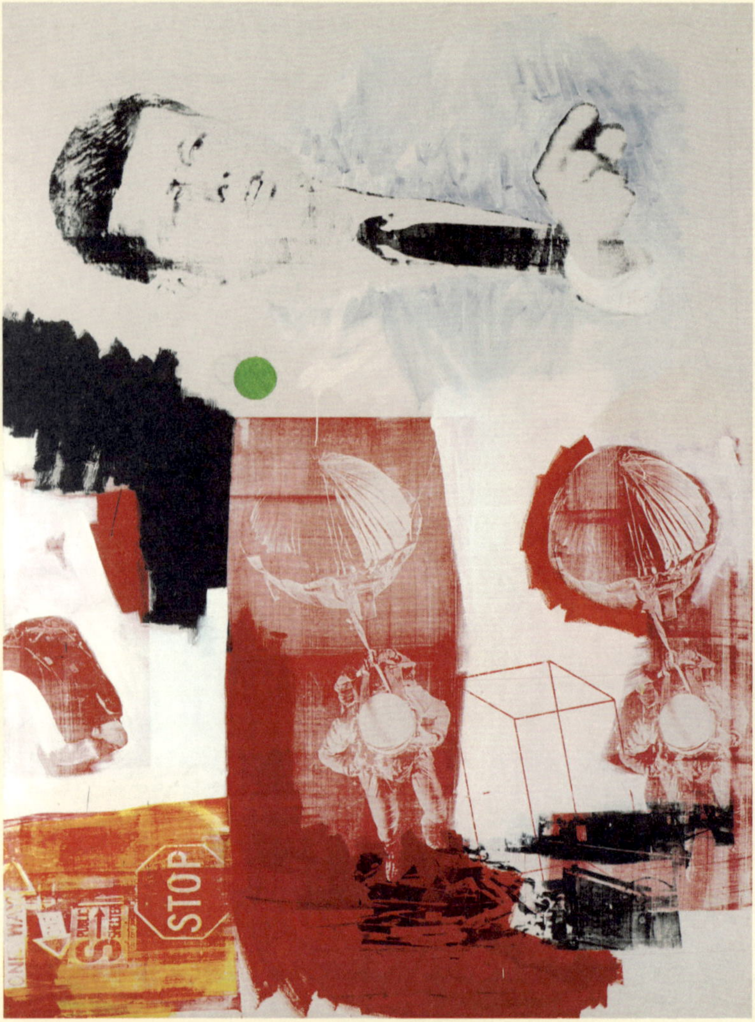

Robert Rauschenberg
Quote, 1964
Öl und Siebdruck auf Leinwand
242 × 182,3 × 3 cm

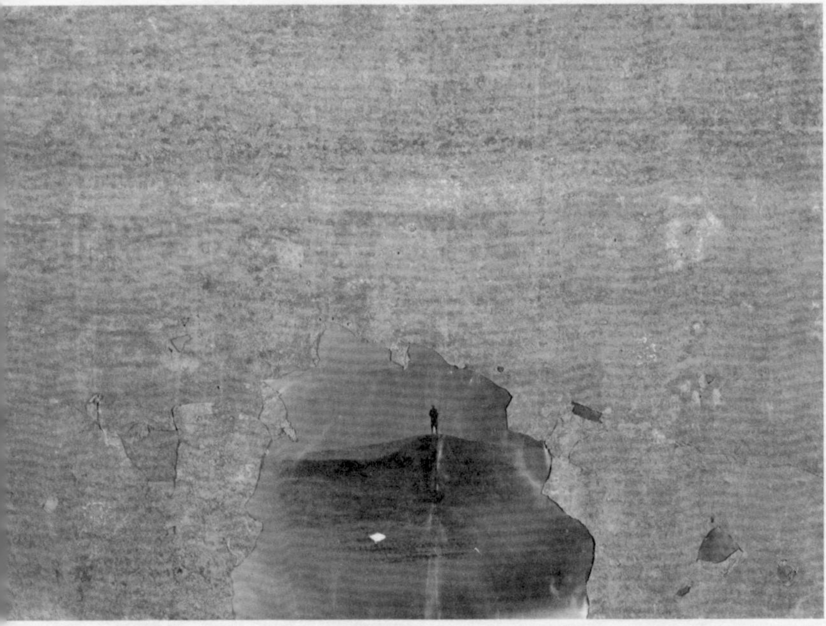

Anselm Kiefer
Kunersdorf, 1969/88
Blei über Photos/Stahl
170 × 230 cm

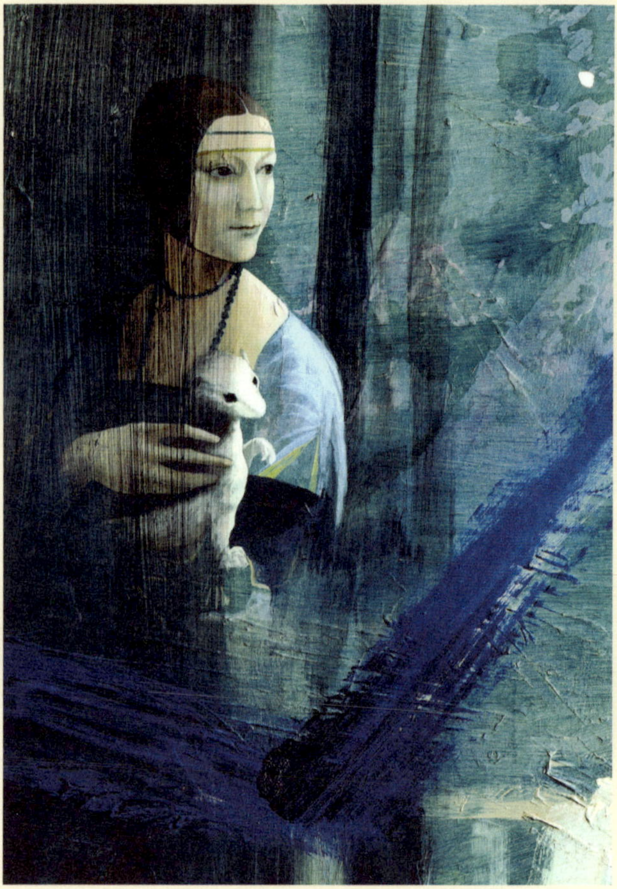

Nina Sten-Knudsen
Balkon (Detail), 2005
Acryl und Öl auf Leinwand
298 × 484 cm

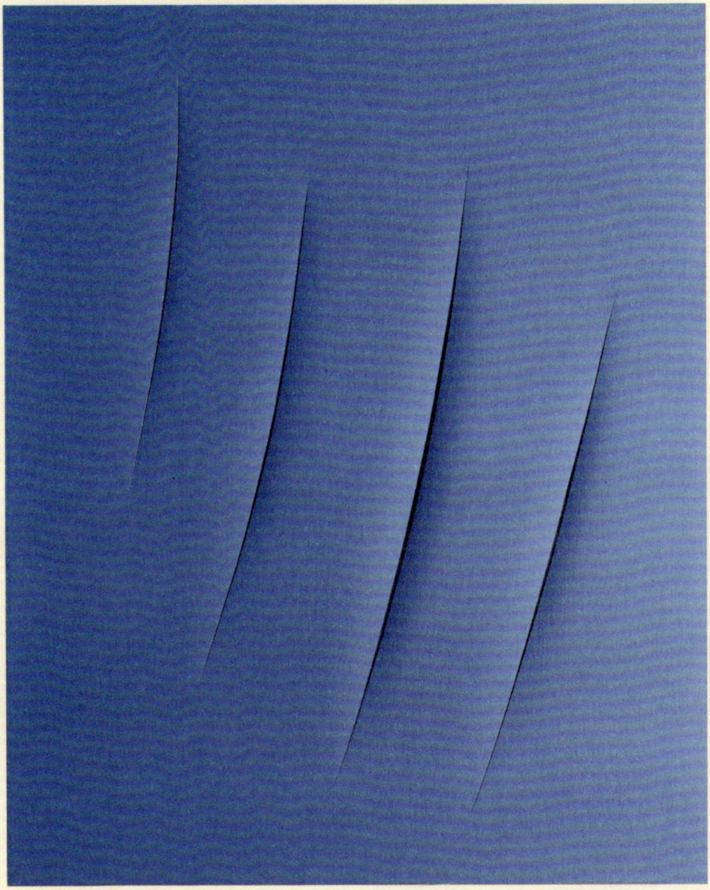

Lucio Fontana
Concetto Spaziale – Attese
(Räumliches Konzept – Erwartungen), 1962/1963
Öl auf Leinwand, vierfach aufgeschnitten, rückseitig verklebt
92 × 73 cm

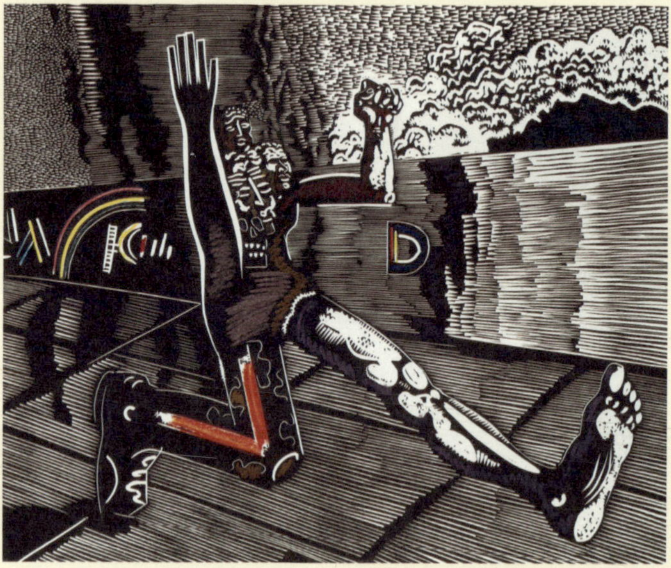

Wolfgang Mattheuer
Jahrhundertschritt, 1989/1994
Linolschnitt, Frabkreide
85,5 × 99,5 cm

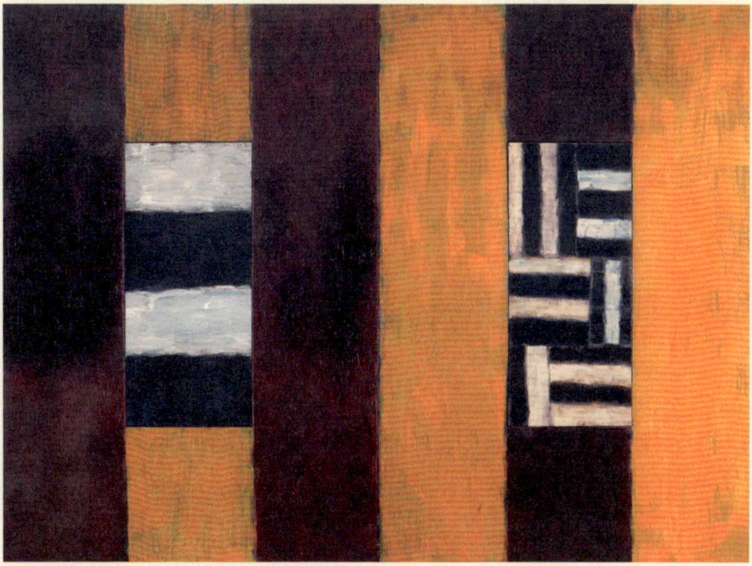

Sean Scully
Darkness and Heat, 1988
Öl auf Leinwand
203,5 × 274,3 × 9,8 cm

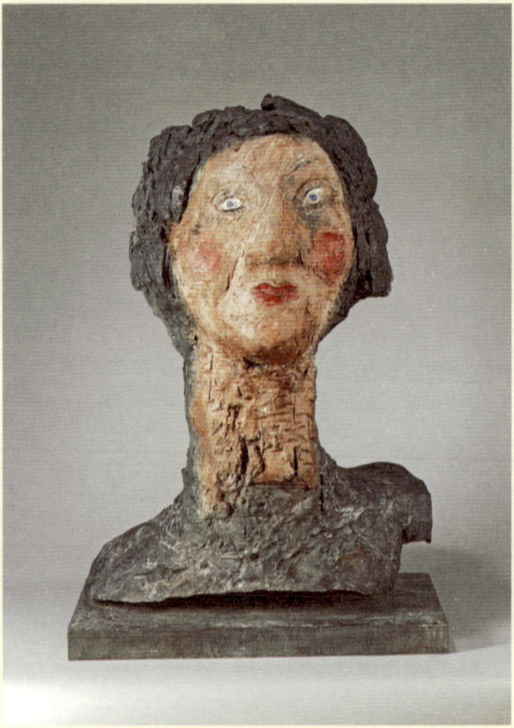

Markus Lüpertz
Judith, 1995
Bronze
108 × 74,5 × 60,5 cm

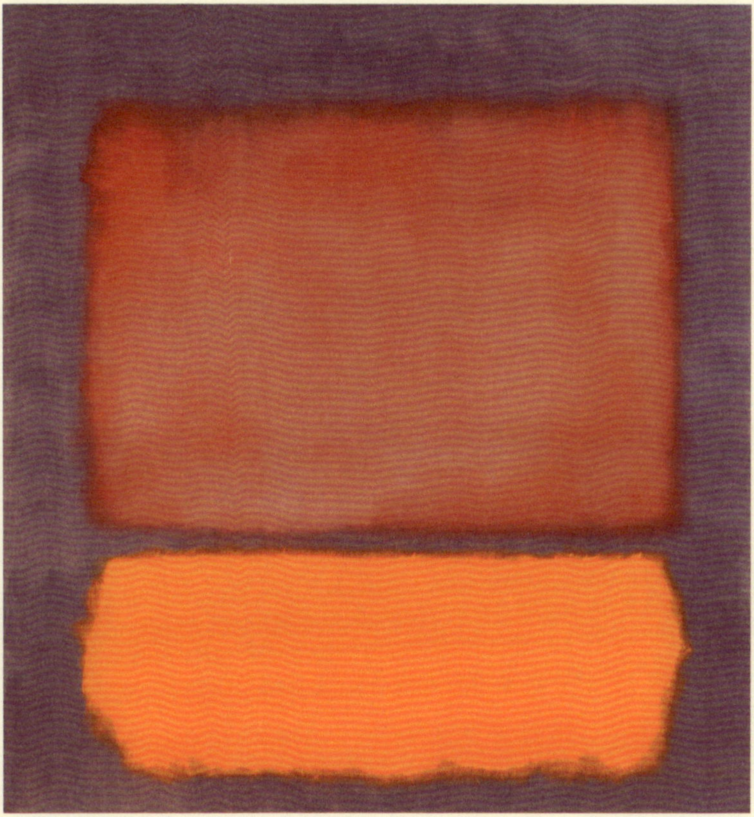

Mark Rothko
Ohne Titel, 1962
Ölgemälde
206,5 × 193 cm

George Segal
Einsame Lakoniker

Sie lachen nicht, sie weinen nicht. Ihr Leben scheint wie angehalten, aufgehoben in einem neutralen Moment. Augenblick ohne Vorkommnisse, kein Grund zur Aufregung, alles wie immer und alles normal. Wie es jetzt ist, so ist es eben, und wenn man Bescheid weiß, kann man sich gedulden. Wie ist es? Unten, zum Beispiel, liegt eine Stadt, weitläufiges Panorama, zu erkennen sind ihre Lichter, die dunklen und die hellen Zonen, farbig in der Nacht der Verlauf der Straßen. Darüber, jedenfalls außerhalb, in Lebensgröße die Rückenansicht einer menschlichen Gestalt mit verschränkten Armen, regungslos fixiert auf die Ansicht. Oder: Einer sitzt in einer Bar, die Neonröhren der Bier-Reklame sind angeschaltet und auch ein Fernseher, der immerfort Nachrichten sendet, die Figur scheint hinzuschauen und zuzuhören, unberührt aber, gleichgültig.

Und noch eine andere Szene: Eine junge Frau in einem Zimmer auf einem Stuhl an einem Tisch, der am Fenster steht, in dessen Glas ihr Gesicht sich spiegelt. Auf dem Tisch ein Tonbandgerät, eine monotone Stimme liest Gedichte, „I don't do much", ich hab' nicht viel vor, davon handelt die Lyrik und davon spricht das Bild. Mit szenischen Arrangements solcher Art, weißgrauen Figuren, vereinzelt oder in Gruppen, aufgestellt in einem alltäglichen Environment, war der Amerikaner George Segal, der jetzt 75-jährig in New Jersey gestorben ist, zuerst Anfang der 1960er-Jahre hervorgetreten.

Es war die Zeit des Aufkommens der Pop-Art und eines neuen Realismus. Gegen das oft Heitere, auch Affirmative dieser Strömungen formulierte sich in den Arbeiten Segals eine ganz andere Stimmung: nicht der Verzweiflung, aber eines Lebensgefühls doch der unerhörten *solitude*, der Einsamkeit als einzig gegebener Existenzform. Die Nähe der auf sich bezogenen, in sich gewendeten Gestalten Segals zu den Skulpturen Alberto Giacomettis war nicht zu übersehen. Und doch waren sie von verstörender Eigenständigkeit. Zunächst durch das Ambiente, das Pontus Hultén „den amerikanischen Raum" genannt hat, diese Umgebung (wie sie sich auch in den Bildern Edward Hoppers findet) von Bars, Diner-Restaurants, schäbigen Hotelzimmern, Großstadtreklamen. Vor allem aber gründet Segals Originalität wie die des literarischen Genres der amerikanischen Short Story auf der Lakonik, dem Verzicht auf Pathos. Die Ensembles und die freigestellten einzelnen Figuren erzählen von Abstand, nicht aufhebbarer Distanz, dem Unvermögen, wirklich heranzukommen an einen anderen. Jedoch bezeugen sie ihr Für-sich-Sein ohne Bedauern, gleichsam schmerzlos. So, als wollten sie mitteilen, sie hätten etwas, die Welt, die Zeit begriffen, fänden es vielleicht nicht gut, lebten aber damit. Zwar seltsam interesselos und ohne Hingabe, und doch durchaus in einer sicheren Selbstbehauptung. Segal hat sein Personal mit einem technischen Verfahren geschaffen, das er selbst entwickelt hat. Er ist immer von entweder nackten oder bekleideten lebenden Modellen ausgegangen. Die umwand er, in von ihm festgelegten Posen, von unten her über den Rumpf bis zum Kopf und den Armen mit Bandagen, welche mit formbarem Gips getränkt waren. Nach der Härtung der Binden entstanden Schalen um die Körper, die dann seitlich oder hinten aufgetrennt und abgelöst wurden. Die derart gewonnenen Hohlformen hat er dann weiterbearbeitet.

An der Methode überrascht die Fixierung auf das Modell, eine Individualität also, die aber im Endergebnis den Eindruck äußerster Anonymität erzeugt. Es ist diese Transfiguration eines Besonderen, spezifisch Eigenen (des Modells) in ein Allgemeines, die den Werken zu ihrer Verbindlichkeit verhilft. Einer Verbindlichkeit allerdings, die nun gerade Kontaktlosigkeit, die Unmöglichkeit von Interaktion, mithin eine banale Unverbindlichkeit als epochales Merkmal der Zeiterfahrung behauptet.

Segal ist mit diesen Arbeiten bis in die 1980er-Jahre ein Protagonist der Westkunst gewesen. An der *Rock and Roll Combo* im Frankfurter Museum für Moderne Kunst etwa, einem Ensemble von Musikern, dessen einzelne Mitglieder so sehr für sich sind, dass die Idee der „Gruppe" widerlegt scheint – geradezu ein Witz –, lässt sich die nachhaltige Wirkung Segals bis heute nacherleben. In den letzten Jahren war es still geworden um ihn, gelegentlich wurden die Arbeiten nun farbig gefasst, schwächer im Ausdruck. Mit den einsamen Lakonikern der 1960er- und 1970er-Jahre aber hat er Chiffren der Welterfahrung geschaffen, die bleiben werden. Solange jedenfalls der Gips hält. Ein vorläufiger Stoff. So wie die Gestalten, die Segal daraus gebildet hat, Inbilder des Vorläufigen sind.

Frankfurter Rundschau, 13. Juni 2000, S. 13

Gotthard Graubner
Triumph im Schloss

Ein Name, „GRAUBNER“, in Versalien auf einem Transparent an der Fassade des Schlosses in Dresden. Was sich zunächst als ganz normaler Hinweis ausnimmt auf die Ausstellung des Malers Gotthard Graubner – der im zweiten Stock des Schlosses zumeist großformatige Bildwerke zeigt, entstanden zwischen 1955 und dem Frühjahr dieses Jahres, dazu in der Grafischen Sammlung Albertinum, gleich hinter der Brühlschen Terrasse, Zeichnungen, Aquarelle und Drucke der Jahre 1945 bis 1998 –, ist vor Ort ein Politikum. Auf einem Kongress kürzlich in Leipzig, der sich mit dem Verhältnis zwischen den Kunstszenen in der früheren DDR und der alten Bundesrepublik zehn Jahre nach der Wende beschäftigte, hat der Maler Wolfgang Mattheuer darauf aufmerksam gemacht, dass noch kein Künstler der neuen Länder dort so ausführlich vorgestellt worden ist wie nun Graubner.

Mattheuer, einst ein (in vielen seiner Arbeiten auch regimekritischer) Protagonist der DDR-Kultur, hat anklingen lassen, dass er in der Doppel-Ausstellung eine Form der Bevorzugung von West-Kunst sieht, die er durch ähnlich generöse Präsentationen ostdeutscher Künstler – Mattheuer nennt sie immer „Mitteldeutsche“ – im Westen ausgeglichen haben möchte.

Vorbehalte gegenüber der breiten Vorstellung des gerade 70 gewordenen Graubner in Dresden, möglicherweise auch gegenüber der abstrakten Malerei generell, gibt es aber nicht nur unter den Künstlern der Region, sondern auch beim Publikum vor Ort. Der Besuch der beiden Ausstellungen ist nach den ersten Tagen wenig zufriedenstellend, gerüchteweise wird sogar von einem Boykott gesprochen. Dabei hätte man den Auftritt des in der Nähe von Düsseldorf, auf der Insel Hombroich lebenden Künstlers jetzt in Dresden eher als ein Heimspiel erwarten können.

Es handelt sich nämlich um eine Rückkehr. Graubner, geboren im Vogtland, hatte ab 1948 an der Kunstakademie in Dresden studiert, war allerdings schon nach einem Jahr im Zusammenhang mit der Entlassung seines Lehrers Wilhelm Rudolph exmatrikuliert, 1951 wieder aufgenommen und nach nur einem Semester abermals von der Akademie gewiesen worden. Drei Jahre später verließ er die DDR und übersiedelte nach Düsseldorf, wo er an der dortigen Akademie Meisterschüler von Georg Meistermann und Karl Otto Götz wurde.

Gleichwohl ist der Künstler Dresden immer verbunden geblieben. Graubner erzählt gerne davon, wie als junger Mann sein Interesse an der Malerei durch die frühen Besuche der Italiener-Sammlung in der Semper-Galerie erweckt wurde. Damals habe er gelernt, dass man Bilder lange und immer wieder ansehen müsse, um ihnen nahe zu kommen: Erst eine derart intensive Wahrnehmung lasse den Betrachter zum Beispiel entdecken, dass es Engelsköpfe sind, die im Bildgrund von Raffaels *Sixtinischer Madonna*, diesem Hauptwerk der Dresdner Sammlungen, die Gloriole der Maria bedeuten. Auch die monochromen Gemälde Graubners, später die *Kissenbilder* und die daraus ab 1980 entwickelten großformatigen *Farb-Raum-Körper*, verlangen diese konzentrierte Aufmerksamkeit, damit sich das innere Gerüst der Komposition und das dynamische Wechselspiel von Ausdehnung und Kontraktion der einzelnen Farben erschließen.

Mehr als 60 solcher Bildwerke, Leihgaben aus Privatbesitz und aus öffentlichen Sammlungen, sind nun im zweiten Stock des Dresdner Schlosses zu sehen. Die Säle sind nur teilrenoviert, das rohe Mauerwerk zeigt noch die Spuren der Zerstörung der bei der Bombardierung der Stadt in den letzten Tagen des Zweiten Weltkriegs ausgebrannten Schlossanlage. Den harschen, schrundigen Hintergrund dieser Mauern kontrastiert die manchmal fast glühende Leuchtkraft der gelben, orangen, roten, blauen, grünen Farbwerte der Bilder. Die von dem Maler arrangierte Positionierung der Arbeiten in diesen Räumen ist selbst ein Kunstwerk: eine Komposition von spannungsreicher Musikalität, kühn oft das Gegenspiel der Farben, souverän die zwischen Vereinzelung und der Zusammenführung mehrerer Arbeiten zu Bildgruppen wechselnde Orchestrierung.

Eindringlich wie derzeit kein anderer Maler führt Graubner den Beweis für die These Paul Cézannes, das einzige Thema der Malerei sei die Farbe. Ganz zu Anfang hält er sich noch in der Nähe zur Gegenständlichkeit auf. Dies belegt die der Malerei im Schloss präludierende Darstellung grafischer Blätter in drei Räumen des Albertinums: ein Selbstporträt des jungen Malers mit Hut von 1945 und mehrere Zeichnungen weiblicher Akte. Es lässt sich an diesen Arbeiten gerade im Vergleich mit den späteren Aquarellen, die keine Objektbindung der Farben mehr aufweisen, gut nachvollziehen, wie sich Graubner, er hat das oft hervorgehoben, die Ideen eines inneren Halts seiner freien Kompositionen vor allem aus der Aktzeichnung hergeleitet hat. Erstaunlich ist schon an den Arbeiten mit Wasserfarben, welche räumliche Tiefe die monochromen Blätter selbst im kleinen Format gewinnen.

In seiner Malerei hat er um 1960 einen entscheidenden Schritt getan. Der geschieht auf einer technischen Ebene, mit dann aber inhaltlich weitreichenden Konsequenzen. Graubner hatte für seine ersten, bereits der Einfarbigkeit nahen Bilder, Ansätze zu einer Art von „Selbstdarstellung“ einzelner Farben, nicht nur Pinsel, sondern auch relativ breite, farbdurchtränkte Kissen benutzt, mit denen er die Leinwände bearbeitete. Er bemerkte, dass diese Kissen, also die Hilfsmittel, indem sie die Farben besser absorbierten als die Leinwände, selbst sehr differenzierte, vielschichtige „Farbkörper“ wurden: Aus dieser Beobachtung entwickelte sich die Praxis, die Kissen selbst, bis dahin das Instrument, zum Bildinhalt zu machen. So entstanden die plastischen Farbkörper der *Kissenbilder*, die Graubner zu immer weiter in den Raum ausgreifenden und ausstrahlenden Auftritten einzelner Farben gesteigert hat.

Es sind nachgerade triumphale Inszenierungen der Farbe als – im Sinne Cézannes – einzigem Stoff und zugleich einzigem Inhalt der Malerei. In dem alten Gemäuer des Schlosses kommen sie glänzend zur Geltung. Jede Farbe als ein eigener Kosmos. Wer sich im Dresdner Publikum, weil ihm eine solche Position der Kunst noch fremd ist oder aus ideologischem Ressentiment, weil Graubner von keiner anderen Wirklichkeit handelt als von derjenigen der Farbe, dem Ereignis der Rückkehr des verlorenen Sohns entzieht, weiß nicht, wie viel er versäumt.

Zur Ausstellung *Gotthard Graubner. Malerei und Zeichnung*, Dresdner Schloss und Albertinum, Dresden, 29. Mai bis 6. August 2000, *Frankfurter Rundschau*, 14. Juni 2000, S. 23

Wolfgang Mattheuer
Blicke auf Wahrheiten

„Die spannungsvolle Reibung zwischen Übereinstimmung und Protest, zwischen Ja und Nein, stimuliert zu realistischer Kunst und schärft den Blick für Wahrheiten" – der Gedanke, den Wolfgang Mattheuer im Juni 1975 in seinem Tagebuch festhielt, kennzeichnet mit einiger Genauigkeit die Position, die der Maler zu jener Zeit einnahm.

Er gehörte damals mit Werner Tübke und Bernhard Heisig zu den bekanntesten Größen der Kunstszene in der DDR, schon zwei Jahre zuvor war er mit dem Kunstpreis des Arbeiter- und Bauernstaats ausgezeichnet worden. Doch wusste man auch im Westen von ihm, gerade hatte die Hamburger Kunsthalle als erstes Museum außerhalb der DDR ein Bild (*Alter Genosse am Zaun*) von ihm erworben, und 1977 sollte er an der *documenta 6* in Kassel teilnehmen.

Es stand außer Frage, dass der sich zum Sozialismus bekennende Mattheuer in seinen Bildern mithilfe eingängiger Metaphern – wie der vom heroischen Sisyphos, der Mal für Mal einen Stein bergan wuchtet, nur um ihn immer wieder hinabrollen zu sehen – eine Kritik am SED-Regime übte, die unter den gegebenen politischen Verhältnissen im Osten einer gefährlichen Gratwanderung gleichkam: Diese Haltung „zwischen Ja und Nein" musste ihn für den Westen besonders interessant machen. Und zwar sogar in einem Moment, in dem die gegenständliche Malerei dort nicht gerade hoch im Kurs stand.

Die Aufmerksamkeit, die Mattheuer in der BRD fand, galt freilich nicht nur einem politischen Dissidenten, sondern wurde entscheidend gestützt durch die wirkungsstarke Originalität der Bildinhalte und durch die technische Bravour der Ausführung. Im Osten war es nicht zuletzt die unbestreitbare malerische Qualität der Kompositionen, die den Künstler vor dem Bannstrahl des Regimes schützte. So konnte Mattheuer zum Chronisten einer Gesellschaft werden, für deren Abgeschlossenheit und Unterdrückung ebenso wie für ihre Wünsche und Sehnsüchte er die treffendsten (und bittersten) Chiffren fand. Sie bezeugten Befindlichkeiten im Land und waren, sieht man sie heute wieder, von oft erstaunlicher Weitsicht. In *Hinter den sieben Bergen*

(1973) schlängelt sich eine schmale Landstraße durch besiedeltes Land einem fernen Horizont zu, aus dem verführerisch eine Göttin der Freiheit, gehalten von bunten Luftballons, aufsteigt vor einem blauen Himmel, die Fahrzeuge auf der Straße bewegen sich alle auf diese Erlösungsfigur zu: Es scheint, als wäre hier vorweggenommen, was als Anschluss an den Westen erst fast 20 Jahre später politische Wirklichkeit werden sollte. Im gleichen Jahr malte Mattheuer *Die Ausgezeichnete* (heute in der Neuen Nationalgalerie in Berlin): Obschon mit der Ehrung eines Tulpenstraußes bedacht, ist die Frau doch ohne Freude, geschlossenen Auges tatsächlich aussichtslos, ohne Zukunft.

Wolfgang Mattheuer, geboren in Reichenbach im Vogtland, hatte an der berühmten Hochschule für Grafik und Buchkunst in Leipzig (bei Egon Pruggmayer) studiert, dem Institut, an dem er schon 1956 selbst eine Dozentur übernahm. Regelmäßig war er vertreten in der jährlichen Deutschen Kunstausstellung in Dresden, dem großen Schaufenster der DDR-Kunst, mit Arbeiten, die wiederholt Anlass gaben für erregte politisch-ästhetische Auseinandersetzungen. Nach der Wende hat sich der Maler, mit dem ihm eigenen Temperament, mehrmals (auch in der *Frankfurter Rundschau*) zu Wort gemeldet mit kritischen Fragen an die Bedingungen und die Folgen der Wiedervereinigung.

Dass ihm keines der größeren Museen in den alten Ländern bislang eine Retrospektive arrangiert hat, ist ein Missstand, der zu beklagen ist. Nach wie vor lebt und arbeitet Mattheuer in Leipzig. In der Hauptmannstraße, wo er seine Wohnung hat, die auch Atelier ist, feiert er an diesem Wochenende seinen 75. Geburtstag.

Frankfurter Rundschau, 6. April 2002, S. 18

Mario Merz
Ziffern im Wald

Wenngleich in einer ganz anderen Landschaft und zu einer anderen Zeit, in der Nähe von Turin nämlich, bald nach Ende des Zweiten Weltkrieg, mag es doch eine Wiese gewesen sein ähnlich dieser, auf der wir uns heute morgen versammeln, zu der es den 20-jährigen Mario Merz einst immer wieder hinzog, um sich dort einzulassen auf eines der ältesten Abenteuer: das Wagnis der Weltnahme und zugleich der Weltschöpfung im Medium der Zeichnung. In einem später schriftlich fixierten Gespräch mit dem Freund Germano Celant hat der Künstler sich erinnert: „Ich hatte mich in die Wiese gesetzt und sofort damit begonnen, auf ein ziemlich raues Papier mit dem Bleistift Zeichnungen zu skizzieren, in denen die Idee vom Gras war und von den Blättern, die Vorstellung des Windes über dem Gras und über den Blättern und die Idee, dass sie ein Gemisch wären."

Es ist bemerkenswert, wie schon in dieser Erinnerung an die frühen Jahre das unmittelbare Erlebnis der Natur von Merz überführt wird in eine Abstraktion: Die Zeichnungen wollen nicht Darstellungen sein von Gras und Blättern – ihre Notwendigkeit gewinnen sie vielmehr daraus, dass sie nicht die Sache selbst, sondern die Idee von ihr zu fassen und zu bewahren versuchen, nicht das Abbild einer Gegebenheit, sondern die Vorstellung davon, wie sie ist und zugleich immerzu sich verwandelt im Wind, der Gras und Blätter bewegt. Im Zusammenhang der philosophischen, erkenntnistheoretischen Tradition erweist sich das Konzept des jungen Mannes damals auf der Wiese bei Turin als den Entwürfen Platos und später der Neu-Kantianer verwandt. Innerhalb der Entwicklungen der modernen Kunst im vergangenen Jahrhundert markiert es den Anspruch auf die Autonomie, die Eigenständigkeit der künstlerischen Setzung, die Wirklichkeit nicht nachbildet, sondern selbst schafft. Diese Autonomie für sich zu behaupten, ist die epochale Leistung der Kunst der Moderne. Mario Merz ist einer ihrer herausragenden Protagonisten.

In seiner jüngsten Arbeit hier auf dem Salzburger Mönchsberg ist nun der mit den frühen Zeichnungen gewollte Ausdruck für das

Widerspiel von Realität und Idee noch gesteigert. Wir sehen Wiese und Baumgruppe, ein reales Naturstück, und darin eine Konstruktion von zwölf vom Boden aufsteigenden, in der Höhe zu einer Kuppel sich zusammenschließenden stählernen Bögen, eine Metapher für den gewissermaßen purifizierten, reinen Gedanken. An einigen der gewölbten Stangen sind blaue Neonzahlen gereiht, die nächsthöhere Zahl in der Reihe ist jeweils die Summe der zwei vorangegangenen Zahlen. Es war der aus Pisa gebürtige Leonardo Fibonacci, in der ersten Hälfte des 13. Jahrhunderts Mathematiker am Hof jenes Friedrich, dem nach Entwürfen Fibonaccis die oktogonale Burganlage von Castel del Monte in Apulien zu verdanken ist, der in dieser Zahlensequenz einen Gradmesser für die Geschwindigkeit sich fortpflanzender Kräfte erkannte.

Eine Gesetzmäßigkeit der mathematischen Logik, der höchsten Form abstrakten Denkens, wird hier zitiert als Prinzip der Beschleunigung, das die Statik der Bogenkonstruktion dynamisiert. Womit wiederum – das ist die poetische Kühnheit dieser Arbeit – eine Verbindung gestiftet wird zu den dynamischen Prozessen stetiger Umwandlung, die sich an der Natur erfahren lassen. Der Gegensatz zwischen dem Kunstzeichen und seiner natürlichen Umgebung wird also in aller Schärfe exponiert – zugleich aber auch aufgehoben. „Ich trage", sagt Merz in dem erwähnten Gespräch mit Celant, „einen Widerspruch zwischen den Gegensätzen in mir, zwischen Leere und Fülle, Tod und Leben."

Eines durchdringt das andere. Wir haben das hier vor Augen: Die Zweige und Blätter der Bäume, das Unwillkürliche der Natur reicht wie spielerisch hinein in die gebaute Struktur; wie ebenso diese ein wenig von ihrer formalen Strenge, einer Art von italienischem, südlichem Kommentar zur nordischen *sensibilité prussienne*, fast anschmiegsam hingibt an die gewachsene Umgebung. Für die sinnliche Wahrnehmung ist das von großem, wenn man das sagen darf, zärtlichem Zauber. Deutlich nehmen die stählernen Streben Momente der im Œuvre von Merz zuerst um 1967/68 auftauchenden, von Halbkugeln umfangenen Räume auf, die als von ihm so bezeichnete *Iglus* längst eingegangen sind in die Kunstgeschichte. Der Begriff leitet sich her aus der uns fernen Kultur der Inuit. Idee und Praxis des Iglus ist der in sich ruhende, nicht modellierte, gleichsam ein absoluter Raum. Sehr realistisch: ein Ort des Schutzes, der Abschirmung gegen jedes Draußen. Und sehr utopisch: Ein Gebilde, das einsteht für das Verlangen nach Heimat, das keiner sterblichen Existenz sich erfüllt.

Oft war in der Vergangenheit die Außenhaut dieser *Iglus* von Merz dicht geschlossen, der Blick in das Innere versperrt durch Schiefertafeln oder Reisigbündel. Die Salzburger Arbeit hingegen – das ist das Neue – hält die Partien zwischen den Rippen des Gebildes offen und begehbar, das damit etwas seltsam Schwebendes annimmt, so, als sei nun der Gedanke an Schutz und Heimat, sagen wir: die Hoffnung auf ein Bleiben im Haus, zum selbst schon fast nur noch erinnerten Wunschbild des Ephemeren, Flüchtigen geworden.

Das wäre dann eine dem Barock und also Salzburg sehr nahe Vorstellung. Viele Beziehungen unterhält dieses neue Werk von Mario Merz zu der Stadt, die unterhalb davon sich ausbreitet, Beziehungen zu den Kuppeln des Doms und der Kirchen, wie aber auch zu den natürlichen Formationen der Landschaft ringsum. Wir sehen bereits jetzt: Salzburg kann auch für diese Kunst werden, was es für die anderen Künste schon lange ist: ein Schauplatz der Besten, deren Werke, wie die von Kiefer und Merz, zum festen Bestand des Bewusstseins der Epoche und darum – das war ein Grundgedanke Hugo von Hofmannsthals für die Festspiele – uns allen gehören. So haben wir denn auch alle, Salzburger und Fremde, allen zu danken, die die Mühen der Durchsetzung auf sich genommen haben und, hoffentlich, auch weiter auf sich nehmen werden.

Das Werk von Mario Merz hier oben offenbart sich und hält sich zugleich auch verborgen: Von der Stadt aus sind nachts in der Höhe nur zwei, drei der Neonzahlen als blaue Punkte zu sehen. Positionslichter eines *locus amoenus*, eines freundlichen Ortes, der jedoch auch *luogho nascosto* bleibt, verborgener Ort, dessen Wahrheit, wie im wirklichen Kunstwerk immer, auch sein Geheimnis ist. Es wird so kommen, dass einmal ein Wanderer zufällig an diesen Platz auf dem Berg, unversehens an diesen hochgelegenen Kunst-Grenz-Ort zwischen Wald und Stadt gerät. Für einen Augenblick des Innehaltens – was wird er empfinden? Und wenn es nur ein Staunen wäre angesichts einer so nie zuvor wahrgenommenen, glücklichen Liaison von Geplantem und Gewachsenem, von Natur und Ratio, die beide uns immer bestimmen und ausmachen – es hätte dann der Anspruch von Merz sich wohl schon erfüllt. Denn, dass sie uns staunen macht immer wieder, irritierend uns verführen kann zu dem alten *thaumazein* – es ist der Ruhm der Kunst; und uns ein Glück Mal für Mal.

Rede anlässlich der Übergabe von Mario Merz' *Ziffern im Wald*, 16. August 2003, Salzburg

Anselm Kiefer
Urgründe des Seins und der Zeit

Die „Himmelspaläste" von Bicocca

Wie hätte man sich, wenn denn die Fantasie so weit ausschweifen wollte, Palastbauten einer himmlischen Architektur vorzustellen? So wahrscheinlich eher nicht: als schwer beschädigte, vom Einsturz bedrohte, trotz ihrer leichten Schieflage hochaufragende, graue Ruinen-Türme aus Stahlbeton, zusammengesetzt aus jeweils fünf rechteckigen Elementen im Format von Großcontainern, die Zwischendecken im Inneren oft durchschlagen wie von Meteoriten oder Bombentreffern. Gebilde sind das, deren Ästhetik mehr eine des Schreckens als der erlösenden Befreiung von den Zwängen und Leiden des Irdischen ist. Und doch nennt Anselm Kiefer die von ihm erdachten und erbauten sieben, bis zu 27 Meter hohen Türme, die seit einigen Tagen im Dämmerlicht einer mächtigen Halle in Mailand zu sehen sind, *Himmelspaläste*.

Tatsächlich jenseitig ist das Pathos dieser in ihren Ausmaßen gewaltigsten Installation, welche die zeitgenössische Kunst bislang hervorgebracht hat, um vieles gewaltiger sogar als Richard Serras an den Grenzen der Schwerkraft errichteten riesigen Stahlplatten: Es ist das Pathos einer Ruinenlandschaft, in der Zeit und Geschichte zum Stillstand gebracht und aufgehoben sind. Die Wirkung transzendiert den rohen Baustoff und das Trümmerhafte der Turmbauten. Die Empfindung ist die einer Entrückung: Die Halle betretend, verlässt uns die Gegenwart, und verlassen wir sie.

Ein Monumentalwerk der heutigen Kunst, zu der Kiefer seine Arbeiten allerdings niemals gezählt wissen wollte, bringt sich hier zur Geltung mit dem höchsten Anspruch: der Absicht, den Betrachter einzustellen auf die sinnliche Erfahrung mystischer (und auch mythischer) Urgründe des Seins und der Zeit. Der Künstler stelle, nach Kiefers eigener Definition, einen Zusammenhang her, den sonst niemand herstellen könne, er stifte Sinn, indem er etwas Sinnloses mache – es ist dieses Ethos des Sinnstifters, das Kiefers Arbeit seit Langem bestimmt und in dem Mailänder Werk nun sich abermals ausdrückt.

Das Monument der sieben Türme enthält viele Sinnschichten. Eine ergibt sich aus der Anspielung auf die urbane Landschaft – da Mailand der Schauplatz ist, also auf die alten Glockentürme der Kirchen der Stadt wie etwa auch auf Gio Pontis Pirelli-Gebäude, einen der ersten Hochbauten der italienischen Moderne. Doch ist diese Beziehung nicht von der Art einer Bestätigung der Triumphe älterer und neuerer Architektur: Vielmehr sind die gefährlich sich neigenden, von Zerstörung gezeichneten Türme Kiefers antizipierende Erinnerung an den unvermeidlichen Verfall und die jedem Bau, so hoch hinaus er auch will, von Anfang an eingeschriebene Vergänglichkeit.

Alles Tand, die Werke von Menschenhand. Dass zwei der Türme als *Twin Towers* bezeichnet werden (andere heißen *Melancholie*, *Ararat*, *Falling Picture*), aktualisiert diese Skepsis.

Tiefergründend sind die vielfältigen, in den Arbeiten Kiefers häufig aufgenommenen Bezüge zur Merkaba-Mystik der frühen nachchristlichen Jahrhunderte, Visionen eines göttlichen Thronsaals und eines Thronwagens, der sich durch die sieben Himmelspaläste aufwärtsbewegt. Wobei der Idee des Aufstiegs, wie sie sich in den Türmen vergegenständlicht, der Gegengedanke des Abstiegs innewohnt.

In seinem ausgreifenden Essay zur Ikonografie Kiefers hat Wieland Schmied (bei Ropac, Salzburg, 2003) darauf hingewiesen, dass die Merkaba-Mystiker, wenn sie ihre Wanderung durch die Himmelspaläste hin zum höchsten Thron antraten, zunächst stets von einem Abstieg sprachen: „Wo wir also einen Aufstieg und eine Himmelswanderung beschrieben finden, wird von einem Abstieg gesprochen, als führte der Weg hinab ins Reich der Toten." Die im Inneren der Türme gewaltsam durchbrochenen Decken zwischen den Etagen ließen sich demnach deuten als Spur dieser gegenläufigen Bewegung. Alleingestellt oder zu zweien nebeneinander staffeln sich die Bauten tief hinein in den Hangar. Wie die verdunkelten Bilder Mark Rothkos in Philip Johnsons Kapelle in Houston, Texas, vermittelt der Eindruck etwas von der Ersatzfunktion, welche die moderne Kunst, ihrer säkularen Emanzipation entgegen, für Kirche und Religion übernommen hat. Die Halle liegt im Stadtteil Bicocca, der gegen Ende des 19. Jahrhunderts als stadtnaher Industriebereich angelegt wurde und sich

während der letzten Jahre zu einem Konglomerat von Verwaltungsbauten entwickelt hat.
Die Zone, etwa 20 Autominuten entfernt vom Zentrum Mailands, soll kulturell aufgewertet werden, so hat auch das als Ausweichspielstätte für die in Renovierung begriffene Scala erbaute Teatro degli Arcimboldi hier seinen Standort. Noch immer sind aber zwischen den neuen Bürohäusern die Reste aufgegebener Fabriken auszumachen. Dazu gehört auch der von der Firma Pirelli einst für die Herstellung von Eisenbahnwaggons genutzte Hangar, der als zukünftiger Ausstellungsort nun das zweite kulturelle Großprojekt von Bicocca ist.

Anselm Kiefer hat die ihm anvertraute Eröffnung der neuen Kunsthalle zum Anlass genommen für ein gleichsam finales, nicht auf den Wechsel, sondern auf Permanenz hin angelegtes Werk. Die außerordentliche Wirkung nämlich, aber auch der durch finanzstarke Sponsoren (vor allem die Deutsche Bank, Morgan Stanley, Siemens und die italienische Telefongesellschaft Tim) ermöglichte, immense Aufwand der *Sieben Himmelspaläste* machen es schwer vorstellbar, dass die Türme für irgendeine andere Ausstellung schon nach einigen Wochen wieder abgerissen werden. Was hier entstanden ist, ist ein Monument auf Dauer, das, hat sich erst herumgesprochen, was da zu sehen ist, kein Besucher Mailands wird auslassen wollen.

Frankfurter Rundschau, 14. Oktober 2004, S. 17

Jenny Holzer
Die schöne Kritik an der Macht

Die Politik und das Schöne – so gut wie nie kommen sie zusammen. Das in der Geschichte der Kunst dem ästhetisch Schönen lange zugedachte „Erhabene“ tut sich schwer in den Niederungen von Machtkämpfen und den Zwängen zum Kompromiss als bestimmende Elemente von Stil und Inhalt der politischen Praxis. Ist aber wirklich keine Versöhnung denkbar? Ein Ansatz dazu findet sich in dem Gedanken Kants, das Schöne in der Kunst legitimiere sich durch Einspruch und Widerstand gegen das, „was übermächtig sich aufbaut vor unseren Augen“. Die Definition beschreibt ein ästhetisches Programm, das zugleich ein politisches ist. Voraussetzung ist das Bestehen auf Wahrheit. Es ist der Impuls, der die amerikanische Künstlerin Jenny Holzer zu dem Projekt *Truth before Power* (Wahrheit vor Macht) veranlasste, das sie jetzt im Kunsthaus Bregenz verwirklicht hat.

Texterfassung oder Textereignis?

Es geht dabei um den künstlerisch formulierten Widerstand gegen eine besondere Ausprägung amerikanischer Staatsmacht: um die Praxis der Geheimdienste, die einerseits mit ihren „Erkenntnissen“ gezielt Einfluss nehmen können (und oft genommen haben) auf Absichten und Maßnahmen der Regierung, mithin verdeckt selbst politische Ziele verfolgen, andererseits aber auch instrumentalisiert wurden und werden, um, wie zuletzt wahrscheinlich im Fall des Irak-Kriegs, Entscheidungen der Regierenden durch gewollt falsche Darstellungen gegebener Realität zu stützen oder sogar erst zu ermöglichen.

Für das Vorhaben in Bregenz hat Jenny Holzer einen Stab von Mitarbeitern entsprechende Dokumente von CIA und FBI einsehen und auswerten lassen. Die Einsicht in solche Unterlagen ist in den USA ein Recht jedes Bürgers seit 1966 der *Freedom of Information Act* verabschiedet wurde, eine Regelung, die auf Antrag binnen 20 Tagen die Akten von Behörden, auch der Geheimdienste, zugänglich macht. Eingeschränkt wird der Zugang allerdings durch neun Ausnahmebestimmungen (dazu gehören vor allem Sicherheitsbelange des Staates,

Fabrikations- und Handelspraktiken, Krankenakten), die es erlauben, in den Dokumenten einzelne Daten durch Einschwärzung unlesbar zu machen. Wobei es für den interessierten Bürger eben auch bezeichnend sein kann, dass überhaupt Passagen aus einem bestimmten Zusammenhang gelöscht wurden. Von der Regelung eines prinzipiell freien Zugangs zu den Dokumenten staatlicher Institutionen muss freilich der Betrachter der Arbeiten von Jenny Holzer, soll ihr Projekt sich als ein politisches erschließen, Vorwissen haben. Weil nämlich die teilweise Veröffentlichung von ausgewählten Akten der Geheimdienste, die in Bregenz durch drei Neonschrift-Installationen erfolgt, das Mitlesen der Texte, geschweige denn deren gedankliche Erfassung, durch die Form ihrer Präsentation kaum zulässt. Auf den ersten Blick jedenfalls überlagert das ästhetische Ereignis der Darstellung deren Inhalte. Erst nach einer Weile wird begreiflich, dass die von der Präsentation erzeugte Verwirrung des Zuschauers selbst die Botschaft ist: Die „Wahrheit" (*truth*) ist, was wir von ihr nicht wahrnehmen.

Wie geht Jenny Holzer vor? Im dämmrigen Licht des großen Saals im ersten Stock des Kunsthauses, das Peter Zumthor als außen mit Kunstglas verkleideten Betonkubus entworfen hat, fällt die erste Installation zunächst kaum auf. Sie ist eher versteckt platziert, in einem hinteren Winkel des Raums. Auf einer Schräge sind parallel sechs übereinanderliegende, blaue Leuchtschriftbänder montiert, die in hohem Tempo Wörter und Sätze in englischer Sprache vorüberlaufen lassen. Einzelne Vokabeln sind entzifferbar, trotz der Geschwindigkeit, mit der sie vor Augen kommen, um gleich wieder zu verschwinden. Zu irgendeiner Auskunft verdichten sie sich nicht, es könnte sich, wäre es einem nicht auf Informationszetteln anders erklärt worden, um beliebig aneinander gereihte Wörter aus einer englisch abgefassten Betriebsanleitung für Neonröhren handeln.

Das Blau der leuchtenden Buchstaben, die kommen und gehen, ist aber betörend. Das gilt auch für die Arbeit im Stockwerk darüber, hier ist die Schrift, von rechts nach links, also gegen die Lesegewohnheit ablaufend, in Rot gehalten und auf 13 Bahnen verteilt. Auch dieses dem Genre nach kinetische Werk macht Eindruck durch die Verbindung von Farbe und rhythmisierter Bewegung. Zweifellos hat man es mit zusammenhängenden Texten zu tun. Sie erschließen sich aber nur dem, der sie schon kennt. Wie die Dokumente der Geheimdienste?

Nicht nur wie diese: Das Foyer des Kunsthauses wird diagonal durchkreuzt von dem mächtigen Stamm einer Rottanne, auf dem die Zeilen eines gegen George W. Bush gerichteten kritischen Gedichts von Henri Cole (*To the forty-third President*) angebracht sind – auch sie sind aber nur fragmentarisch lesbar. Für die dritte der Neon-Installationen im obersten Stockwerk des Kunsthauses lässt Holzer eine gelbe Leuchtschrift in mehreren Bahnen am Boden des Saals auf den Betrachter zulaufen, es ist, als sprudelten die Wörter aus der Fußleiste der rückwärtigen Wand.

Metaphern für den Info-Taumel

Begibt man sich zwischen die Bahnen, provozieren die rasenden Buchstaben sehr bald Schwindelgefühle: Die Arbeit zeigt sich als physische Metapher für den Info-Taumel, in den die Fluten gegenläufiger Nachrichten, auch wenn sie hier als solche konkret gar nicht fassbar sind, den davon ständig umspülten Zeitgenossen versetzen können. Dabei ist der sinnliche Reiz so unbestreitbar wie der politische Gehalt letztlich vage bleibt; und auch ein wenig platt: Dass die Wahrheit komplex ist und (wenn überhaupt) schwer zu haben – so neu ist das ja nun nicht.

Die schöne Wirkung verstellt die politische Einsicht. Die Arbeiten tendieren eher zur Romantisierung als zur Analyse von Sachverhalten. „Machtmissbrauch kommt nicht von ungefähr“, hat Jenny Holzer in Gelb auf Schwarz einer Plakattafel anvertraut, die an der Seeuferstraße von Bregenz aufgestellt ist. Die These macht ein Geheimnis aus den Ursachen einer Misere. So repetieren auch die flitzenden Leuchtschriften an den Unterlagen von CIA und FBI das Kaschieren der Wirklichkeit, das die Dokumente schon selbst betreiben. Dem Schönen und der Macht gelingt die Verbindung. Es ist aber eine Mesalliance, und ein Glück will daraus nicht werden.

Zur Ausstellung *Jenny Holzer. Truth before Power*, Kunsthaus Bregenz, 12. Juni bis 5. September 2004, *Frankfurter Rundschau*, 8. Juli 2004, S. 18

Marina Abramović
Die Stadt und die Stühle

Im Allgemeinen denken wir den Werken der Kunst freundlichere Orte zu als den Platz, den Marina Abramović für ihre jüngste Arbeit *Spirit of Mozart* akzeptiert hat. So war es, als die Salzburg Foundation im vergangenen Jahr der Öffentlichkeit – nach Anselm Kiefers Hommage an Ingeborg Bachmann *A.E I.O.U.* vor dem Festspielhaus 2002 – das Werk des inzwischen verstorbenen Mario Merz übergab: *Ziffern im Wald*, poetische Konfrontationen von Natur mit durch eine Zahlenreihe repräsentierter Rationalität. Zwischen den Bäumen, hart am Rande des Mönchsbergs, hoch über der Stadt: wirklich ein *locus amoenus*, lieblicher Schauplatz für eine filigrane Skulptur von geheimnisvollem Zauber. Und jetzt? Von drei Seiten ist der Ferdinand-Hanusch-Platz, auf dem wir die für Salzburg entworfene Arbeit von Marina Abramović vor Augen haben, umflossen von in der Regel dichtem Straßenverkehr; zusätzlich leitet der nahe Steg über die Salzach Menschen auf diese Verkehrsinsel zu. Dass sie einmal ein Kunstort werden könnte – es brauchte schon ein hohes Maß an träumerischer Kühnheit, sich das vorzustellen.

Jedoch erleben wir das jetzt: Wo auch immer die Kunst hinreicht, verändert sie die Umgebung. Nicht mehr wird dieser Platz in Zukunft sein, was er solange war: ein *no place*, unbedeutendes Nirgends, ein Niemandsfleck in der Landschaft der Stadt. Wir sehen jetzt dort einen 15 Meter hoch aufragenden, von langen Beinen in luftiger Höhe gehaltenen Stuhl, gleich einem ins Unerreichbare entrückten Thron, dem freilich die Sitzfläche fehlt, man steht direkt darunter und schaut hinauf, der Blick erfasst den Himmel. Zu Füßen des hohen Stuhls und auf ihn hin ausgerichtet finden sich acht Stühle im gängigen, gewohnten Format solcher Möbel. Verblüffender Wechsel der Maße: der Stuhl als vereinzeltes Monument, fast ein archaisches Zeichen, sehr fremd; und andererseits achtmal als gebräuchliches Requisit, wie wir ihn kennen und täglich nutzen, sehr vertraut.

Was mit dieser Konstellation, die das gleiche Objekt vorführt in einer Vergrößerung und in seiner bekannten Dimension, geschaffen ist, will die Künstlerin verstanden wissen als ein Ambiente der Meditation. Tatsächlich soll Platz genommen werden auf acht Stühlen, der Appell zielt darauf, innezuhalten. Das Angebot ergeht an den immer eiligen Zeitgenossen, für einen Moment sich herauszunehmen aus seiner Bewegung, dem Betrieb sich zu entziehen, der gleichwohl präsent bleibt in dem Verkehr der unmittelbar angrenzenden Straßen. Wie die Konditionen des Lebens generell, sagt Abramović, hätten sich auch die Bedingungen für das meditative Intervall durchaus verändert: Die Gelegenheit finde sich überall und könne überall ergriffen werden, sogar mitten im städtischen Verkehrsfluss. Daran ist richtig, dass ja wirklich jedem Moment der Besinnung ein Trotzdem, ein Dennoch, ein Nun-Gerade einbeschrieben ist: Meditation muss gewollt werden, intentional sein – je ärger die Umstände, umso dringlicher. Darauf weist die nun auf der Verkehrsinsel entstandene Situation mit allem Nachdruck hin.

Zugleich thematisiert die Arbeit, wie schärfer kaum denkbar, den Gegensatz von privat und öffentlich. Allemal ist doch Besinnung ein intim-privater Akt, der nun aber hier als Möglichkeit im öffentlichen Raum vorgeschlagen wird. Mit der dabei unvermeidlichen Konsequenz, dass durch die private Entscheidung auch das öffentliche Verhalten sich verändert: Man wird ja von der Straße beobachten können, wer Platz nimmt auf einem der Stühle – notwendig wird die Beobachtung auch die Beobachter aufmerksam machen auf sich selbst und womöglich sie verführen zu einem momentanen Stopp in ihrem eigenen Lebensbetrieb.

Es ist ja das unsere Doppelnatur: dass wir bestimmt sind von der Absicht, uns zu regen, weiterzugehen, uns fortzubewegen – ebenso sehr aber auch von dem gegenläufigen Wunsch nach Aufenthalt und Dauer. Im Ephemeren, Flüchtigen, Transitorischen nistet als dessen Gegengedanke das Verlangen zu bleiben, ja: Man kann sagen, das Bleibende ist nachgerade Wunschbild und Hoffnung des Ephemeren. So ist dieses Werk von Marina Abramović auch ein Beitrag zum Wesen des Passageren und zum Charakter des Passanten, der im Zuge der Entwicklung der großen Städte eine Kennfigur der Moderne wurde.

Unübersehbar ist an dieser Stelle die Beziehung zum Geist der Musik, in deren Rückkehr wieder und wieder zum Motiv der Gedanke an ein Bleibendes bewahrt wird im Fortgang der Melodie. Darum ist die Künstlerin im Recht, wenn sie mit ihrer Arbeit auch die Erinnerung beschwören möchte an Mozart. Biografisch ist auch er im Übrigen in Hinsicht auf seine Geburtsstadt Salzburg einer, der fort wollte von dem Ort, zu dem es ihn aber auch immer wieder zurückzog.

Zum bisherigen Gesamtwerk von Abramović unterhält die neue Arbeit viele Verbindungen. Das Angebot der Teilnahme, der Vorschlag zur Partizipation des Publikums, ist ein Grundzug der Performances, Objekte und multimedialen Installationen, die die Künstlerin in den vergangenen Jahrzehnten weltweit verwirklicht hat. So, wie sie auch ihre eigene Existenz oft physisch eingebracht hat in ihre Darstellungen. Schon 1974, den Auftritt nannte sie *Rhythm o*, führte sie sich selbst vor als ein Objekt, und bot dem Publikum an, mit einem Lippenstift und einer Rose, aber auch mit einem Messer und einem Gewehr auf sie zu reagieren – ein Abenteuer, das sie glücklicherweise überlebt hat.

Schließlich eine literarisch-theatralische Assoziation, die sich aufdrängt. 1951 schrieb der Dramatiker Eugène Ionesco das Theaterstück *Les Chaises* (Die Stühle). Es ist einer der großen Texte des modernen Theaters. Ein sehr altes Paar empfängt in seiner Wohnung die Repräsentanten einer ganzen Gesellschaft, von den kleinen Leuten bis hinauf zum Kaiser. Für die vielen Gäste schleppen die beiden Alten immer neue Stühle herbei, die realiter aber alle leer bleiben: weil nämlich die Ankömmlinge nur existieren in der Fantasie ihrer Gastgeber. Nur in den für sie bereitgestellten Sitzgelegenheiten, den Stühlen, die bald den gesamten Raum füllen, realisieren sich die sonst unsichtbaren Eingeladenen. Es ist die Nacht der Imagination, die in der Groteske Ionescos die Welt schafft. Etwas von dieser Herausforderung, nun vorgetragen in die Stadt Salzburg, ist auch enthalten in dem Arrangement der Stühle von Marina Abramović.

Am Ende des Stücks von Ionesco werden die Alten von der eigenen Einbildungskraft herausgedrängt aus ihrem Leben. Sie stürzen sich aus dem Fenster in das Wasser, das ihr Haus umgibt. Indes, so muss es in unserem Fall trotz der nahen Salzach nicht unbedingt kommen. Im Gegenteil, „Platz nehmen!“ heißt hier die Parole. Und wäre es nur in der Vorstellung, die einer sich davon macht: Es reicht ja keine unserer Begabungen über diese hinaus.

Rede zur Übergabe der Skulptur von Marina Abramović als 3. Kunstprojekt der Salzburg Foundation, 21. August 2004. (Inzwischen sind die Stühle umgezogen, auf das gegenüberliegende Ufer der Salzach, wo sie wiederum einen bislang unbedeutenden Ort zu einem interessanten Schauplatz haben werden lassen.)

Olaf Metzel
Der Traditionalist als Zeitgenosse

Gerade erst drei Monate ist es her, dass Olaf Metzel in Nürnberg mit einer Skulptur auf dem Hauptmarkt heftige Debatten ausgelöst hatte. *Auf Wiedersehen* gehörte zum Kunstprogramm der Stadt anlässlich der Fußball-WM, Metzel überbaute das Prachtstück einer mittelalterlichen Brunnenanlage mit einem turmartigen Gebilde aus den Sitzschalen des alten Berliner Stadions der Hitler-Olympiade von 1936. Die aus Berlin herüberzitierte Erinnerung an Nürnbergs braune Vergangenheit löste im Publikum Reaktionen gegen die zeitgenössische Kunst aus, wie man sie kaum für möglich gehalten hätte.

Die Skulptur ist inzwischen, das war so geplant, wieder abgebaut und der *Schöne Brunnen* wieder sichtbar. Überraschend ist die feindliche Stimmung in der Stadt nun aber umgeschlagen: Das Gebilde Metzels soll, wenn sich die finanziellen Mittel dafür finden, in Nürnberg bleiben. Der Künstler möchte es vor dem Stadion der Stadt platziert sehen, das einmal „Frankenstadion“ hieß, jetzt den Namen einer Bank trägt – das sind gesellschaftspolitische Verschiebungen, für die Metzel ein kritisches Gespür hat.

Nun macht er wieder von sich Reden: Im Anbau der Stuttgarter Staatsgalerie wird eine Ausstellung seines grafischen Werks gezeigt, das wie die Skulpturen durch soziale Situationen und zeitgegebene Verhältnisse stimuliert ist. Ein Teil der Blätter war bereits in der Hamburger Kunsthalle zu sehen, für Stuttgart hat die Kuratorin Ulrike Gauss den Bestand erweitert und durch eine eigene Gliederung des Materials – nach Kriterien sowohl der thematischen Verbindung als auch der formalen Beziehungen – zu bemerkenswerter Sinnfälligkeit gebracht. Man hat in der klugen, jederzeit einsichtigen Anordnung der Blätter ein Beispiel für beste Museumspraxis alter Schule, das entspricht Metzels Vorstellung von Traditionen, die es zu bewahren gelte, ohne dabei der Gegenwart ihren Raum zu nehmen.

Auch an seinen Zeichnungen fällt auf, was Wieland Schmied schon vor Jahren zu Metzels Skulpturen bemerkt hat: Sie „strotzen vor Kraft“. In dem grafischen Medium ist die Entäußerung dieser Energie allerdings differenzierter und subtiler, als das bei den Arbeiten für den öffentlichen Raum möglich ist. Die Blätter sind mehrschichtig und müssen mitunter gelesen werden wie Überschreibungen, die Schicht um Schicht, Phase um Phase schließlich eine Form, ein Thema, eine Nachricht freistellen. Das sichert ihnen gerade dann eine Eigenständigkeit, wenn sie in der Skulptur realisierte Motive vorbereiten oder auch paraphrasierend umspielen. In welchen Schritten die plastische Gestalt sich zur Verbindlichkeit entwickelt, wird an den Blättern gut erkennbar, die in den Arbeitszusammenhang mit dem Nürnberger *Auf Wiedersehen* gehören.

Zugleich hat aber jede Zwischenstufe eine autonome Wertigkeit. Die grafische Variante ist also immer mehr als nur Vorskizze. Zutreffend spricht Michael Semff im Katalog zur Stuttgarter Ausstellung hinsichtlich der frühen Tuscheblätter aus den 1970er-Jahren von „Notaten aus der Dunkelkammer des Bewusstseins". Als solche wäre auch die Niederschrift von spontanen Wortfolgen in den Skizzenbüchern zu verstehen, aus denen Metzel schließlich seine oft scharf pointierten Bildtitel gewinnt. Oder sie eben nicht findet: Dann sind diese Notizen eigenwertige Zeugnisse des Versuchs, zum bildnerischen Prozess eine sprachliche Analogie zu finden.

Stets ist im Bild wie in seiner wörtlichen Bezeichnung ein Element der politischen Einrede präsent. Besonders markant in einem farblich dunkel gestimmten Blatt von 1984, Pastellkreide auf Papier, wie ein Sog scheint sich eine Kreisform um eine schwarze Mitte zu drehen, Titel: *Stammheim*. Diese Zeichnung ist Ergebnis eines Vorgangs der Verdichtung. Aber dann kann es plötzlich auch zu einer schönen Leichtigkeit kommen, wenn sich Metzel in der Darstellung einer Stechpalme oder von Blattgeflechten einfach lustvoll ergeht und als der exzellente Zeichner brilliert, der er ist. Trauen wir ihm vielleicht nicht ganz über den Weg, wenn er so absichtslos scheint? Ein Problem des Betrachters. Es gehört eben auch das Misstrauen zu dem Konfliktpotenzial, dessen Agent Olaf Metzel ist, was immer er aufgreift und angeht.

Kultureller Konfliktstoff auch in einer plastischen Zugabe, die im Impressionisten-Saal der Staatsgalerie den Zeichnungsbestand um eine Bronzefigur erweitert: eine leicht unterlebensgroß dargestellte junge Frau, die nur mit einem Kopftuch bekleidet ist. *Turkish Delight* (nach der Süßspeise Türkischer Honig) lenkt durch die betonte

Ausdruckslosigkeit der Frau die Aufmerksamkeit auf das Kopftuch, zu dem sich unter den Zeichnungen einige Studienblätter finden. Besonders in der Rückenansicht der Figur scheint das Tuch die Frau fast zu strangulieren: Metzels kritischer Kommentar zur Fundamentalismusdebatte. Der extreme Gegensatz zwischen Freiheit und Einschränkung ist der wichtigste Antrieb des Bildhauers ebenso wie des Zeichners. Er folgt ihm ohne Rücksicht auf soziale Gebote und Konventionen.

Zur Ausstellung *Olaf Metzel. Zeichnungen*, Staatsgalerie Stuttgart, 22. Juli bis 22. Oktober 2006, *Frankfurter Rundschau*, 8. August 2006, S. 15

Nina Sten-Knudsen
Love, Fear and Evil – die große Erzählung von der Welt und der Zeit

Viele fühlen sich nur als verwirrt.
Der Boden wankt, sie wissen nicht warum und von was.
Dieser ihr Zustand ist Angst,
wird er bestimmter, so ist er Furcht.
(Ernst Bloch: *Das Prinzip Hoffnung*)

Mancher gerät an den Ort, der seinem Leben und Tun sich wie selbstverständlich zufügt, nicht nur von ungefähr. Die Fenster des Ateliers in Berlin, das nun schon seit einigen Jahren der Arbeitsraum ist, in dem das bildnerische Werk von Nina Sten-Knudsen Jahr um Jahr weiter ausgreift, dabei unzählige Einzelheiten von Zuständen und Begebenheiten, längst vergangenen und sehr gegenwärtigen, einbindend in den Zusammenhang einer großen Erzählung – die Fenster dieses Ateliers geben den Blick frei, der über die weithin sich erstreckende, unbebaute Fläche eines früheren Flugfeldes erst in der Ferne, wie entrückt, das eine oder andere markante Bauwerk Berlins erkennen lässt. Mitunter sind auf dem Feld als kleine, dunkle Punkte Menschen auszumachen, spielend und herumspazierend, auch lassen sie gelegentlich wohl auch Drachen steigen. Mehrschichtige Verglasung verhindert vollständig das Eindringen von Geräuschen der Außenwelt in das Atelier der Künstlerin, die gleichwohl im abgedichteten Innenraum vom Draußen weiß. Auch von dessen einstiger Funktion: Man war von hier aus aufgestiegen, fortgeflogen – und dann doch auch wieder zurückgekehrt auf den Boden. Abflug ins Weite, hoch hinaus, in ungeahnte Fernen; und gläubige Wiederkehr, Ankunft womöglich auch bei sich selbst: Das hat etwas von einer Metapher, die sich bestätigt findet in vielen der Entdeckungen, die von der Künstlerin in ihrem Atelier für sich und für die Betrachter ihrer Werke erarbeitet wurden.

Zumal in den großformatigen Bildern der letzten Jahre gewährt Sten-Knudsen einer sehnsüchtig schweifenden Fantasie gleichsam den freien Flug in so nie gesehene Landschaften vor fernen Horizonten, Gefilde, die eine nicht genau fixierbare Bedrohung, eine Atmosphäre von Unheil und Gefahr spüren lassen; aber zugleich auch eine Ahnung von Schönheit. Und dann kommt die Künstlerin doch auch wieder zurück in die reale Welt, konkretisieren sich Dinge, alptraumhafte Umstände und die Gestalten von Menschen plötzlich als uns fast bekannt, jedenfalls zugehörig der Welt, wie wir sie haben.

Das sind Wechsel, Verschiebungen von Perspektiven, die motiviert werden durch eine Begabung, die (soweit man sieht) in der Malerei der Gegenwart vergleichslos ist: Es ist das narrative Talent, Nina Sten-Knudsen ist nämlich als Malerin immer auch Erzählerin. Dass Bilder Geschichten erzählen, wurde über lange Perioden hin vom Publikum erwartet und war ihm geläufig, von den mittelalterlichen Darstellungen der Episoden der Heiligen Schrift bis in die Kunst der Renaissance des 15. und 16. Jahrhunderts und später die Historienmalerei des Barocks, des Rokokos, des Klassizismus und noch der Malerei des Realismus um die Mitte des 19. Jahrhunderts. Erst das Aufkommen von Fotografie und Film hat die Narration als Chance des gemalten Bildes abgedrängt in den Bereich der bloßen Illustration nach Art der Neuruppiner Bilderbögen und später der Comics. Prima vista scheint das erzählerische Element präsent noch bei Roy Lichtenstein – genauer besehen, hat es bei dem Amerikaner aber keine originäre Geltung, sondern wird nur noch (eben als Merkmal der Comics) zitiert.

Was erzählt wird

Hingegen haben wir es in den jüngsten Phasen des Werks von Sten-Knudsen, datierbar auf etwa den Beginn des 21. Jahrhunderts, zu tun mit einer Rückbesinnung auf die Erzählung als eine mögliche Ausdrucksform der bildenden Kunst. Allerdings, auch für Sten-Knudsen gilt, dass niemand in den gleichen Fluss ein zweites Mal steigt: Die Erzählform, die sie aus einem spannungsreichen Miteinander von geschriebenem Text und gemaltem Bild (oder in Relation zu einem Text versetzten Fotos, Skulpturen und vereinzelt auch Installationen) erdacht hat, ist anders angelegt und wird anders praktiziert, als zunächst zu vermuten wäre. Sie begründet sich auf eine neue, höchst originelle und eigenwillige Art.

Dabei ist vor dem *Wie* der Erzählweise von den Inhalten der Narration zu handeln. Also: *Was* wird erzählt? Generell formuliert: Es geht um wesentliche Erlebnisfelder der menschlichen Existenz, um Einsamkeit und die Ängste davor, um Freiheit und Unterdrückung, um Gewalt und das Entsetzen, das sie auslösen kann, um die Schuld daran und die Erlösung davon durch die Liebe und die Schönheit. Um die Evolution des Menschengeschlechts überhaupt. Um Geburt und Tod und Wiedergeburt. Das sind die Themen, welche die Malerin schon länger beschäftigen – bereits um 2008 entstand ein Zyklus, *Love and Fear*, der in vielen einzelnen Bildern, Fotos und Blättern zur Darstellung brachte, was in der Person Sten-Knudsen aufgehoben war an Erinnerungen, und was hinzukam an Fantasien – damals noch eher inkohärent behandelt, übersetzt in kurze, bruchstückhafte Sequenzen.

Der neue Zyklus von Arbeiten, der sich in vier Abteilungen gliedert, nimmt im ersten Abschnitt, der jetzt für die Ausstellung im Museum von Horsens in Dänemark fotografisch dokumentiert werden soll, Momente aus dem älteren Vorgänger auf und vertieft in drei weiteren Folgen (von denen die letzte ein Epilog ist), den Themenkomplex des Anfangs, ablesbar schon am Titel, *Love, Fear and Evil*, der um den Topos des Bösen erweitert ist.

Diese neue Serie, multimedial bestehend aus gemalten Ölbildern, Zeichnungen, Fotos, Skulpturen, auch aus szenischen Einrichtungen sowie einem Video, verstärkt für den Betrachter das Gefühl einer Kontinuität, wenn nicht sogar eines deutlichen Zusammenhangs der Erzählung, obwohl deren einzelne Kapitel thematisch unterschiedlich ausgerichtet sind.

Der Disposition des optischen Materials sind im zweiten Abschnitt insgesamt 33 auf kleinen Papierkarten ausgedruckte Textpassagen hinzugefügt, je eine Karte zu jeder der bildlichen Arbeiten, die dem Betrachter zur Hand gegeben werden. Kapitel drei, mit dem Titel *Das Schloss*, ist eine eigenständige Collage, die eine Antwort sucht auf die Fragen der beiden vorausgehenden Abteilungen. Im vierten Kapitel schließlich, dem Epilog, einer Art von Resümee, tauchen Konstellationen aus dem Vorausgegangenen wieder auf, im großen Format des mächtigen Bildes einer dramatisch beleuchteten Landschaft führt das Gemälde zurück an den Anfang der vielteiligen Narration.

To get a hold of the beholder

Sie beginnt mit der aus dem Dunkel der Vergangenheit auftauchenden Erinnerung an eine von Angst bestimmte Szene, die von der Ich-Erzählerin zunächst auf den ersten Textkarten beschrieben wird: „Ich war allein in der Dunkelheit. Dann konnte ich allmählich Licht sehen. / Da steht ein kleines Mädchen in den Ruinen. Das ist meine Tochter. Sie ist 7 Jahre alt. Ihr wurde eine Hand abgehackt.“ Auf diesen Text nimmt dann das gemalte Bild eines schwer verletzten Kindes Bezug, dessen Gehalt und Sinn sich aus den Worten erschließt. Die Epoche ist offenbar die koloniale Herrschaft in Afrika, gekennzeichnet durch Methoden brutaler Unterwerfung, praktiziert schon gegen Kinder.

Die Malerin identifiziert sich mit der Mutter eines Opfers, das sie als ihre Tochter sieht. Schon in diesen ersten Momenten des Zyklus erweist sich die Absicht der Künstlerin, die sie für die gesamte Bilderfolge verfolgt: Gewollt ist zum einen die Identifikation der Autorin und Malerin mit denen, die auch in den nächsten Szenen der Bilderfolge Leid und Schmerz der Demütigung zu ertragen haben; darüber hinaus soll zum anderen aber auch der Leser und Betrachter sich seinerseits identifizieren mit der Haltung der Künstlerin, die ihm die Welt schildert, wie die Welt ist, voller Schrecken. Die Erzählposition ihres „Ichs“ sollte der Betrachter zu seiner Position machen. So will diese Erzählerin bewegen, aufwühlen, erschüttern. Sie benennt ihre Intention mit einem englischen Wortspiel: „To get a hold of the beholder“.

Die Verlaufsform der visuellen und in Texte gefassten Umschreibungen lässt meistenteils eine Situation aus der vorausgegangen folgen. Beklemmende, quälende Augenblicke, in denen sich Grundmuster existenzieller Ängste artikulieren: Eine Mutter sucht ihr Kind unter anderen Kindern, die Suche, angetrieben von zunehmender Sorge, bleibt vergebens, viele Gesichter, aber das vertraute, geliebte ist nicht darunter – in der bildlichen Darstellung gelingt der Ausdruck wachsender Verzweiflung an der Vergeblichkeit der Suche. Schmerzend auch die Erfahrung der Ortlosigkeit – die Tendenz vieler bildlicher und textlicher Fassungen will darauf hinaus, dass niemand zu Hause ist, es Heimat nicht gibt, für die Kinder oft nur Heime. Menschen werden getroffen durch schwerste Unfälle, einmal etwa verursacht durch eine Chemiefabrik, das gemalte Bild zeigt den verbundenen Kopf eines Opfers. Es ist eine sehr direkte Schilderung, unmittelbar, realistisch – und reicht doch über das Realistische hinaus in eine Zone der Trauer, als würde gesagt: So steht es um uns. Und: Warum ist das so?

Das ist die Frage, die diesen zweiten Teil des Zyklus ab etwa der Hälfte der mehr als 30 Einzelteile antreibt. Die Frage nach der Schuld an den Übeln der Welt führt Sten-Knudsen in die Untersuchung der Genese des Bösen. Wie ist es entstanden? Die Künstlerin geht hier weite Wege, zurück bis zu Adam und Eva, sie begibt sich tief in die Evolutionsgeschichte der Menschheit, sucht Antwort am Himmel und unter Wasser, bei geheimnisvollen Weisen und bei Maldoror, der Verkörperung des Bösen in den sechs Cantos von Lautréamont, verfasst um 1868, den *Gesängen des Maldoror.* Ein Bild zeigt ihn, vielleicht Opfer einer Überdosis von Heroin, als heutigen Fixer, aber tot, aufgebahrt als schwarz gewandete Leiche.

Und Erlösung – wo und wie?

Wo wäre Erlösung zu finden von alledem? Zuerst findet der Zyklus Halt an der Liebe. In der Vereinigung, die der Kuss bedeuten kann. Dann aber auch Trost und Heil im Lied und in der Schönheit, die von einem Video als psychodelischer Farbenrausch vor Augen gebracht werden. Schließlich aber sind die Lösungen von lebenspraktischer Art: Für eine bessere Gesellschaft müssten wir ausgeglichener sein und gerechter umgehen miteinander, mehr das Gleichgewicht suchen, die Balance zwischen Arbeit und Muße. Davon handelt, mit vielen kleinen und größeren bildlichen Metaphern und als symbolische Zitate assoziativ eingebrachten Objekte, die enorm dimensionierte Collage *Das Schloss*, eine Ortsangabe, die hier wohl auch einsteht für Gewissheit, sicheren Bestand, festen Halt.

In dem raumgreifenden Gemälde, das den Zyklus als Epilog beschließt, wird dann noch einmal rekapituliert, wovon die Zeitreise durch die Empfindungslagen unserer Epoche, wie Nina Sten-Knudsen sie erlebt, anfangs ausging: ein weites Land an einem Fluss, im Vordergrund eine Frau, die ein Kind birgt, im Hintergrund die sich nähernde Gefahr anrückender Soldateska.

Es ist ein Bild wie eine Lebenslandschaft, ein Weitenbild, mit dem *Love, Fear and Evil* so zu Ende geht. An dem *Wie* der Erzählung, die der Zyklus darbietet, ist strukturell vieles neu: der Wechsel der Formate und des Genres von so gegensätzlichen Ausdrucksformen wie der

Malerei und der szenischen Installation en miniature, mit vielen Zwischenstufen. Am auffälligsten jedoch ist die Verbindung von Text und Bild, wobei die Bildwerte nicht als Illustrationen der Texte zu verstehen sind. Vielmehr leistet das Bildliche für das Sprachliche wie umgekehrt die Sprache für das Bild eine Art von erweiterter Vertiefung. Tatsächlich einander einbeschrieben, gleichen die Texte wie die Bilder im engsten Sinne Inschriften. Die Beziehung hat also nicht eine nur ergänzende, komplementäre Funktion, sondern macht den Leser wie den Betrachter, der er in einer Person und zu gleicher Zeit ist, aufmerksam auf die Freiräume, die immer bleiben, sowohl im Bild als auch in der sprachlichen Fassung eines bestimmten Sachverhalts oder Vorgangs: Es sind die Räume der Entfaltung unserer Reaktionen, unserer Freiheit. Jeder für sich finden wir hier uns wieder. For better or worse. Angesichts des Bösen, das in der Welt ist, hoffnungsvoll dennoch; oder besetzt von Furcht. Mit dem Titel des Zyklus: zwischen *Love and Fear.*

Das Wagnis, das Nina Sten-Knudsen auf sich nimmt, ist also der Blick, der aufs Ganze geht und das Ganze will. Es ist so nicht zu haben, zerfällt in viele Splitter. Der Zyklus reflektiert das inhaltlich und in den Formen, die er der Wahrnehmung vorschlägt. Und wie es immer so ist mit dem Wünschen, wenn es nach Heilung der Zustände verlangt: Unbeteiligt-gleichgültig bleibt dabei gegenüber der Sehnsucht das Ersehnte.

Einführung in die Ausstellung *Nina Sten-Knudsen. Monumentalmalerei,* 25. Juni bis 3. September 2006, Kunstsammlungen Chemnitz, und Katalog zur Ausstellung *Nina Sten-Knudsen*, Horsens Museum, Dänemark, 2006

Stephan Balkenhol
Vertraute Fremde

Die Salzburger Skulpturen

Da steht er nun also, soeben angekommen in Salzburg, in aller Frische, Stephan Balkenhols *Sphaera*, Zwei-Meter-Mann auf der Kugel von fünf Metern Durchmesser, die Arme hat er angelegt, dicht am Körper, rechts das Standbein, links das Spielbein, dunkle Hosen, helles Hemd – da steht er und schaut, Kopf und Gesicht ein bisschen schmal, man könnte wohl denken: Ein wenig verängstigt ist er.

Und er könnte allen Grund dazu haben. Riskant durchaus ist ja sein Stand auf der Kugel, die womöglich die Weltkugel ist, prekär, großer kleiner Mann, was nun? Viele Fragen: Ist er, ausgesetzt in der Höhe mit unsicheren Aussichten, ein Jedermann unserer Tage? Hätten wir demnach gar uns wiederzuerkennen in ihm? Und überhaupt: Sorgt er sich etwa auf seinem Globus, wie viele von uns sich sorgen, über den schlimmen Lauf der Dinge an nicht wenigen Orten, Gewalt, Unrecht, Ausbeutung, bedroht durch unsere Machenschaften sogar unser Raumschiff selbst, vielleicht ein ratloser Klimaschützer? Oder, du lieber Himmel, besorgt ihn vor allem, dass er so für sich, so alleine ist mit sich?

Dem Alleinsein hat der Künstler abhelfen wollen, aber nicht wirklich. Denn die andere Figur, die Balkenhol mit dem Mann auf der Kugel nach Salzburg hat kommen lassen, *Die Frau im Fels*, findet sich an anderer Stelle, für ihn, könnte er denn sehen, nicht wahrnehmbar, abständige Nähe also, denn zu tun haben die beiden Skulpturen etwas miteinander, ausleben jedoch können sie das Verbindende nicht.

Alles ziemlich irritierend. Derart gelinde verstörend waren die Gestalten des jetzt 50-jährigen Stephan Balkenhol noch immer, seit sie um 1984 zuerst auf der Kunstszene erschienen und bald in Ausstellungen in Paris, in Washington, in London international Karriere machten. Sie zeigten sich als Köpfe und Büsten, dann auch als komplette Menschenbilder, zeigten sich als Vereinzelte ebenso wie in Gruppen, als Tanzpaare, Fußballspieler, Boxer, ohne Hintergründe oft, dann wieder vor Prospekten, die aus der Formensprache der modernen Malerei zitierten. Die Normalität, die sie dem ersten Blick anbieten, wird dann aber unterlaufen durch Eingriffe, die überraschend das vermeintlich Vertraute fremd werden lassen, unvertraut. Am deutlichsten wird das, wenn zum Beispiel menschlichen Körpern plötzlich Tierköpfe aufsitzen wie in einem wirren Sommernachtstraum.

Ein Ironiker, wäre hinzuzufügen, ist Balkenhol übrigens auch. Man geht nicht fehl, an seinen Einsamen wie an den Gruppen etwas von der *conditio humana* zu entdecken, vom Zustand des Menschen als sich selbst und den anderen immer zugleich Fremden und Vertrauten, Vertrauten und Fremden. So existenziell diese Situation ist, so ist sie doch wieder, Ernst Bloch hat das so gesehen, „auch ein Witz“. Balkenhol liegt der Gedanke so fern nicht. Die Unterhaltsamkeit seiner Menschendarstellung hat nicht zuletzt darin ihren Grund.

Darüber, ob seine Skulpturen etwas erzählen, narrativ sind oder ob sie nicht gleichsam einfach nur sind, keine Bedeutungen vorschlagen, die außerhalb ihrer unmittelbaren Gegenwart als Skulpturen liegen, ist viel spekuliert worden. Das kann auch hinsichtlich der beiden Figuren jetzt in Salzburg nicht anders sein. Die Deutungshoheit liegt allein bei jedem einzelnen Betrachter. Er wird freilich gut daran tun, dem Mann und der Frau zu belassen, was ihr Geheimnis ist, ihr Rätsel, ich kann auch sagen: ihre Individualität – denn die ist allemal, wie bei jedem von uns, immer auch bestimmt von dem, was von ihr sich gerade nicht preisgibt. Darauf besteht der Künstler unbedingt. Die beiden Skulpturen bezeugen es.

Rede zur Übergabe zweier Skulpturen von Stephan Balkenhol anlässlich des Kunstprojekts der Salzburg Foundation, Salzburg, 26. Juli 2007

Christian Boltanski
Vom immer gegenwärtigen Ende

Indem sie die Wahrnehmenden veranlasst, sich selbst zu bedenken und zu befragen nach der eigenen Situation und den eigenen Empfindungen gegenüber der Welt, ist Kunst immer Herausforderung. So lebens-todesernst aber wie die Installation von Christian Boltanski, die jetzt in der wieder freigelegten Krypta des Doms der Öffentlichkeit zugänglich wird, ist noch keines der bisher durch die Salzburg Foundation verwirklichten Projekte von Kunst im öffentlichen Raum vorgestoßen an äußerste Grenzen dessen, was an Provokation möglich ist: Die Arbeit Boltanskis will handeln vom skandalös unvermeidlichen Ende der Zeit ihrer Betrachter, von unser aller Ende, unser aller Tod. *Vanitas* nennt der Künstler das Werk – als „Eitelkeit" also kritisiert es, was ihn wie uns geschäftig an- und umtreibt, das ganze Lebenswirrwarr, in dem wir zugange sind. Eitle seien wir, wird uns hier bedeutet, weil zu oft unbedenklich gegenüber dem Unwiderruflichen: dass alle Zeit enden muss.

Wie bringt Boltanski diese Mahnung vor Augen? In ihrer Einfachheit, Eindeutigkeit entsprechen die Mittel des Werks seiner Botschaft. Der in die Krypta Eintretende wird zunächst beeindruckt von zwölf Kerzen, die zur Rechten des Raums in Reihe auf schmalen, aus der Wand hervortretenden Schienen derart montiert sind, dass ihr Licht eine, jeder der Kerzen zugeordnete filigrane, wie aus Draht geformte Todesfigur als Schattenriss auf die Wand projiziert. Zu dunklen Schatten vergrößert die Projektion die kleinen Todesboten, Varianten des der Kunstgeschichte bekannten Motivs des Sensenmanns, der alles Leben hinwegrafft ohne Ankündigung.

Das Motiv kehrt wieder in einem anderen Schatten, den eine bewegliche Lichtquelle wandern lässt über die Stirnseite der Krypta und die Wand zur Linken. Ein Mobile der Vergänglichkeit. So wird die Mahnung anschaulich: „Mitten sind im Leben wir vom Tod umgeben." Die Wand links ist durchbrochen von schmalen Fensterschächten, das Alabasterglas, das sie verschließt, zeigt Verwischungen, Schlieren: Keine scharfen Konturen mehr – bildliche Metapher für verschwimmende Erinnerungen an schon vergangenes Leben: War da was? Was war da?

Schließlich in dem Sakralraum der Krypta noch ein banales akustisches Signal – die monotone Automatenstimme der telefonischen Zeitansage. Die Minute, die sie markiert, bereits vorüber im Moment ihrer Benennung.

Ein Todesszenario, Memento mori, bedenket, dass ihr sterben müsst. Das war ein großes Thema vor allem der Kunst der Gotik. Das vielleicht berühmteste Beispiel findet sich im Museum des Palazzo Abatellis in Palermo. Das Wandgemälde *Der Triumph des Todes*, entstand um die Mitte des 15. Jahrhunderts, wer es geschaffen hat, wissen wir nicht, wahrscheinlich waren zwei Maler daran beteiligt. Der Tod ist dargestellt zu Pferd, auf dem mächtigen Gaul, zu Teilen ein Skelett wie er selbst, Vorbote der Pferde in Picassos *Guernica*, stürmt der Tod durch das Bild, mit seinen Pfeilen treffend Reiche und Arme, Mächtige und Elende, Junge und Alte, Männer und Frauen. Das ist der Unterschied zu dem Werk, mit dem wir es jetzt in der Salzburger Domkrypta zu tun haben: Die Opfer, die Todgeweihten, haben bei Boltanski keinen Auftritt mehr. Vielmehr sind wir alle gemeint, der Betrachter wird selbst zum Teil der Botschaft, die ihm gilt.

Es ist allerdings im Fall Boltanskis, geboren 1944 in Paris als Sohn einer korsischen Mutter und eines ukrainischen Vaters, auch eine Botschaft des Widerstandes gegen die Vergänglichkeit, die allgegenwärtig ist. Auf der Kasseler *documenta 5*, 1972, ist der damals 28-Jährige einem internationalen Publikum erstmals aufgefallen mit einem Film, der die letzten 46 Tage vor dem Tod von Françoise Guignou, einer anonymen Frau, beliebig herausgegriffen aus dem Menschenmeer, zu rekonstruieren versuchte. „Spurensuche" hießen solche Konzepte und gehörten im Kontext jener *documenta* zur Stilrichtung „Private Mythologien".

Rekonstruktionen mit der Absicht des Bewahrens verflossener Lebensmomente, der eigenen wie derjenigen unbekannter Personen, haben Boltanskis Bewegungen als Künstler früh bestimmt. So wollte er etwa wiederfinden, was sich zwischen seiner Geburt und seinem sechsten Lebensjahr abgespielt hatte, sammelte Requisiten seiner Vergangenheit, um Augenblicke seines Lebens zu erhalten. Er inventarisierte Einzelheiten aus dem Leben unbekannter, verstorbener Personen, im Berliner Reichstag archivierte er Lebensläufe aller Parlamentarier seit der Durchsetzung der Demokratie in Deutschland. Erst vor einem Jahr nahm er die Herztöne zufällig erwählter Personen auf, um sie auf einer fernen Insel, wie er hofft, für immer abrufbar zu konservieren. *Les archives du cœur*, Herzens-Archive – dazu der Künstler: „Der Herzschlag symbolisiert unsere Unruhe, er ist Porträt und Spiegel unserer Endlichkeit."

So geht es im Werk dieses Künstlers stets um den Tod, das Ende von allem – zugleich aber darum, „nicht zu sterben, jeden Augenblick daran zu hindern zu entschwinden". Es ist die Aufgabe, die er sich stellt. In dem Wissen jedoch, dass sie nicht zu lösen ist. Weil kein Vergangenes zurückzuholen ist in den Status des Gegenwärtigen. Zu bleiben – es ist der unerfüllbare Wunschtraum alles Flüchtigen.

Und doch, wie die Fähigkeit zur Trauer darüber, dass alles verfällt, wir alles verlieren, liegt auch die Begabung zur Hoffnung in der Reichweite der menschlichen Natur. Wie wäre sie zu retten vor dem Ende, an das Boltanski so dringlich erinnert? Der sakrale Raum, in den er sein Werk *Vanitas* eingefügt hat, ist Verweis auf den metaphysischen Religionsgedanken einer Erlösung, Versöhnung mit der Endlichkeit in einem wie auch immer zu denkenden Jenseitigen.

Wer darauf nicht baut, kann sich hoffend nur halten an den vergänglichen Tag, das heißt: dem *memento mori* zu verbinden den Appell *carpe diem!*, also die Zeit zu nutzen, die uns gegeben ist. *Vanitas* enthält auch diesen Aufruf. Immer wieder hat in ihrer langen Geschichte die Kunst, in den Räumen und im Auftrag der Kirche ebenso wie seit der Renaissance in der verweltlichten Moderne, den Sinn geschärft für diesen widersprüchlichen Zusammenhang zwischen Leben und Tod, Verzweiflung und Hoffnung. Auch Christian Boltanskis Werk verpflichtet sich dieser existenziellen Bedingung des Seins, die wir auszuhalten haben. Das ist seine Provokation.

Rede zur Übergabe von Christian Boltanskis *Vanitas* anlässlich des *8. Kunstprojektes Salzburg*, 3. Oktober 2009, Salzburger Dom

James Turrell
Das Licht malt sich selber

Sieht so der Weg ins Jenseits aus? In eine Zone jedenfalls, die anders ist als alles uns Bekannte, Gewohnte, Geläufige? Eine steile Rampe, etwa zwei Meter breit, mehr als 20 Meter lang, die mit jedem Schritt abwärts den Gang und das Körpergefühl unsicherer werden lässt, führt im Kunstmuseum Wolfsburg in einen Bereich, den 35.000 LED-Dioden sachte in ein Licht tauchen, das von weißer Helle in lindblaue, dann rosa Töne wechselt und alle räumlichen Begrenzungen aufhebt. Keine Orientierung mehr da unten. Und so, wie man die anderen, die mit einem dort sich aufhalten, wahrnimmt wie seltsam Entrückte, wird jeder auch sich selbst ein anderer.

Aus der Psychologie stammen Idee und Praxis des sogenannten Ganzfeldes, das bei Versuchspersonen die Erfahrung von Außenwelt aufhebt und sie damit hinlenken soll ausschließlich auf sich selbst, das Erlebnis ihrer Innenwelt. Eine solche Situation veränderter Selbsterfahrung hat der Kalifornier James Turrell, dessen künstlerisches Medium schon seit Ende der 60er-Jahre das Licht ist, in Wolfsburg geschaffen. Licht-Werke von Turrell gibt es inzwischen weltweit an vielen Orten, vor drei Jahren hat er auf dem Mönchsberg über Salzburg, als Teil des *Kunstprojekts Salzburg*, einen „Himmelsraum" (*Blue Pearl – Skyspace*) und erst kürzlich tief in der argentinischen Provinz ein Lichtmuseum bauen lassen. Keine einzige seiner Arbeiten allerdings war bisher von der Dimension des aufwendigen Projekts nun in Wolfsburg, wo ihm für seine Arbeit *Bridget's Bardo, Ganzfeld Piece* als Einbau einer Raum-im-Raum-Konstruktion in das Kunstmuseum 700 Quadratmeter zur Verfügung standen. Das Ergebnis ist eine Installation von tatsächlich betörender, den Betrachter im Wortsinn einnehmender Wirkung und von einer poetischen Theatralität, wie keine Lichtführung in einem Bühnenbild sie je erreicht hat.

Natürlich, die Malerei, die Turrell mit dem Licht betreibt, ist eine Kunst, die neue, durch die technische Entwicklung artifizieller Beleuchtungsquellen und vor allem auch ihrer elektronischen Steuerung gegebene Möglichkeiten zur Voraussetzung hat. Künstler in anderen

Zeiten (etwa Jan Vermeer, Caravaggio, Georges de La Tour oder die Impressionisten) realisierten Wirkungen des Lichts mit den Mitteln der Farbgebung und der Komposition: Sie malten das Licht. Turrell aber, das ist jetzt der Unterschied, lässt das Licht gleichsam sich selbst malen.

Beispielhaft für diese Wendung ist neben dem *Ganzfeld Piece* im Wolfsburger Museum ein Werk Turrells zu sehen, in dem die räumliche Tiefe und der vielschichtige Auftrag der Farben in der Malerei des späten Mark Rothko einzig durch die Steuerung farbiger Lichtquellen bewirkt wird, zwar nicht ganz und gar, aber immerhin mit einem hohen Annäherungswert des mithilfe moderner Technik erstellten an das gemalte Bild. Die Einschränkung dabei: Wird der elektrische Strom abgestellt – ist das Bild verschwunden.

Das ist in dem monumentalen Hauptwerk Turrells, dem *Roden Crater Project*, in Wolfsburg ausführlich dokumentiert durch Fotos und Modelle, noch anders. In der Painted Desert, einem Teil der schier endlosen Prärie nahe Flagstaff in Arizona, hatte Turrell zu Anfang der 70er-Jahre aus dem Flugzeug eine vulkanische Erhebung beobachtet und den Berg mit dem Namen Roden Crater dann gleichsam zum „Material“ einer enormen Installation unter freiem Himmel erwählt.

Nach einer abenteuerlichen Fahrt durch die Prärie (mit gefährlichen Passagen durch Strecken von Treibsand) hatte uns Turrell bei unserem ersten Zusammentreffen mit ihm schon 1974 die Eingriffe vorgeführt, die er in den vulkanischen Hügel vorzunehmen seinerzeit gerade begonnen hatte. Es handelte sich um einige ausgehobene Schächte, von denen aus, am besten in liegender Position, sich der Himmel über Arizona im Ausschnitt, mit dem je nach der Tages- oder Nachtzeit wechselnden Lichteinfall, beobachten ließ. Turrell interpretierte das als Möglichkeit der Erfahrung von Einsamkeit. Der Mensch, isoliert ausgesetzt auf dem im Weltall sich drehenden Globus – er habe, sagte er damals, nur hier dieses Gefühl für die Grundkondition unserer Existenz.

Seitdem ist das Projekt in der Prärie um mehrere Aussichtspunkte erweitert und für Interessenten zugänglich gemacht worden, es gibt von Flagstaff aus organisierte Touren dorthin. Natürliche Lichtquelle ist der Himmel – während in dem Wolfsburger *Ganzfeld Piece* das Licht, wie in den Arbeiten etwa von Maria Nordman, Robert Irwin, Douglas

Wheeler oder in Europa in den Ideen von László Moholy-Nagy und den späteren Lichtballetten von Otto Piene, in einem geschlossenen Kunstraum künstlich erzeugt wird. Die Konzepte weichen also voneinander ab. Die Absicht aber bleibt im Falle des Hügels in Arizona wie der Wolfsburger Installation die gleiche: Es geht um die Bedingungen der Wahrnehmung unserer selbst, einen Begriff von Leben in veränderlichem Licht.

Das ist eine der deutschen Romantik (zumal bei Novalis und Jean Paul) wie der Farbenlehre Goethes nahe Vorstellung. Sie weist über das technische Raffinement ins Spirituelle. Turrell versteht Licht nicht zuletzt als ein Mittel der Erleuchtung. Das Risiko besteht in Wolfsburg im Erzeugen einer unbestimmten, vagen Gefühligkeit. Der Gewinn liegt in der Schönheit des Zaubers, an dem das sich selbst malende Licht teilhaben lässt. Wer irgend kann, sollte sich dem aussetzen: Mehr jenseitiges Kunst-Licht war nie.

Zur Ausstellung *James Turell. The Wolfsburg Project*, Kunstmuseum Wolfsburg, 24. Oktober 2009 bis 5. April 2010, *Frankfurter Rundschau*, 27. Oktober 2009, S. 36

Pierre Soulages
Schwarz über Schwarz hinaus

Zuletzt waren vereinzelt späte Bilder von ihm auf den Kunstmessen in Köln und Basel zu sehen: schwarze Tafeln, durch ihre Intensität, Entschiedenheit und Tiefe auffällig fremd in ihrer Umgebung, sehr fern der Beliebigkeit des Betriebs um sie herum. Der Wunsch war dann immer, dem Œuvre des inzwischen 91-jährigen Pierre Soulages möglichst bald zu begegnen in einer ausführlichen Darstellung der Phasen, die dem Spätwerk vorausgegangen sind und es vorbereitet haben. Nun ist es Gereon Sievernich, der das Programm des Martin-Gropius-Baus in Berlin verantwortet, gelungen, dem deutschen Publikum den Wunsch mit der Übernahme einer umfänglichen Soulages-Retrospektive des Pariser Centre Pompidou zu erfüllen.

Unter den Ausstellungen der Saison ist diese jetzt in Berlin ein Glücksfall; sie bedeutet auch eine Wiederkehr. Frühe Bilder des französischen Malers waren nämlich schon 1948, also sehr bald nach dem Zweiten Weltkrieg, in mehreren deutschen Städten gezeigt worden. Sie hatten eine starke Wirkung auf die junge Generation westdeutscher Künstler, die nach den Jahren der NS-Kunstdoktrin wieder Verbindung zu den internationalen Entwicklungen suchten und sich der Abstraktion verschrieben. Werner Schmalenbach, später Gründer der bis heute beispielhaften Sammlung NRW, deren Museum in Düsseldorf gerade eben neu gegliedert und erweitert wurde, hatte Soulages bereits 1960 in Hannover eine erste große Einzelpräsentation arrangiert, sieben Jahre bevor das in Paris geschah.

Nicht geringer waren Einfluss und Wertschätzung des Malers in den USA, wo Soulages enge Kontakte unterhielt zu Mark Rothko, Robert Motherwell, Willem de Kooning und Franz Kline. In einem höchst instruktiven Text des Katalogs hat Serge Guilbaut das dichte Netzwerk dieser Beziehungen beschrieben. Es war die Radikalität der Bildideen des Franzosen, die nachhaltig auf die europäische wie die amerikanische Avantgarde einwirkte. Auch das Werk des Kaliforniers Clyfford Still scheint wie entstanden aus dem Dialog mit Soulages.

Das Schwarz ist die Farbe, auf deren Erforschung er sich von Anfang an und dann durchgängig konzentriert hat. Schon der Schüler war einmal aufgefallen damit, dass er die Aufgabe, Schnee zu malen, mit schwarzer Tinte anging. Soulages erinnert sich später, wie die nicht eingeschwärzte weiße Fläche des Papiers durch das dunkle Umfeld zu leuchten begann. Es war die Erfahrung, die ihn lebenslang nicht wieder losgelassen hat. Sie begründet den für seine Malerei zentralen Begriff des „outrenoir", gleichsam eines Schwarz über Schwarz hinaus: die äußerste Absenz von Farbe, „die allen anderen Farben, selbst dem Weiß, eine intensive und heftige Präsenz erwirkt".

Das schwarze Pigment erscheint als Licht, das alle Töne erst wirklich zur Geltung zu bringen vermag. Schwarz also gerade nicht, wofür es gemeinhin steht, nicht als Absage an die Farbigkeit, nicht als Ausdruck einer Verweigerung, sondern als Aussicht und Versprechen: „Schwarz", notiert Soulages, „ist die Farbe der Abwesenheit des Tages, aber sie verheißt dessen Wiederkehr."

Es ist vor allem die Bekanntschaft mit Hans Hartung, die Soulages Mitte der 1940er-Jahre veranlasst, sich selbst an abstrakten Kompositionen zu erproben. Dieser erste Abschnitt des Werks hat etwas von der Bildkraft chinesischer Kalligrafie. Wie die Zeichen einer fremden Schrift überziehen tiefschwarze, mit breitem Pinselzug dynamisch ins Bild gesetzte Bahnen die hellen Grundflächen. Oft in gegenläufigen Bewegungen vereinzeln sie sich oder ballen sich zu Knäueln. Mitunter scheinen bräunliche Töne durch.

Für den Betrachter in der Berliner Ausstellung, die das Œuvre nach den Jahrzehnten seiner Entstehung gliedert, ist es ein spannender Vorgang, dass schon dieser kalligrafische Beginn, noch eng zugehörig dem Zeitstil des Informel, doch schon die Tendenz zu einer Verdichtung der Bildvorgänge spürbar werden lässt. Sie bringt Soulages dann in den 1960er-Jahren auch tatsächlich dazu, die Flächen nahezu vollständig monochrom schwarz zu verdunkeln.

Jedoch: „Was ich mache", bemerkt der Maler 1983, „zeigt mir, was ich suche." So bricht Soulages, fortfahrend mit seinem obsessiven Studium des Schwarz, die von einem in sich nur minimal variierenden Schwarzton überzogenen Flächen in den folgenden Jahren wieder auf. Seriell eingebrachte, reliefartige Aufwerfungen der schwarzen Farbe strukturieren nun die Flächen wie Lamellen.

In den Bildern zu Anfang des neuen Jahrhunderts durchqueren schmale, weiße Bänder mit unscharfen Rändern horizontal die Autorität des dunklen Grundtons – wie durch herabgezogene Jalousien einfallendes Licht.

Solche Einlässe des Lichts hat Soulages in den 90er-Jahren des 20. Jahrhunderts auch den Kirchenfenstern gewährt, die er für die romanische Abtei von Sainte-Foy de Conques, nahe seinem Geburtsort Rodez im Süden Frankreichs geschaffen hat. Kenner halten diese Fenster für Höhepunkte des Genres. Es gilt wohl auch für sie, was der Maler über seine Bilder denkt: „Ich glaube, ich male, damit der Betrachter vor dieser Malerei allein sein kann." Bisweilen kommt es vor, dass Bilder Sehnsuchtsorte stiften: Für manchen Besucher der Berliner Ausstellung könnte das Dorf nahe den Pyrenäen mit der Abtei und ihren Fenstern eines der großen Maler der Gegenwart ein solcher vielleicht werden.

Zur Ausstellung *Pierre Soulages*, Martin-Gropius-Bau, Berlin, 2. Oktober 2010 bis 17. Januar 2011, *Frankfurter Rundschau*, 19. Oktober 2010, S. 31

Jaume Plensa
Woher wir auch kommen

Unter die Menschen, die in Salzburg zu Hause sind, und unter die Fremden, die Station machen hier, ist *Awilda* gekommen. Nein, nicht als ein junges Mädchen aus Fleisch und Blut, sondern *in effigie*, als Skulptur, die ihr Porträt ist, gemeißelt aus weißem Marmor. Ihr spanischer Schöpfer, Jaume Plensa, sagt uns, *Awilda* habe bis dahin in San Domingo gelebt, einem sehr armen Land, und sie stehe nun ein für die vielen, die von Europa die Möglichkeit eines besseren Lebens erhoffen.

Ihr Ortswechsel, ihr Erscheinen hier, hat sich also nicht realiter vollzogen, ist vielmehr die Leistung eines Kunstgedankens, einer Idee, die sich jetzt vor unseren Augen erfüllt, wahr wird und real in der steinernen Präsenz der Züge eines menschlichen Gesichts, das anonym bleibt, auch wenn der Mensch einen Namen trägt. Eine solche Umsetzung, die Verwandlung eines Gedankens in Form und Gestalt, ist ein wesentliches Merkmal dessen, was wir ein Kunstwerk nennen.

Während der letzten Jahrzehnte hatten Künstler immer wieder in vielen Umschreibungen vom Menschen, den Konditionen seiner Existenz und seinem Schicksal gehandelt, das wiedererkennbare Menschenbild aber weitgehend ausgespart. Man hat schon im Fall früherer Arbeiten des *Kunstprojekts Salzburg*, so am Beispiel der Mozart-Figur von Markus Lüpertz, der *Sphaera* und der *Frau im Fels* von Stephan Balkenhol, noch verschlüsselt auch bei Anthony Craggs *Caldera*, Anzeichen erkennen können für die Wiederkehr der menschlichen Figur als Thema der Skulptur. Mit Plensas *Awilda* bringt sich diese Tendenz nun mit besonderem Nachdruck zur Geltung.

Im Œuvre dieses Künstlers, geboren 1955 in Barcelona, ist das allerdings nichts Neues. Die menschliche Figur war seiner Arbeit, zumal seinen Entwürfen für den von ihm bevorzugten öffentlichen Raum, wieder und wieder Herausforderung und Motiv. Ich will aus einer großen Zahl von Skulpturen, die Plensa weltweit an prominenten Orten hat ansässig werden lassen, nur zwei seiner jüngeren Werke hervorheben. Vor drei Jahren hat er für einen der Hauptplätze in Nizza sieben Skulpturen von Menschen in unterschiedlichen Haltungen auf hohe, schmale Stangen platziert, weit über den Köpfen der Passanten, die, blickten sie hinauf, mit einer Wahrnehmung ihrer selbst gleichsam im Zustand der Abgehobenheit konfrontiert werden. Wir können uns selbst, verlassen wir für einen Moment die Zone routinierter Normalität und bedenken wir es recht, zu sonderbaren Wesen werden.

2008 dann hat Plensa in Chicago ein Werk geschaffen, das inzwischen ein Wahrzeichen jener Stadt ist: den *Crown Fountain*, die großzügige Anlage eines Brunnens, der dominiert wird durch immer eine andere der per Video erfassten und reproduzierten Physiognomien von 1000 Einwohnern Chicagos aus allen Schichten der städtischen Bevölkerung. Spielerisch sprüht Wasser aus den Mündern der Abgebildeten. Auch hier sehen die Menschen, die sich um das Becken dieses Brunnens tummeln, die Umgebung ihrer Stadtgesellschaft und sich selbst – wie sonst nie.

Das ist ein Grundgedanke der Arbeiten Plensas für den *public space*: die Sensibilität zu schärfen für das Erlebnis und das Ereignis von Menschen, die um uns sind, mit uns, nicht sind wie wir – und doch wir.

Für *Awilda* gilt dies auch. Es kommt für diese Skulptur hinzu: das Fremdländische, dieses: Ich bin nicht von hier. „Migrationshintergrund", kaum eine glückliche Wortprägung – im Moment aber ein Sachverhalt mit vielen negativen Konnotationen. *Awilda* aus San Domingo aber muss nicht Deutsch lernen, sie verständigt sich mit uns auf ihre Weise. Der Kopf des Mädchens ist exponiert, er wird auf dem Platz hier – dem eine neue Gegenwärtigkeit zuwächst durch diese Skulptur – ja förmlich umspült werden von Menschen, Intimität wird ihm nicht gewährt. Die junge Frau stellt sich schutzlos aus – aber ihre Augen zeigen sich geschlossen, das ist immer der Ausdruck für eine Wendung nach innen, für die Vergewisserung des eigenen Selbst, auch für die Isolation gegen die andrängende Außenwelt, eine Selbstbeschneidung, ohne die nicht zu leben ist.

Exposition und Isolation, Entäußerung und Rückzug, Gesellschaftsbetrieb und Vereinzelung (und Vereinzelung in Gesellschaft) – es sind diese Gegensätze, die das existenzielle Spannungsfeld markieren, das wir alle teilen mit ihr, mit *Awilda*. Woher wir auch kommen.

Rede anlässlich der Enthüllung von Jaume Plensas *Awilda* für das *9. Kunstprojekt Salzburg Walk of Modern Art*, Dietrichsruh, Hof der Juridischen Fakultät, Universität Salzburg, 9. Oktober 2010

Otto Ritschl
Bilder, die sind

Für mich ist der 1976 im Alter von fast 91 Jahren verstorbene Künstler einer der Protagonisten der deutschen Malerei in der zweiten Hälfte des vergangenen Jahrhunderts. Persönlich durfte ich den Künstler um 1969/70 in seinem Haus in Wiesbaden kennenlernen. Er stand schon weit in seinen Achtzigern. Zwei Jahrzehnte zuvor waren Bilder von ihm sehr gefragt gewesen, dann war es stiller geworden um ihn, als wir uns zuerst trafen, erfreute er sich wieder einer wachsenden öffentlichen Zuwendung. Der im Umgang spröde-herzliche Mann war in seinem Schaffen immer von unnachgiebiger Strenge. Aber er konnte auf eine rührende Weise auch Stolz zeigen auf sein Werk, an dem er, von seinem hohen Alter, wie es schien, kaum geschwächt, unermüdlich weiterbildete. In seinem kühlen, asketischen Atelier stand man bei jedem Besuch tief beeindruckt vor dem Wunder an Energie und Jugend von Ritschls Alterswerk.

Zu diesen späten Bildern gehören auch die beiden Triptychen in der Kirche St. Mariä Heimsuchung. Die Moderne hat die normative Formvorgabe für das Arrangement von drei Tafelbildern mit jeweils einem zentralen Hauptstück, welche die Malerei des Mittelalters aus der Darstellung religiöser Inhalte herleitete, preisgegeben zugunsten einer nun nicht länger hierarchischen Gliederung in ein Hauptbild und zwei begleitende Nebenbilder. Die Gründe für diese Befreiung, die das Beispiel der beiden Triptychen in diesem Kirchenraum bezeugen, sind vielfältig. Allgemein lässt sich feststellen, dass die neue Freiheit gegenüber dem genormten Bildtypus der alten Malerei ein Ausdruck ist für das höhere Maß an Komplexität, mit dem die Moderne den Zeitgenossen unablässig konfrontiert: Gegen die bis zur Unübersichtlichkeit ständig auf uns eindringende Mannigfaltigkeit der Welt, die sich von religiösen Bindungen für den Einzelnen wie für die Gesellschaft, in der er lebt, weitgehend gelöst hat, lässt sich die tradierte Ordnung des mehrteiligen Altarbildes nicht mehr halten.

Von Ritschl sehen wir also Triptychen, die das alte Gliederungsprinzip überwinden, stattdessen jetzt zusammengehalten werden durch ausgreifende, die Dreiteilung übergreifende Farbführungen: Kompositionen sind das, in denen die Farben in eine schwebende Bewegung gebracht und dann doch wieder entschieden lokalisiert sind. Die Spannung der Entwürfe rührt her aus genau diesem Wechsel zwischen einem gleichsam sehnsüchtigen Fließen der Farbe und ihrem Zur-Ruhe-Kommen, dem Verlangen nach der Bewegung in sich weit öffnende Räume und einem Innehalten in nächster Nähe. So sind wir ja angelegt, zugleich versehen auf das Fortgehen wie darauf zu bleiben, auf das Ephemere, Flüchtige und auf das Dauernde. Mit einem Wort der Dichterin Ingeborg Bachmann: „Für die Flüsse und für die Flussregulierung."

Hinsichtlich der Kirche als einem Ort für Otto Ritschls Bilder und für das moderne Kunstwerk generell – erlauben Sie mir diesen Exkurs – folgt daraus ein Doppeltes. Angemessen ist der Kirchenraum den beiden Triptychen Ritschls, weil die Bildwerke wunderbar zur Geltung kommen mit ihrer Kraft, sich wie mühelos zu behaupten wissen – und das ist ja kein Leichtes, gegen die zu enormer Höhe ansteigenden Wände. Beeindruckend, wie die eigene Raumbildung der beiden Werke nicht eingeschränkt wird durch die imponierend hochfahrende Architektur des Baus.

Problematisch andererseits ist aber die Platzierung in dem Gotteshaus, weil sie den Verdacht aufkommen lässt, das zeitgenössische Kunstwerk mache sich frommem Ziel dienstbar. Es lassen sich viele Beispiele dafür anführen, wie leicht aus einer solchen Haltung nicht mehr erwächst als religiöser Kitsch, Kirchenkitsch. Das kann für Otto Ritschl nicht gelten. Er war im Kirchensinne kein frommer Mann. Kein Zweifel: Mit seiner Malerei wollte er über Malerei hinaus, in Zonen des Spirituellen, in Gedanken- und Empfindungsräume jenseits des Taghorizonts. Konkret war ihm das aber eine Aufgabe im Umgang des Malers mit der Farbe als seinem Lebensthema, nicht mit religiösen Inhalten irgendwelcher Couleur. Wie etwa auch im Falle des späten Goethe, nicht nur im zweiten Teil des *Faust*, ist das genau zu trennen.

Otto Ritschls Anfänge als Maler zeigten noch die Nähe zum Expressionismus. Deutlich unter dem Eindruck des Ersten Kriegs entsteht 1919 das Bild *Der irrende Soldat*. Ritschl hat es als den Anfang seines Weges in die Malerei bestimmt, die Elendsfigur eines geschundenen Mannes sieht starren, verzweifelten Blicks auf den Betrachter.

Verblüffend erinnern Ausdruck und Haltung der Figur an die *Heldenbilder* von Georg Baselitz nach dessen Wechsel aus dem Osten in den Westen fast ein halbes Jahrhundert später.

Bis zu diesem Bild hatte Ritschl vor allem geschrieben, Prosa und Stücke für das Theater, der Kritiker Siegfried Jacobsen nannte ihn damals „eine Hoffnung des deutschen Lustspiels". Aber dann, schon Mitte 30, wird der Literat zum Maler. Er hat die Verwandlung selbst so beschrieben: „Als ich im Herbst 1918 [...] auf den Jammer der zurückflutenden Truppen traf, dreht es mich um. Zu Hause zeichnete ich mit Kohle auf die Rückwand eines großen Spiegels aufgetürmte Totenköpfe. Damit begann der Maler, das Schreiben war beendet. Ich besorgte Farben, mehr als Reste und einen Schablonenpinsel erhielt ich nicht. Mit Wattebäuschen malte ich auf einem Bettlaken das erste Bild: *Der irrende Soldat.*"

In den 1920er-Jahren bewegt Ritschl sich auf Tendenzen der Neuen Sachlichkeit zu. Die Linie schärft sich, spannt sich an. Ein rationales Kalkül wird zu dieser Zeit für die Bilder bestimmend. Wie weit ausgeprägter später in den Arbeiten der 1950er-Jahre, resultiert die Spannung der Bildinhalte aus der deutlich von ihrer Linienführung dominierten Umsetzung von Emotionen in Formen, die sich in Prozessen der Verfestigung und der Auflösung, Konflikten zwischen äußerer Kontur und widersprechender Binnenzeichnung dramatisch entfalten.

Es sind dann die Bilder der letzten beiden Jahrzehnte seines Lebens, in denen Ritschl eine Meisterschaft erreicht, die ihm den Rang eines Großen der abstrakten Malerei sichert. Immer souveräner wird jetzt die Einlassung auf, mit einem Wort Cézannes, „die Farbe als einzigem Thema der Malerei". Zumal im Bildaufbau der größeren Leinwände, die Ritschl gemäß sind, ist eine Kraft zu spüren, die die Begrenzung durch das Format fast nicht mehr anerkennt – so frei entfaltet sich die Farbe in den Raum. Nie verlöschen die Impulse einer ersten Farbsetzung vor der Zeit, keine Bildzone entfällt der Aufmerksamkeit. Niemals sucht der Maler nach nur schnellen Effekten, überraschenden Abgängen. Alles ist Komposition, reflektierte und reflektierende Melodie.

Vor solchen Arbeiten ist noch einmal wieder von Schönheit zu sprechen. Sie definiert sich hier aus einem Einklang von Gedanke und Gefühl, Absicht und Mittel, Einzelheit und Kontext.

Es sind Bilder, von denen man lernen kann, was das bedeutet, Farbe zu wagen – und das Wagnis zu verantworten: Wie sich eine Farbe vor den Grund einer anderen schiebt, Bildräume, Raumfolgen entstehen aus gleichsam festgestellten, dann wieder wie Wolken treibenden Farbfeldern, dunklere Töne kontrastiert werden von transparenten Gegenklängen – damit ruft Ritschl den Betrachter immer wieder in ein großes Abenteuer. Nachdrücklich schaffen die Bilder eine eigene Wirklichkeit. Nichts anderes stellen sie dar als sich selbst: Bilder, die sind. Das ist ihre Wahrheit.

Rede anlässlich der Übergabe zweier Werke Otto Ritschls an die Kirche Mariä Heimsuchung, Wiesbaden, 20. Juni 2010

Markus Lüpertz
Es gibt kein Mittel gegen mich

Kunst ist immer auch: Behauptung. Der Künstler reklamiert einen Raum, schafft eine Wirklichkeit, anders als alle anderen Realitäten. Und tut das mit dem Anspruch auf Autonomie, Gültigkeit, Bedeutung der Werke wie damit zugleich der eigenen Sonderstellung als Person. In dieser Beziehung lässt sich Markus Lüpertz, der Maler, Skulpteur, Musiker, Lyriker und lange Zeit auch Lehrer und Direktor an der Düsseldorfer Kunstakademie, von niemandem übertreffen.

„Findet euch ab mit mir, es geht kein Weg vorbei / es gibt kein mittel gegen mich /ich bin wie der regen / ich bringe in euch die Blumen zum blühen ...“, heißt es 1973 in einem Gedicht des damals 32-Jährigen. Diese radikal sich gegen alle gesellschaftlichen Normierungen und gegen den ganzen Lebensbetrieb (auch orthografisch) abgrenzende, hochgreifende Selbsteinschätzung, bringt Lüpertz zum Ausdruck mit jedem Auftritt: als ein fürstlich eleganter Flaneur, der auf den Status des Genies pocht und wie selbstverständlich sich die öffentliche Selbstinszenierung herausnimmt, provozierend mit einer verwegenen Verknäuelung von Hybris und Demut, Tiefsinn und Posse.

Vor allem aber wird diese Anspruchshaltung bezeugt durch das Œuvre, das Lebenswerk des inzwischen bald 70-jährigen Malers und Bildhauers, dem die Bundeskunsthalle in Bonn jetzt die mit nahe an 200 Arbeiten bislang umfangreichste Retrospektive eingerichtet hat.

Wie Lüpertz als Person sich selbst hervorhebt ohne Rücksicht auf soziale Rituale und Reglements, bricht die Ausstellung, die zurückreicht bis in die Anfänge seiner Malerei um 1963, mit der konventionellen Vorstellung von kontinuierlicher Entfaltung. Energisch unterstreicht sie vielmehr, mit einer manchmal fast lärmenden Kraft, das Sonderrecht des Künstlers darauf, immer neu anzusetzen, Motive und Malweisen, Gegenständlichkeit und Abstraktion, Position und Stil ständig zu verändern. Wer sich dem aussetzt, erlebt die Einzelbilder und Bildzyklen, zu denen ab den 1980er-Jahren farbig gefasste, häufig zum Monumentalen tendierende Skulpturen kommen, wie eine tumultuarische Überwältigung, ein rauschhaftes Defilee der Inhalte und Formen.

Gewiss haben die immer aufs Neue gewagten Anfänge ihren Preis: In ihrem Untertitel kündigt die Ausstellung „Haupt- und Nebenwege" an – tatsächlich führt nicht alles, was aus bald einem Jahrhundert der Unternehmungen von Lüpertz vorgeführt wird, zu Hauptwerken. Erkennbar werden auch Sackgassen, Ansätze, die abgebrochen werden, Momente der Verstrickung in selbst gestellte Aufgaben, bei deren Lösung das Genie stottert. Solche Augenblicke mindern aber nicht den Eindruck enormer Vitalität und Spannung des Ganzen, sondern sie belegen im Gegenteil, indem sie immer wieder überwunden werden, dass der hohe Anspruch von Lüpertz auf die Geltung und Bedeutung von Werk und Person sich zuallererst aus harter Arbeit herleitet und begründet: Der Mann macht sich mit Kunst eine Welt, das ist sein Triumph; ein Zuckerschlecken aber ist es nicht.

Trotz aller Brüche zwischen den verschiedenen Phasen des Werks – es gibt doch auch Charakteristika. Dazu gehört einmal die Idee des Pathos; zum anderen, ebenso inhaltlich wie formal, die Insistenz auf die Farbe als Thema der Malerei. Das Pathetische als Empfindung und Ausdruck der Steigerung von Normalität ist dem Œuvre unübersehbar zentral. Markus Lüpertz hat dafür den Begriff des „Dithyrambischen" erfunden, hymnische Feier des Dionysos, für Lüpertz (mit Friedrich Wilhelm Nietzsche) der Gott des ästhetischen Überflusses.

In den 1960er-Jahren war der Maler mit einem *Donald Duck*-Zyklus zunächst das Problem des Konflikts zwischen Figürlichkeit und Abstraktion angegangen. In wirren, gestisch aufgebrachten Farbgeflechten hatte er Leiber, Köpfe, Augen erahnen lassen, möglicherweise seine Reaktion auf die englisch-amerikanische Pop-Art. Nach der Verkündung des *Dithyrambischen Manifests* von 1966 (*Für eine Kunst, die im Wege steht*) beruhigte, straffte und konzentrierte er die Motive. Objekte aus der realen Welt, Baumstämme, Ähren, Telefonmasten, Zäune, Zelte, ein Segel, werden isoliert erfasst, farblich überhöht und damit ihrer banalen Wirklichkeit enthoben.

Es ist ein Transfer der Normalität ins Pathetische. Mitunter nicht ohne einen ironischen Nebenton, der sich, Jahre später, als kritisches Element etwa auch bemerken lässt an der Serie von Soldatenhelmen (einer Antwort auf die zunehmende Remilitarisierung der westdeutschen Gesellschaft?). Sie werden nicht weniger bedeutungsvoll ins Bild platziert wie an anderer Stelle die Kuchenform eines Gugelhupfs. Sogar die düster grundierten Totenköpfe in den jüngsten Bildern haben diesen Anflug einer Störung des Pathos durch die Farce.

Das andere auf den Bildern durchgängig präsente Element ist der leidenschaftliche Umgang mit der Farbe. Ganz im Sinne des Diktums von Paul Cézanne, das einzige Thema der Malerei sei die Farbe, entwickelt und entfaltet Lüpertz Farbwerte zu Wirkungen, die von äußerstem Raffinement und zugleich von einer schönen Klarheit sind. Wenn er sich in einer Bilderfolge der 1980er-Jahre auf Vor-Bilder von Jean-Baptiste Camille Corot, Gustave Courbet oder Nicolas Poussin bezieht, kann man über dem Theater der Farben fast die Motive vergessen, deren paraphrasierende Darstellung sie zum Anlass haben.

So ist auch bei den in Bonn von der Kuratorin Susanne Kleine zwischen die Bildwerke positionierten Skulpturen für den Bildhauer Lüpertz vordringlich immer das Verhältnis der farbigen Gestalt zu dem sie umgebenden Raum – trotz des Skandals, den eine *Aphrodite* in Augsburg und die *Hommage an Mozart* in Salzburg als Kunst im öffentlichen Raum provozierten.

Es geht um die andere Wirklichkeit, die durch Kunst in die Welt kommt. Ein Hauptwerk der Retrospektive sind die *Tunnelblumen* von 1969. Lüpertz war seinerzeit Stipendiat der Villa Massimo in Rom. Während vieler Autofahrten nach Italien beobachtete er über den Ein- und Ausgängen der Tunnel arrangierte Pflanzen. In seiner Wahrnehmung wurden die Tunnel, von ihm auf Stängel gesetzt, selbst zu den farbig leuchtenden Blumen, die in der Realität einer italienischen Autostrada über den Einfahrten blühen. Aber ist diese Umkehrung durch den Maler nun eine Wirklichkeit minderen Rangs? Nein, sagt Lüpertz, findet euch ab damit. Es ist seine Behauptung. Wer die Werke sieht, hat ihm dafür zu danken.

Zur Ausstellung *Markus Lüpertz. Hauptwege und Nebenwege. Eine Retrospektive. Bilder und Skulpturen von 1963 bis 2009*, Kunst- und Ausstellungshalle der Bundesrepublik Deutschland, Bonn, 9. Oktober 2009 bis 17. Januar 2010, *Frankfurter Rundschau*, 20. Oktober 2009, S. 20

Raimund Girke
Zum Achtzigsten

Ich bin Raimund Girke über die Jahre an unterschiedlichen Orten häufig begegnet. Er war einer von den Menschen – mir will scheinen, dass sie seltener werden –, die sogleich, kaum hat man einander begrüßt, mit einem hohen Maß an Dringlichkeit zu sprechen kommen auf die Inhalte ihres Lebens und ihrer Arbeit, die sie gerade nicht irgendwie nur beschäftigen, vielmehr ganz und gar besetzt halten. Derart war Girke jemand, der in jedem Moment ganz dicht bei seinen Beweggründen war.

Nie habe ich ihn erlebt als gleichsam einen Routinier seiner Kunst, sondern als immerzu suchend Fragenden: Was ist meine Idee von der Kunst-Arbeit wirklich, die ich in diesem Moment meines Lebens auf mich nehme, auf mich nehmen muss? Was veranlasst mich als Maler, einen bestimmten Weg zu gehen und wohin kann er führen? Was hat meine Malerei zu tun mit meiner Existenz und mit der Lebenswirklichkeit der Betrachter, die meine Bilder sehen werden?

Mit den Antworten auf solche Selbsterkundungen war Girke dann immer sehr vorsichtig, ging gerne zurück auf vergangene Erfahrungen, an denen er erkennen wollte, welchen Wert sie haben könnten für seine gegenwärtige Arbeit, kam dabei auf Personen, die auf ihn Einfluss genommen hatten, auf Paul Cézanne und Claude Monet, aber, näher in der Zeit, auch auf Gotthard Graubner, den er sehr schätzte. Wie oft darauf, was überhaupt alles Gelebte zu bedeuten hatte und bedeutet.

Ausführlich konnte er erzählen von ihn bestimmenden literarischen Abenteuern, von den Sprachen Adalbert Stifters, Theodor Fontanes, Samuel Becketts, auch von Ludwig Tieck, in dessen Welten er sich auskannte. Um über Malerei zu reden, fand er zu Recht, habe man immer nur Umschreibungen. In einem Band, der Texte von ihm aus mehr als drei Jahrzehnten versammelt, veröffentlicht vom Kunsthaus in Zug in der Schweiz, findet sich, angelegt in einer Kreisform, der Versuch, mit Wörtern zu umfangen, was des Malers Stoff ist und dabei das älteste Geheimnis: „Welt der Farbe, / Materie / und Geist zugleich, /

beschwörend / und von symbolischer Kraft, / nicht fassbar, / unergründlich: / Farbe."

Von Anfang an erfuhr er zustimmende Bestätigung. „Um den Weg dieses Künstlers muss uns nicht bange sein" – Wieland Schmied, der für die Durchsetzung der Moderne in Deutschland, keineswegs nur des Surrealismus, um dessen Erforschung er so große Verdienste sich erworben hat (und bis heute noch immer erwirbt), stellt diese günstige Prognose in dem schmalen, aber exquisiten Katalog, der anlässlich der Ausstellung von Weiß-Bildern Girkes im Januar 1966 in der Galerie in Hannover erschien. Verantwortet damals von Adam Seide, der zu den Entdeckern des jungen Malers gehörte, ihm ein Freund wurde; und selbst zudem nicht nur zugetan war den neuen Ansätzen in der Malerei der Zeit, sondern auch als Literat von feinstem Gespür.

Wieland Schmied sollte Recht behalten mit seiner Vorhersage: Tatsächlich hat Raimund Girke sich in den folgenden Jahrzehnten beständig und nachdrücklich behauptet. Oft gegen viel Lärm auf der Szene: Er hat die raschen Wechsel der Stile und Moden nie mitgemacht. Leise ist sein Œuvre gewachsen, aber mit bewundernswerter Intensität.

Es lässt durchaus unterschiedliche Phasen, Schritte der Verwandlung erkennen. Differenzen in der Gliederung der Flächen und des Bildraums, veränderliche Einstellungen zu den Beziehungen zwischen Licht und Farbe wie zur Dynamik des Farbauftrags, mithin zum Verhältnis von Spontaneität und Kontrolle. Schließlich macht sich in den Bildern, die seit Mitte der 1980er-Jahre entstehen, auch eine neue Generosität bemerkbar im Umgang mit den Farben, die den Maler längst nicht mehr sich beschränken lässt auf die weiß-schwarzen Reduktionen der frühen Jahre. Ein bewegtes und bewegendes Blau durchweht nun manchmal den Bildraum, schwebend wie Himmel, die aufziehen von weit her. Und weiter reichen, als das Geviert des einzelnen Bildes sie zu fassen vermag.

Es lässt sich an den Bildbeispielen in dieser Ausstellung, wenn man sich darauf einlassen mag, sehr gut ausmachen: Nur auf den ersten Blick, prima vista, scheinen die Perioden von Girkes Werk durch Brüche voneinander geschieden. In Wahrheit sind sie einander verbunden, und zwar durch etwas, das der Maler bezeichnet hat als seine „Handschrift", verstanden im weitesten Sinne: als Ausdruck seiner selbst, seiner Nachdenklichkeit und seiner Überzeugung, es könne die abstrakte Komposition eine autonome Wirklichkeit schaffen, anders als alle anderen Realitäten; und zugleich doch auch Nachricht geben davon, was die Stunde geschlagen hat. Man kann auch sagen: Es war Girkes Haltung zur Welt, zur Kunst, zu sich selbst, die die Abschnitte des Œuvres in Zusammenhang bringt und als einen Kontext erscheinen lässt.

Zu einem unserer letzten Treffen kam es an einem Sommernachmittag vor nun schon neun Jahren in Girkes Kölner Atelier, einem großen Raum in einem früheren Fabrikbau, zugänglich über einen Hinterhof. Überraschend, ja: überwältigend die Frische und die Kraft einer gerade eben entstandenen Suite blauer Bilder, die er im Atelier vorführte. Herausforderungen der Empfindungsfähigkeit des Betrachters, ich dachte, und der Eindruck hat sich gehalten bis heute: von einer sehnsüchtigen Schönheit, um die dieser Maler die Welt reicher gemacht hat.

„Zu meinem Glück“, sagte Raimund Girke damals, „hat in meinem Leben immer die Malerei beigetragen.“ Das war nur ein Jahr vor seinem Tod. Ein Trost kann uns das schon sein, an diesem Tag heute, an dem er 80 geworden wäre und wir ohne ihn sind. Von seinem Glück bleibt uns das Glück der Bilder, die er hinterlassen hat: das große Geschenk eines Malerlebens.

Einführung in die Ausstellung *Raimund Girke. Bilder aus 5 Jahrzehnten*, 28. Oktober 2010 bis 29. Januar 2011, Galerie Fahnemann, Berlin

Bernard Schultze
Das Kennwort suchen – und es finden
Die frühen Jahre

Bernard Schultze war 1947 nach Frankfurt am Main gekommen. Den damals 32-Jährigen, geboren 1915 im westpreußischen Schneidemühl (dem heutigen Pila), aufgewachsen in Berlin, wo er Abitur machte und ab 1934, bis zu seinem Wechsel an die Düsseldorfer Kunstakademie, an der Hochschule für Kunsterziehung studierte, hatte es nach der Zeit als Soldat der Wehrmacht und dem Ende des Zweiten Weltkriegs zunächst nach Flensburg verschlagen. In Berlin waren alle Bilder seines Jugendwerks verbrannt. Trotz dieses Verlustes nahm er in Flensburg, auch durch eine Begegnung mit Emil Nolde darin bestärkt, die künstlerische Arbeit wieder auf. *Sonja*, gemalt 1945/46, zeigt eine Stadt im Feuersturm, aus dem sich der nackte Leib einer Frau erhebt wie das Inbild der verführerischen Hoffnung auf einen neuen Anfang, eine bessere Zukunft nach der Katastrophe.

Von der Entscheidung für den Wechsel nach Frankfurt versprach Schultze sich die Aussicht auf eine Existenz, wie er sie in Berlin kennengelernt hatte, ein Leben in großstädtischem Zusammenhang. Frankfurt am Main war im Gespräch als mögliche neue Hauptstadt der drei westlichen Besatzungszonen, Aussicht also auf Verbindungen zu anderen Künstlern, auch ließ die zentrale Lage der Stadt bald die Chance für internationale Kontakte erwarten.

Für zwei Jahrzehnte, bis zu seinem Umzug nach Köln 1968, sollte Schultze in der Stadt am Main bleiben. Es war nicht die Stadt, die wir heute kennen. Ihr Zentrum lag in Trümmern, von ihrem Mittelpunkt, der Hauptwache aus, war der Blick frei bis zu dem schwer beschädigten Dom nahe dem Mainufer inmitten von Ruinenfeldern; durch die Luftangriffe der Alliierten weniger getroffene Außenbezirke waren als von den amerikanischen Besatzungstruppen reklamierte Zonen abgeriegelt und für Deutsche unzugänglich. Eine einzige Straßenbahn, zugelassen nur für Amerikaner in Uniform, verband den zerbombten Hauptbahnhof mit den Standorten des US-Militärs in den nördlichen Vororten. Für Kunst und Künstler schien hier kein Raum.

Aber war es vielleicht doch gerade der richtige Ort? Es wird schon so gewesen sein, dass auch die durch den Krieg verwüstete Welt für die deutschen Maler des Informel eine der Voraussetzungen war, sich gänzlich neu zu orientieren und Ausdrucksformen zu erproben, die sich befreiten von den Traditionen der gegenständlichen Kunst – in einem Akt, der nicht, wie ihnen später zu Unrecht gelegentlich vorgehalten, die Verdrängung von Geschichte intendierte, sondern als Bewegung *per aspera ad astra*, aus dem Dreck zu den Sternen, als die Eröffnung neuer Horizonte gedacht war.

Die Jahre seines Aufenthalts in Frankfurt wurden jedenfalls für Schultze zu den wichtigsten seines Lebens. Er erinnerte sich später der Anfänge dort: „Am Rande Frankfurts entstehen in einem Gemisch aus Krautgärtlein und Hinterhof meine ersten informellen Bilder, gleichsam in Konkurrenz zu Fliederbusch und Apfelblütenbäumen." Im Amerika-Haus findet und verschlingt er amerikanische Kunstzeitschriften, sieht zum ersten Mal Abbildungen von Bildern Jackson Pollocks, Jean-Paul Riopelles, Mark Tobeys. Er lernt dort auch die in der Bibliothek angestellte, um zwei Jahrzehnte jüngere Ursula kennen, in die er sich verliebt und die er einige Jahre später heiraten wird – eine Verbindung, aus der sich eine Lebensgemeinschaft entwickelt, die bis zum Tod von Ursula 1999 währt. „Spinne" nennt er sie, die selbst auch eine Künstlerin von Rang und internationaler Anerkennung wird, und die beiden Unzertrennlichen werden in Frankfurt zu einem Paar, ohne dessen immer gemeinsame Auftritte die Kunstszene der Stadt in den 1950er- und 1960er-Jahren nicht zu denken war.

Ursula war von leicht reizbarem, jäh aufbrausendem Temperament, aggressiv und streitlustig, hingegen wirkte er, Schultze, obgleich nicht weniger kritisch, ihr gegenüber eher beruhigend, liebevoll milde, geduldig, begütigend. In ihrer künstlerischen Arbeit haben die beiden einander produktiv gefordert und gefördert, in der neueren Kunstgeschichte ist ihre Gemeinschaft ohne Beispiel. Wer sie kannte, hat verstanden, dass Schultze nach dem Tode Ursulas sagen konnte, es sei mit ihrem auch sein Leben vergangen.

In Frankfurt haben sich wesentliche Phasen des malerischen wie des zeichnerischen Werks von Bernard Schultze entfaltet. Nicht nur entstehen hier die ersten informellen Bilder, findet er zu den plastischen Einklebungen und Einschmelzungen in den Bildgrund, sondern er schafft auch, um 1961, die ersten *Migofs*, jene fantastisch wuchernden Gebilde, mit denen der Gestus der Tafelbilder die Fläche verlässt und ausgreift in den Raum. Auf der *documenta III*, 1964 in Kassel, gewährte man ihm für die *Migofs* eine eigene, mehrteilige Installation, in der Wirkung von außerordentlicher Theatralik. Er kam damals aus Kassel nach Frankfurt zurück mit der Reputation, für einen Höhepunkt jener *documenta* gesorgt zu haben. So bescheiden er war, konnte er einen solchen Erfolg doch durchaus genießen.

Er war jemand, der immer die Anregung suchte, die Diskussion mit anderen, auch die Kontroverse mit ihnen, die er brauchte, um die eigene Position zu halten, weiterzudenken und fortzuschreiben. Von Frankfurt aus führte dieses ihn ständig antreibende Verlangen nach Austausch und Auseinandersetzung zu vielen Reisen, zunächst vor allem nach Paris, wo er unter anderem auf die Bilder von Hans Hartung, Wols, Georges Mathieu traf, später auch nach New York, wo ihn zumal Willem de Kooning, Pollock, Riopelle, wie er erzählt hat, nachgerade „in ein Fieber" geraten ließen und die eigene Produktivität antrieben.

Es war vor allem der zeitbedingte Wunsch Schultzes, durch die Verbindung zu anderen Künstlern sich selbst zu motivieren, zu überprüfen und zu bestätigen, der ihn mit der Frankfurter Zimmergalerie von Klaus Franck zusammenbrachte: Jeder der Maler, die Franck in die zwei Zimmer seiner Wohnung in der Böhmerstraße 7, aus der er 1954 in die Vilbeler Straße 29 umzog, zu Ausstellungen ihrer Bilder einlud, wusste sich, wie auch Schultze, auf einsamem Weg, ohne nennenswerte öffentliche Akklamation – in dem zerstörten Land hatten die Menschen notwendig ganz andere Interessen als die an den abstrakten Ausdrucksformen einer neuen Kunst.

Klaus Franck, Jahrgang 1912, Angestellter einer Krankenkasse, hatte die Galerie bereits vier Jahre nach Kriegsende, im Juni 1949 eröffnet. Die ersten Künstler, deren Bilder er zeigte, lebten wie Schultze und damals auch K. O. Götz in Frankfurt und der engeren Umgebung. Durch den älteren Götz erfuhren sowohl Schultze als auch der gern sich selbst zurücknehmende, zugleich leidenschaftlich engagierte Freizeitgalerist, für sein Programm viele Anregungen. Götz war schon in Paris gewesen und hatte dort Kontakte aufgenommen zu Wols, Jean Fautrier, Hartung und Mathieu, an die Schultze bei den eigenen Reisen nach Paris anknüpfen konnte. Und durch Götz internationalisierten sich auch die Ausstellungen der Galerie. Unter abenteuerlichen Umständen kam aus Paris Raoul Ubac, Jean-Paul Riopelle reiste zu seiner Ausstellungseröffnung aus Frankreich mit Frau und Kindern per Fahrrad an (und auf die gleiche Weise später weiter in die Schweiz). Heroische Zeiten. Während der ersten zehn Jahre ihres Bestehens organisierte Klaus Franck, ausschließlich mit eigenen finanziellen Mitteln, 122 Ausstellungen mit circa 1900 Arbeiten von 127 Künstlern aus elf europäischen und vier außereuropäischen Ländern.

Zu der historisch bedeutendsten, weil lange nachwirkenden Ausstellung der Zimmergalerie kam es im Dezember 1952: Bernard Schultze, K. O. Götz, der Frankfurter Heinz Kreutz und der wie Götz eng mit der Pariser Szene verbundene Otto Greis stellten neue Bilder aus, deren gemeinsames Merkmal die weitgehende Befreiung der Farben von den Formen der figurativen Darstellung war. Der Poet René Hinds verfasste und verlas anlässlich der Eröffnung einen *Bildessay*, in dem er den Auftritt der Vier den „Sturmritt einer Quadriga Malbesessener" nannte – daher der Name, den Schultze, Götz, Kreutz und Greis der Gruppe gaben, zu der sie sich an jenem Abend verbanden: Quadriga. Damit hatte sich in Frankfurt eine Konstellation gebildet, die zur Keimzelle der deutschen Ausprägung der tachistischen Malerei des Informel geworden ist.

Die positive Resonanz in Frankfurt beschränkte sich auf einen engen Zirkel von Freunden. Als kluger Interpret gehörte William E. Simmat dazu – der später auch der den ZERO-Künstlern sich verpflichtenden Galerie dato von Rochus Kowallek, nach Franck der historisch wichtigste Promotor der Avantgarde in der Stadt, Beistand leistete – wie auch der Baron von Döry, die Kritiker Godo Remszhardt, Leo Maria Färber, Egon Vieta und Hanno Reuther. Der souveräne städtische Kulturdezernent Karl vom Rath war ein zurückhaltender Sympathisant, während die Administration des Städel Museums keinerlei Interesse zeigte, vielmehr bis in die 1970er-Jahre bei der Ansicht des Direktors Holzinger blieb, es habe nach 1945 in Deutschland keinen Kunststil von Bedeutung gegeben.

Der Zusammenschluss der vier Maler hat sich schon bald gelockert, sie gingen jeder für sich eigene Wege. Schultze tendierte, nicht zuletzt mit den *Migofs*, zu dem Surrealismus nahen Ausdrucksformen, deren Ansätze sich schon früher feststellen ließen. In Frankfurt gehörte er in den 1960er-Jahren zu dem Kreis von Surrealisten wie den Österreichern Ernst Fuchs und Arik Brauer um die Galerie Heinrich von Sydows in der Sandgasse. Man hat seinerzeit Schultze und Ursula oft als streitbare Protagonisten der Vernissagen bei von Sydow erleben können. (In Frankfurt hat dann seit den 1970er-Jahren vor allem die Galerie von Timm Gierig die beiden vertreten.)

Ein Jahr vor dem Umzug 1968 nach Köln wurde Bernard Schultze mit dem Kunstpreis der Stadt Darmstadt ausgezeichnet. Für den Maler war das eine Anerkennung, die ihn dennoch nicht in der Region halten konnte: Die Kunstlandschaft des Rheinlands mit dem Zentrum Köln schien ihm durch das in Frankfurt so nicht vorhandene Interesse der öffentlichen und privaten Sammlungen deutlich günstigere Möglichkeiten der Entfaltung zu bieten.

Dabei hat er sich der Frankfurter Jahre noch viel später gerne erinnert. Als die *Frankfurter Rundschau* zum Jahreswechsel 1980/81 ihm und Ursula eine Sonderseite zur freien Gestaltung anbot, entwarfen beide eine Zeichnung, in die Bernard Schultze handschriftlich den zerfallenden Text eines Gedichts einfügte – mit der persönlichen Bemerkung, dies sei auch „eine Hommage an Frankfurt“. In dem Text finden sich die Zeilen: „Eh der Asphalt / mit flacher Hand / zudeckt das Kennwort / dann unter mürben Schleiern / der Stift zu schreiben / beginnt”. So hat er sich erlebt und die Stadt, Bernard Schultze, damals.

Erschienen in: Walter Smerling, Eva Müller-Remmert: *Bernard Schultze. Gegenwelten*, Köln 2012

Mario Nigro
Zwischen Emotion und Kalkül

In den Kunstsammlungen Chemnitz wird mit den Werken von Mario Nigro eine Ausstellung eröffnet, die zugleich historisch und herausfordernd aktuell ist. Historisch ist sie, indem sie zurückführt in mehrere Perioden eines abgeschlossenen künstlerischen Œuvres, das sich zwischen 1952 und 1992, dem Todesjahr Mario Nigros, also über eine Spanne von 40 Jahren hin, entwickelt und in diesem Zeitraum einige wesentliche Neuerungen hervorgebracht hat. Aktuell und herausfordernd ist die Ausstellung, weil diese Innovationen Nigros den Maler als einen immer experimentierenden, ständig um riskante Verwandlungen seiner Formensprache bemühten Künstler ausweisen – womit er etwas hinterlassen hat, das keineswegs abgeschlossen, also gerade nicht historisch, vielmehr der Kunst bis heute Antrieb und Thema ist.

Es geht dabei um das Spannungsverhältnis zwischen Expressivität und Rationalität, Emotion und Kalkül, Gefühl und geplanter Wirkung. Und immer geht es Nigro darum, mit den in seiner Malerei sich entfaltenden Strukturen sichtbar werden zu lassen, welche Muster des Verhaltens uns individuell und als Gesellschaft bestimmen.

Mario Nigro – geboren 1917, der Vater Mathematiklehrer, die Mutter Tochter eines Generals der für die Einigung Italiens kämpfenden Truppen Garibaldis – wurde zunächst ausgebildet und in Livorno beschäftigt als Apotheker, bis er sich mit Beginn der 1950er-Jahre in Mailand als Maler gleichsam neu erfand. Dieser Mario Nigro war ein Italiener, der mit seiner Betonung des Rationalen sich in das deutsche Klischee italienischer Mentalität nicht recht einfügen will.

In der deutschen Malerei der Romantik lässt sich beispielsweise ein Eindruck von den Vorstellungen gewinnen, die wir Deutsche, bis heute, mit Italien, Goethes „Land, wo die Zitronen blühen", assoziieren: Italien, das war und ist für manchen noch immer Sehnsuchtsterrain idealer Landschaften, idyllischer Szenerien, schöner Natur mit froh geschäftigen Bauern, Schäfern und Fischern, eine Region gefühligen Wohlbehagens.

Jedoch, das war Italien natürlich so nie. Die Kunst- und Kulturgeschichte des Landes liefert viele Gegenbilder für geplante, formal hoch reflektierte Darstellungsweisen des Schönen, in der Literatur, der politischen Prosa eines Niccolò Machiavelli und der Lyrik Francesco Petrarcas und Giacomo Leopardis, in den Entwürfen der Architekturen von Filippo Brunelleschi, Leon Battista Alberti und Giuliano da Sangallo bis hin zu Andrea Palladio und heute den Bauten Renzo Pianos – die Reihe ließe so lange sich fortsetzen wie die Zahlenreihen Leonardo Fibonaccis, der einer der frühen bedeutenden europäischen Mathematiker war – der erst im vorigen Jahrzehnt verstorbene Italiener Mario Merz hat die von Fibonacci entdeckten Gesetzmäßigkeiten mathematischer Zahlenfolgen als eine Erscheinungsform der Schönheit in viele seiner eigenen Werke eingearbeitet.

In solchen Zusammenhängen einer Kunst, die das Emotionale mit dem rational Planbaren zusammenführte, suchte Mario Nigro, als er um 1950 nach Mailand kam, seinen Ort. Er hatte den großen Lucio Fontana kennengelernt, der gerade aus Buenos Aires nach Italien zurückgekehrt war, den Verfasser des *Weißen Manifests*, das dem Raum, dem *spazio*, in der Kunst eine neue Bedeutung zudachte, die Fontana in den berühmten *Schnittbildern* verwirklichte, den *concetti spaziali*, in denen das Räumliche nun nicht mehr gemalte Illusion war, sondern konkret wurde.

Überhaupt war Mailand damals ein spannender Schauplatz der ästhetischen Avantgarde, die sich ablöste von den vorausgegangenen Perioden der noch figürlichen Malerei wie etwa ein Mario Sironi sie praktiziert hatte. Nach dem gerade erst überstandenen Weltkrieg standen alle Signale auf Anfang, Alberto Burri zeigte seine ersten Materialbilder, Emilio Vedova ließ die Farben in stürmischen Turbulenzen ein Eigenleben entfalten, Giuseppe Capogrossi entwarf sein nachdrückliches Vokabular großer, schwarzer Zeichen. Und, auch das, der skandalisierte Piero Manzoni schockte mit dem Plan, den Mailänder Dom rosarot anzustreichen. Die Ausstrahlung Mailands auf die europäische Kunstszene war in jenen 50er-Jahren des vorigen Jahrhunderts enorm, vor allem die westdeutsche ZERO-Gruppe um Otto Piene, Heinz Mack und Günther Uecker fand zumal bei Fontana und Manzoni Absichten realisiert, die sie selbst verfolgte.

Das ist der Kontext, in dem die Arbeiten Mario Nigros im ersten Saal der Ausstellung zu sehen sind. Es handelt sich um eine Inszenierung von Untersuchungen, die sich dem Thema der räumlichen und rhythmisierten Wirkung minimalistisch organisierter plastischer wie malerischer Elemente verpflichten. Das Berechnete der Zeichen, gleichsam der diskrete Charme der Mathematik, erzeugt dabei eine Art von Schönheit, die durchaus für sich einnimmt.

An der Serie der *Incontri*, deutsch „Begegnungen“, an einer der Längswände des zentralen Oberlichtsaals, lässt sich nachvollziehen, was Nigro über das bloße Arrangement von Elementen hinaus intendierte: Man kann sich die in einer Richtung, aber auch gegenläufig angelegten seriellen Elemente übersetzen als Darstellung unterschiedlich disponierter Kräfte, wie sie auch in einem gesellschaftlichen Zusammenhang wirksam werden. Tatsächlich hat Mario Nigro das in seinen Abstraktionen immer mitgedacht: Sie bleiben der realen Lebenswelt verbunden, er wollte sie verstanden wissen als abstrakte Umsetzungen von realen Grundmustern sozialer Strukturen.

In den Bildern der beiden sich anschließenden Räume wird durch die Überlagerung von Rastern, die sich jeweils aus quadratischen Modulen zusammensetzen, nicht nur räumliche Tiefe, sondern zugleich eine vehemente Dynamisierung der Bildinhalte erreicht. Es entsteht der Eindruck von Geschwindigkeit – das bedeutet, weil Geschwindigkeit ein Merkmal der Bewegung auf einer Zeitstrecke ist, dass die räumliche Dimension der Kompositionen sich erweitert um den Faktor Zeit. Es war Kant, der dargelegt hat, dass unser Denken sich vollzieht unter der Voraussetzung der apriorischen Kategorien von Raum und Zeit – die Bilder aus dieser Phase des Œuvres von Nigro nehmen sich aus, als wollten sie das anschaulich bestätigen.

Ab etwa 1988 ereignet sich, es ist der letzte Abschnitt des Gesamtwerks, noch einmal eine überraschende Wendung. Jetzt lockert sich das bis dahin streng Kalkulierte der Kompositionen – die Farben, vorherrschend grüne und rote Töne, werden mit einem nun eher spontanen Gestus in horizontal verlaufenden, gegeneinander nicht mehr abgegrenzten Bändern auf die Leinwände gebracht, rechts und links bleiben die Ränder der Bildflächen unbearbeitet. Das heißt: Zur Geltung kommt der Akt des Malens, als persönlicher Ausdruck dessen, der ihn vollzieht.

Einführung in die Ausstellung *Mario Nigro. Werke 1952–1992*,
1. Dezember 2012 bis 3. Februar 2013, Kunstsammlungen Chemnitz

K.O. Götz
Seine Lebensspur

Sie sehen heute Abend hier einige sehr bemerkenswerte Bilder aus dem Bestand von Werken des K.O. Götz. Hinsichtlich der Bilder, die dem Galeristen von Götz selbst und Rissa überlassen wurden, ist das gewiss eine Auszeichnung für Peter Femfert, Anerkennung gewiss auch des Einsatzes, den er über Jahre hin zumal für die Künstler der CoBrA-Gruppe, der auch Götz einst angehörte, erbracht hat.

Die Bilder stammen aus den Jahren zwischen 1935 und der Gegenwart, das heißt, sie bezeugen eine beachtliche Spannweite des Œuvres, entscheidende Phasen im Werk und im Leben eines der bedeutendsten deutschen Künstler unserer Epoche. In seiner Wirkung dabei weit ausgreifend über Deutschland hinaus, gilt Götz heute vor allem auch in Frankreich als einer der Großen.

Eine in Planung begriffene Ausstellung der Stiftung für Kunst und Kultur wird im nächsten Jahr die internationale Außenwirkung der Künstler der deutschen abstrakten Malerei nach 1945, zu deren Protagonisten K.O. Götz zählt, zweifellos noch steigern, wenn die Position der jungen Deutschen unmittelbar nach dem Zweiten Weltkrieg zum ersten Mal in dem weit gesteckten internationalen Kontext gleichzeitig in acht Ländern sich entwickelnder, vergleichbarer Strömungen erscheinen wird, in Japan nämlich und in den USA, weiter dann in Spanien, Italien, Frankreich, Österreich, den Niederlanden und Deutschland. Das ist ein notwendiges und längst überfälliges Projekt.

Was war geschehen in diesen ersten Jahren nach dem Zweiten Weltkrieg? Was hatte junge Maler und Malergruppen dazu bewegen können, mit ihren abstrakten Bildern nach der zu Beginn des 20. Jahrhunderts vorausgegangenen Wendung zur Abstraktion von Wassily Kandinsky, Piet Mondrian, Kasimir Malewitsch eine zweite Phase der Abstraktion einzuleiten und abermals eine Avantgarde zu bilden?

In Deutschland hatte das gewiss zu tun mit der Unterbrechung der Moderne durch die nationalsozialistische Diktatur: Viele Künstler fühlten sich ab etwa 1930 plötzlich abgeschnitten von den ästhetischen Entwicklungen bis etwa 1930 und wollten anknüpfen an Tendenzen, die sie selbst noch kennengelernt hatten.

Entscheidender als Antrieb für den Schritt ins Freie nach 1945 war eine sowohl persönlich als auch politisch motivierte Reaktion. Maler wie K.O. Götz, Bernard Schultze, Heinz Kreutz, Otto Greis, die sich in Frankfurt zu der Künstlergruppe Quadriga zusammenfanden, stellten sich, bewusst oder unbewusst, gegen die zerstörerischen Massenbewegungen, die in den Zweiten Weltkrieg geführt hatten. Zwar angeleitet von Einzelnen, waren es ja die Massen, die durch ihre Bereitschaft mitzutun – „Führer, wir folgen dir“ – die Katastrophe erst möglich machten.

Die neue Malerei, zum Beispiel von Götz, betonte dagegen das Subjekt, hob hervor, dass Kunst entsteht aus der Weltnahme nicht von kriegerischen Horden, sondern von Einzelnen, sich entwirft aus deren Innenleben, ihren spontanen Regungen, Gefühlen, Hoffnungen, Verzweiflungsmomenten. Ein Innerstes sollte sich ausdrücken, ausschreiben, ja: ausleben in dieser neuen Kunst. Das hat sie, bei allen Differenzen zwischen den einzelnen Künstlern, wesentlich werden und, weil es verwandte Empfindungen auch in anderen Ländern gab, nationale Grenzen früh überwinden lassen.

Es gab einen inneren Zwang, unausweichlich, sich bildnerisch zu formulieren, eine existenzielle Notwendigkeit: Wie anders denn ließe sich erklären, was diese jungen Künstler auf sich nahmen, um Bilder zu malen: Es gab ja kaum Material, Farben, Leinwand, Malgerät – alles nur schwer aufzutreiben. Ganz zu schweigen davon, dass es keinen Kunstmarkt gab, zwar ein paar Liebhaber, aber kaum Käufer.

Hinzu kamen erhebliche Vorbehalte im Publikum. Es ist nichts anderes als eine Geschichtsfälschung, wenn heute besserwisserische Kommentare behaupten, die neue Kunst habe damals sogleich Anklang gefunden und die abstrakte Malerei habe dann, jedenfalls im Westen Deutschlands, mit Leichtigkeit eine Vorherrschaft entwickeln können, die den kunstpolitischen, ideologischen Vorgaben im Ostteil des Landes nicht nachgestanden habe. Wer noch miterlebt hat, gegen welche Widerstände – K.O. Götz kann davon viel erzählen – sie sich durchsetzen mussten, muss solchen Unfug nun wirklich als nichtswürdig abtun.

Die Bilder von Götz markieren – im Katalog der Berliner Retrospektive hat Heinz-Norbert Jocks, seit Jahren einer der aufmerksamsten Beobachter der zeitgenössischen Kunst, diesen Vorschlag gemacht – eine „Ästhetik des Verschwindens“. Jocks ist zuzustimmen: Die Auflösung der gegenständlichen Erscheinung erfolgt durch den Automatismus des Farbauftrags, durch den heftigen Gestus, jede einzelne Geste überholt dramatisch, was uns als geläufige Realität gilt. Je schneller der Malakt ist, man kann auch sagen: je explosiver, desto mehr Wahrheit traut Götz dem Ergebnis der Bewegung zu. Die Wahrheit ist die eines Prozesses, der in seinem Ablauf Wirklichkeit verschwinden lässt, das ist das eine, und sie dabei zugleich, das ist das andere, ersetzt, und zwar ersetzt durch Reizungen des Auges, die uns erfahren lassen, dass alles immer ein Werden ist; Ina Ströher schreibt im Katalog dieser Ausstellung zu Recht vom Prinzip der Metamorphose. Wir lernen, was das ist: Die Flüchtigkeit der Welt und unsere Flüchtigkeit in ihr.

Es ist, wurde gesagt, das Subjektive im Individuum K.O. Götz, das hier die Kunst macht. Was heißt das für heute? Die Erinnerung an die Energien des Einzelnen ist aktuell dringlicher denn je. Wir erleben doch täglich – an allen Ecken und Enden unseres Lebens –, wie wir zunehmend beherrscht werden von Normierungen, durch technologische Entwicklungen, durch die Instrumentalisierung der Vernunft, was nur heißt: dass deren Potenzial immer mehr eingeschränkt wird durch die Verpflichtung auf vorgegebene Funktionen. Am reduzierten Sprachgebrauch der Medien und der sogenannten Kommunikationsforen wird das immer deutlicher erkennbar. Wie wir reden, sind viele von uns, ja schon längst nicht mehr bei sich.

Als Frankfurts heroischer Kulturdezernent, der zu Recht ruhmreiche Hilmar Hoffmann, einst „Kunst für alle“ propagierte, konnte er noch nicht wissen, dass die Forderung nur taugt, wenn sie differenziert wird: Kunst ist ohne Wirkung, wenn sie schon im Entstehen „alle“ oder sagen wir zeitgemäßer: den Markt zum Ziel hat. Und andererseits werden „alle“ durch Kunst nur dann an Selbsterkenntnis gewinnen, wenn sie sich vor den Werken bewähren wollen als Einzelne.

Ich schlage Ihnen jetzt einen Selbstversuch vor. Sie wissen, dass es unterschiedliche Ansätze zur Interpretation von Werken der Literatur, der Musik, auch der bildenden Kunst gibt. So kann man etwa Deutungen biografisch begründen, aus der Vita der Schöpfer, weil ihr oder sein Leben so oder so verlaufen ist, kamen sie zu dem oder jenem künstlerischen Resultat. Die Interpretation kann aber auch einzig aus der Struktur eines Werks sich herleiten. Mein Vorschlag zielt auf die parataktische Deutung, die einst Max Kommerell im Blick auf die Lyrik

Hölderlins in Ansatz gebracht hat. Parataktisch, das bedeutet: Man verfährt bei dem Versuch, sich ein Kunstwerk zu erschließen, diesem gegenüber so, dass man sich vorstellt, wie der Künstler selbst vorgegangen ist, als er das Werk schuf, um dessen Deutung es geht.

Im Falle der Bilder von K.O. Götz würde das heißen: Überlassen Sie sich als Betrachter den Bildern ebenso spontan wie der Maler dem Malakt: Entschieden natürlich, zugleich aber auch offen für alles, das sich ergibt aus einem ersten Gedanken. Lassen Sie auftauchen in sich, was Ihnen unwillkürlich beifällt an Bekanntem und Unbekanntem, an Erinnerungen, Assoziationen, Spekulationen. Und so fort. Und alles möglichst nachdrücklich, sogar jäh. Auf jeden Fall: ganz für sich.

Ich weiß das natürlich nicht. Aber vielleicht stoßen Sie dabei auf Reflexe, die Sie schließlich würden erkennen lassen, wieviel an Wahrheit – Wahrheit für Sie – enthalten ist in dem, was ein großer Maler uns hier heute Abend als seine Lebensspur groß vor Augen führt.

Einführung in die Ausstellung *K.O. Götz*, 11. September bis 8. November 2014, Die Galerie, Frankfurt am Main

Anselm Kiefer
Um Leben und Tod

Dieser Künstler habe die Wiederkehr erwirkt der großen Erzählungen einer mit Geschichte befassten Malerei und habe damit beigetragen zur nachhaltigen Erneuerung der europäischen Kunst: Sehr ehrenvoll, was Christopher Le Brun, Präsident der Royal Academy of Arts und selbst ein Künstler wie alle Mitglieder der 1768 gegründeten Akademie, in deren Kreis vor schon fast 20 Jahren auch Anselm Kiefer gewählt wurde, der soeben eröffneten Londoner Retrospektive auf Kiefers Werk im Katalog vorausschickt.

In elf hohen und weitläufigen Sälen werden dem englischen und internationalen Publikum Beispiele aus nahezu allen Phasen von Kiefers Œuvre gezeigt. Beginnend mit den auf die Verstörungen des jungen Künstlers durch die Nazizeit reagierenden Arbeiten der frühen 1970er-Jahre und endend mit neuen Bildern, die (allerdings eher von weit her) Bezug nehmen auf den Plan des amerikanischen Senators Morgenthau gegen Ende des Zweiten Weltkriegs, zur Bestrafung der Deutschen deren Wälder abzuholzen, vermeintlich die Quelle aller Energien dieses Volkes.

Zwischen jenen Anfängen, als Kiefer die Fragwürdigkeit heroischer Gesten thematisierte, indem er sich selbst an den unterschiedlichsten Orten mit dem Hitlergruß darstellte, und damit, von manchen damals missverstanden, Zeichen setzte gegen das Vergessen der Folgen des unselig falschen deutschen Heldentums, und den jüngsten Bildern, deren politischer Gehalt nicht leicht auszumachen ist, in denen wohl aber etwas nachwirkt von der Faszination des jungen Malers an der Kunst van Goghs, zwischen diesen Positionen also: Kiefers Kosmos. Entfaltet oft in großen, mehrere Meter hohen und breiten Formaten, haben die Motive immer zu tun mit dem, was unter dunklen Himmeln auf Erden vor allem an Zerstörungen, Untergängen, Katastrophen geschehen ist und geschieht.

Auch die Hoffnungszeichen der Sonnenblumen sind geknickt und verwelkt, in *Die Orden der Nacht* (1969) liegt im Vordergrund ein Mensch auf dem Rücken, vielleicht Kiefer selbst, hoch über sich mit hängenden, schwarzen Köpfen die längst verdorrten Blumen. Hoffnung könnte auch bewahrt sein in Büchern – jedoch hält auch dieses Versprechen den Zerstörungen nicht stand: Entweder sind die Bücher aus Blei, oder sie stecken als angesengte Papiere in den Furchen riesiger brachliegender Felder (*Für Paul Celan. Aschen Blume*, 2006, 330 x 760 x 40 cm).

Schon 30 Jahre zuvor hatte Kiefer ein Bild *Malerei der verbrannten Erde* genannt. Die Retrospektive in London ist ganz auf diesen Ton gestimmt. Im Vorhof des imposanten Palastes der Royal Academy sind in gläsernen Kästen bleierne U-Boote zu sehen in verschiedenen Phasen ihres Sinkens. Und in einem der Säle dann in einer breiten, dreiteiligen Vitrine seitwärts im Gestrüpp eines Waldes kleinere Bruchstücke der eingestürzten *Jericho-Türme* aus Beton, deren große Versionen seit einem Jahrzehnt in den ehemaligen Werkhallen der Firma Pirelli eine, wenn nicht *die* Kunstattraktion Mailands sind.

Betonierte Türme, schrundige und aufplatzende Bildgründe aus Sand, Lehm, Stroh, Asche, eingefügte Bleitafeln – das Material von Kiefers Werken ist schon als solches Teil von deren Botschaft. Sie ist, mit Ausnahme einiger munter aquarellierter, aber nicht unbedingt dem Rang der Werke sonst entsprechender Erotika, in London nicht von der frohen Art. Was aber als unbestreitbar starker Eindruck bleibt, ist Kiefers Insistieren darauf, dass es in der Malerei um etwas geht. Nicht um Einfälle, Mätzchen, Marktgeschrei, Medienpräsenz. Sondern tatsächlich: um Leben und Tod.

Eine eigens für die Ausstellung in London geschaffene Skulptur, *Die Erdzeitalter*, besteht aus wie Abfall wahllos übereinander geschichteten Leinwänden, dazwischen allerhand totes Zeug; und wieder die Reste von Sonnenblumen. Und schwarze Brocken, womöglich die Trümmer von Meteoriten. Kiefer unterwirft auch sein eigenes Werk dem Gesetz der Vergänglichkeit: Wird nicht derart eines Tages alles unbedeutend werden, niemand mehr wissen wollen, was auf den Leinwänden einst zu sehen war, alles – und wir alle auch – einfach verschwinden, vergehen?

Barjac

Es gibt einen entlegenen Ort, wo Anselm Kiefers Kosmos noch eine andere Dimension hat als jetzt in der Londoner Ausstellung. 1993 hatte der Künstler seine beiden Ateliers im Odenwald (in Walldürn-Hornbach und Buchen) verlassen, Ateliers, die zugleich Schauplätze seiner Werke waren und auch ohne ihn geblieben sind. Er hatte sich im Süden Frankreichs, nahe Barjac, am Rande der Cevennen, knapp zwei Autostunden nordwestlich von Avignon niedergelassen. Unterstützt vom damaligen französischen Kultusminister Jacques Lang, bezog er den Bau einer ehemaligen Seidenfabrik, zu dem ein Areal von 35 Hektar gehört. Während der seither vergangenen 20 Jahre hat Kiefer, verstreut auf diesem Gelände, etwa drei Dutzend Installationen geschaffen, die, zum Teil inszeniert in eigens dafür entworfenen Glashäusern, aber auch in tief unter der Erdoberfläche gelegenen Räumen, eine weltweit unvergleichliche, tatsächlich einzigartige zeitgenössische Kunstlandschaft bilden.

In extremem Ausmaß wird hier deutlich, was die Kunst der Moderne nach der im 20. Jahrhundert erreichten Erweiterung des Repertoires ihrer Mittel, also ihres Vokabulars, an Weltnahme wie an Kommentierung der Welt zu leisten imstande sein kann. Historisch drängt sich die Erinnerung auf an das Wirken Leonardos, als er auf Einladung des französischen Königs Franz I. in Amboise und der weiteren Umgebung als Maler und Bildhauer, aber auch als Baumeister, Erfinder von Bewässerungssystemen und Naturforscher tätig war.

Kiefers Begabungen sind ähnlich vielseitig. Er hat das wüste Stück Land, das bestanden ist von Wald und dichtem Gestrüpp – auch einen See gibt es –, mit schmalen, holprigen Wegen durchzogen, einer Art Parcours, der die über das Terrain verteilten Installationen miteinander verbindet. Wobei der gesamten Anlage die Absicht zugrunde liegt, jedes einzelne der Werke in einen engen Zusammenhang mit der unmittelbar angrenzenden Natur zu bringen. So haben die gläsernen Wände der an Gewächshäuser erinnernden Bauten für die Installationen die Funktion von Membranen, durchlässig halten sie die Werke drinnen offen für die Natur draußen und die Natur offen für die Energien der Werke.

Damit ist ein Grundgedanke aller bildnerischen Vorhaben Kiefers verwirklicht: Es geht ihm immer um diejenigen Formen der Verwandlung, die aus Zerstörung, Untergang, Verfall etwas anderes, Neues entstehen lassen. Vergehen und Werden, im Leben das Bewusstsein des Todes, jedes Absterben als Voraussetzung für Zukunft – für Kiefer liefert die Natur das Lehrstück dafür. Das wird in Barjac anschaulich.

Wie in London sind auch hier Verfall und Verlust durchgängig verfolgte Motive. Bezeugt von den Köpfen und den Namen vergessener deutscher Geistesgrößen, von verlorenen, am Boden ausgestreuten Buchstaben, der umgestürzten Palme als Chiffre für den Verlust des Vertrauens in die christliche Religion, wieder den verwelkten Sonnenblumen, den Resten von Flugzeugen und gesunkenen Schiffen, den leeren Blechwannen für die *Frauen der Revolution*. Höhepunkt des verzweigten Parcours sind zehn der wundersamen hohen Turmruinen, wie man sie in Mailand sehen kann, Mahnmale vergangener Kulturen, hier aufgerichtet am Ende der Welt.

Indem jedoch die Erzählungen von so viel Hinfälligkeit eingebettet sind in Natur, so, als gingen sie daraus hervor und seien ein Element davon, bewahren sie, wie die Natur, die Idee der Möglichkeit einer Hoffnung auf Erneuerung und Zukunft. Damit wird in Barjac eine für Kiefers Denken und sein Œuvre wesentliche Besonderheit erkennbar, die keine Ausstellung in geschlossenen Räumen zureichend vermitteln kann.

Der Begriff des Künstlerateliers ist in Barjac neu zu definieren. Wie sich die einzelnen Stationen in einem unvollendeten, auf seltsame Weise provisorischen Zustand befinden, so ist auch die ganze Anlage, die zu Fuß gründlich zu erschließen mindestens fünf Stunden verlangt, nach wie vor Werkstatt, ein Kunst-Natur-Labor, in dem Vorgänge der Transformation untersucht werden, das aber zugleich sich auch selbst ständig verändert. Das gilt im Übrigen auch für die Halle von enormen Ausmaßen in Paris-Croissy, in die Kiefer inzwischen umgezogen ist. Unter die Erde zu gehen, war allerdings nur in Barjac möglich.

Dort tun sich an mehreren Stellen des Terrains Schächte auf, die über Leitern hinabführen in oft große unterirdische Säle. Kiefer bezeichnet seine Arbeitsweise gern als „vertikal“, wie ein Archäologe hebt er Dinge, Gedanken, Zusammenhänge, die begraben wurden von der Zeit, ans Licht unserer Tage. Und belässt ihnen dabei doch ihr Geheimnis.

Manchmal sind schon die dem Terrain abgetrotzten Säle für sich genommen, ohne Exponate, von beeindruckend enigmatischer Eigenheit. So ist es ein überwältigender Moment, unvermittelt einzutreten in ein Amphitheater. Für einen Augenblick möchte man Dramen und Schauspieler imaginieren, die hier gespielt werden und auftreten könnten. Und versteht dann plötzlich (wie geht das zu?), was der Raum wirklich erzählt: Dass *alle* Schauspieler hier längst schon aufgetreten sind, *alle* Stücke der Welt hier längst schon gespielt wurden, seit eh und je.

All das ist im Prinzip öffentlich bislang nicht zugänglich. Auf unbestimmte Zeit vertagt wurde die Verwirklichung des Plans, Barjac als französisch-deutsches Kulturprojekt zu organisieren, der Künstler würde Frankreich unter bestimmten Bedingungen die Werke überlassen, die BRD hätte aufzukommen für die Kosten der Unterhaltung. Neben den logistischen Problemen der Erreichbarkeit von Barjac hat auch politischer Kleinmut dazu geführt, den Plan zunächst aufzugeben. Ebenso ist das Projekt angedacht worden, für Kiefer einen ständigen Schauplatz in Berlin zu entwickeln. Im Gespräch waren mehrere Möglichkeiten, zuletzt das Areal des früheren Flughafens Tempelhof, als ein Ort deutscher Geschichte für die Kunst Kiefers so beziehungsreich wie kaum ein anderer. Auch hier hat aber leider politische Kleingläubigkeit triumphiert. Da haben wir einmal einen, der sehr viel vermag und damit sehr viel gilt, weit über Deutschland hinaus. Und wir gehen mit ihm um auf das Nachlässigste.

Zur Ausstellung *Anselm Kiefer*, Royal Academy of Arts, London, 27. September bis 14. Dezember 2014 und in den Anlagen bei Barjac in Südfrankreich, *Frankfurter Rundschau*, 10. Oktober 2014

Marlene Dumas
Das verstümmelte Menschenbild

Hier ist eine Künstlerin, die der Wahrnehmung der Welt Neues hinzufügen möchte, indem sie von Bekanntem ausgeht. Nach einer Periode früher Experimente mit abstrakten Materialbildern und Collagen stützt nämlich die 1953 in Kapstadt geborene, in Amsterdam lebende Marlene Dumas ihre Malerei wie ihre Zeichnungen seit den 1980er-Jahren immer auf aktuelle fotografische, filmische oder auf kunsthistorisch überlieferte Vorlagen. „Auf alle meine Menschen", sagt sie, „wurde abgedrückt – klick, und sie waren im Kasten, bevor ich sie malte." Die Realität, auf die sie sich vermittelnd bezieht, ist also selbst schon eine vermittelte.

Wenn nun der ersten europäischen Retrospektive auf das Werk der Südafrikanerin in der schweizerischen Fondation Beyeler der Titel *The Image as Burden* (Das Bild als Last) gegeben wurde, soll das wohl sagen: Die von den Medien veröffentlichten, uns immerzu mit Ereignissen und Menschen konfrontierenden Bilder erzeugen, wie auch von der Kunstgeschichte tradierte visuelle Figurationen, einen ständigen Druck, halten sich, sogar ohne dass ihre Wirkung in jedem Fall bewusst würde, im individuellen wie im kollektiven Gedächtnis. Sie hängen uns nach, eine stets mitzutragende Last. Sie verändern uns – aber dabei verändern sie sich auch selbst. Es sind diese Veränderungen der medial vermittelten Bildwelten in der subjektiven Rezeption, auf die Marlene Dumas sich einlasst.

Eines der Gemälde gibt der Ausstellung ihren Titel vor. *The Image as Burden* (1993) ist ein profanes Trauerbild, die Darstellung entspricht dem Typus einer Pieta. Jedoch mit gravierenden Abweichungen. Die Gottesmutter, hier nicht einmal eindeutig als weibliches Wesen identifizierbar, hält den toten Leib des gekreuzigten Sohns, der für Dumas eine Frau ist, nicht wie in den Skulpturen und Gemälden der alten Kunst sitzend in ihren Armen, sondern die nackt aufrecht stehende, schmutzig graue Maria in der Version einer Zwittergestalt trägt die Last des weißen Körpers einer Frau, deren Gesichtszüge bläulich so übermalt sind, als bedecke sie eine Maske.

Die Darstellung ist ein markantes Beispiel für die Verschiebungen, die Marlene Dumas an den visuellen Vorlagen ihrer Bilder riskiert. Nicht nur transferiert das Gemälde die Schilderung von Maria und Christus aus einem europäischen kulturellen Kontext in den anderen der afrikanischen Negritude, sondern es wird durch eine dezidiert feministische Akzentuierung des Personals auch die Heilsgeschichte anders erzählt als gewohnt. Zugleich versteht Dumas die Last des von der stehenden Figur getragenen, toten Frauenkörpers als Metapher für die Herausforderung, mit überlieferten Bildgehalten umzugehen.

Besonders auffällig werden die an den fotografischen Vorlagen praktizierten Eingriffe im Fall der Porträts von Menschen, die es auf unterschiedlichste Weise zu Berühmtheit gebracht haben, auch der Fußballspieler Mats Hummels ist in dieser Auswahl. Dumas arbeitet dabei (etwa: *Martha – Sigmund's Wife* und *Das Böse ist banal*, beide 1984; *The White Disease*, 1985) gleichbleibend mit der Methode farbiger Übermalungen, die durch abrupte Farbwechsel so unvermittelt wie grundlos gekennzeichnet sind. Da knallt plötzlich ein blutiges Rot in das Gesicht einer Person oder ein grelles Gelb in das Haar einer anderen. Provokationen ohne erkennbaren Sinn. Bisweilen haben sie einen allzu forciert dämonisierenden Effekt. Große Malerei wird man diese Manier nicht nennen wollen.

The Painter (Die Malerin, 1994) heißt das Bild eines nackten kleinen Mädchens, das die Ausstellung der Fondation besonders hervorhebt. Das Kind, dessen Bauch hellblau ist, blickt, obwohl sehr bei sich selbst, aus dunklen Augenhöhlen mit einem Gesichtsausdruck zwischen trotziger Selbstbehauptung und Schuld auf den Betrachter. Beide Hände sind farbverschmiert, die Füße sind ohne Standfläche. Ist das ein Bild für das fragile Selbstverständnis der Malerin Marlene Dumas in einer doch noch immer von Männern dominierten Kunstwelt? Die seltsame Figur hat auch etwas Unheimliches, trotz der offenbaren Wehrlosigkeit etwas Bedrohliches.

Diese Wirkung wird in *The Painter* zurückhaltender erreicht, durch Mittel, die weniger drastisch-krude sind als in vielen anderen Bildern von Menschen, die von der Malerin sonst zumeist als Verstümmelte vor Augen gebracht werden. Wen das gewählte Foto ihr auch anbietet, und gleichgültig, in welcher Situation des Kampfes, des Leidens oder sogar der Liebe sich die darin erfassten Frauen, Männer, Schulkinder befinden – in den Anverwandlungen der Dumas erscheinen sie fast ausschließlich als Fragmentarisierte, Beschädigte, Verkrüppelte. Ihre Leiber überstreckt und verbogen. Sogar in Szenen der lust'gen Liebe: nichts als rohe Qual. Ist wirklich von Menschen jetzt nicht mehr zu haben als Eindrücke von den Schäden, die sie genommen haben?

Kein Gegenbild, kein Hoffnungszeichen. Deprimierender ist lange keine Ausstellung gewesen als diese Retrospektive auf das Œuvre einer Malerin, deren Blick auf die Welt letztlich aussichtslos ist. Wieso aber dann der Erfolg, den Marlene Dumas schon seit Jahren hat? Es gibt (gab immer) viel Leid in den Verhältnissen, die Menschen sich zurichten – davon handelt sie und will, dass wir darüber erschrecken.

Zur Ausstellung *Marlene Dumas. The Image as Burden*,
Fondation Beyeler, Riehen, 31. Mai bis 6. September 2015,
Frankfurter Rundschau, 26. Juni 2015, S. 30

Heinz Mack
Der Künstler als Protagonist im Kontext der Epoche

Ein populärer amerikanischer Schlager der späten 50er-Jahre des vorigen Jahrhunderts wollte es so und vielleicht stimmt es ja sogar: „Love is a many splendored thing". Es war ein junger deutscher Künstler, der etwa zur gleichen Zeit für sich selbst die in dem Text als glanzvoll strahlend besungene Liebe ersetzte durch die Bezeichnung eines ganz anderen Phänomens der Natur, das aber nicht weniger wesentlich für jedes Leben ist; sein Zauberwort und „many splendored thing" hieß: Licht.

Unglaubliche, weit ausgreifende Vorstellungen hat Heinz Mack daraus entwickelt, dass ihm als Künstler – nach einem von ihm selbst als eher matt empfundenen Vorlauf mit zeichnerischen Versuchen – das Licht als Ergebnis eines in ihm lange unerkannt abgelaufenen Prozesses plötzlich gleichsam zum Werkstoff kühnster Projektionen und bildnerischer Träume wurde, in ihrer Art, wie Mack es formuliert hat, „begreiflich nur, weil poetisch".

Ein schwärmerisches Versprechen ist das damals gewesen, gegeben wie im Rausch begeisterter Zuversicht, ein Aufbruch ins Grenzenlose, aufs Äußerste fantastisch und zugleich von dezidiertester Rationalität der Argumentation. So ist es gekommen, dass der Rückblick von heute her bestätigt, was allerdings schon zur Zeit der ersten öffentlichen Präsenz von Heinz Macks Entwürfen bald nach 1957 voraussehbar war: Der Mann, mit einer Bemerkung Lucio Fontanas „un maestro della luce", hat entschieden eingegriffen in den Gang der neueren Kunstgeschichte, ja: Der Kunstbegriff selbst hat sich durch ihn, noch vor Beuys, auf immer verändert.

Wie könnte die derart folgenreiche Besetzung eines Künstlers durch die Idee des Lichts und durch die praktische Erfahrung im Umgang mit dessen Wirkungen bei Mack zuerst entstanden sein? Es ist immer das Dunkel der Nacht, das uns am inständigsten begehrlich erinnert an seine helle Schwester, das Licht. Treten wir dann heraus aus dem Dunkel, wird das zumeist erfahren als ein Glück, mit Ingeborg

Bachmann: „Nichts Schöneres unter der Sonne als unter der Sonne zu sein." Mack erzählt von der eigenen Überwältigung als Kind durch das Licht nach der finalen Bombardierung Krefelds gegen Ende des Zweiten Weltkriegs. Kam man endlich heraus aus dem finsteren Schutzkeller, waren am Nachthimmel draußen im Gegenfeuer der deutschen Flak noch die zur Orientierung der feindlichen Flieger abgeworfenen Kerzen und Lametta-Bänder der sogenannten Christbäume zu sehen. Ein Lichtschauspiel von zwiespältiger Faszination sei das gewesen, voller Schrecken, aber doch auch schön. Dass das Schöne einmal durch die neue Freiheit einer „totalen Reservation Kunst" eine ganz andere, „neue Ausstrahlung über die Welt" gewinnen würde, ist die Erwartung, mit der das historische „Sahara-Manifest" Macks von 1961 schließt. Zu spüren ist da noch etwas von der tief eingeprägten Nachwirkung der frühen Erlebnisse des Jungen.

Von ähnlicher Bedeutung später die Grenzerfahrung in dem stillgelegten Schacht eines Bergwerks auf der Kykladeninsel Paros, in den Mack gekrochen war, um mit eigenen Augen den weißesten Marmor zu sehen, der dort seit der Antike unterirdisch abgebaut worden war. Er geriet dabei in Todesgefahr, als die Taschenlampe plötzlich ausfiel und er, obwohl doch in der Nähe des hellen Gesteins, im Dunkeln den Rückweg zunächst nicht finden konnte – dann aber doch, und draußen wieder, über Jahrzehnte hin unvergessen: das Wunder des Lichts.

So hat Mack das Licht gefunden und das Licht ihn. Das geschah nur gut ein Jahrzehnt nach dem Ende des Weltkriegs vor dem Hintergrund gesellschaftlicher und kultureller Zustände, die mit der Genese der Kunst von Heinz Mack und den Gefährten der von ihm gemeinsam mit Otto Piene gegründeten ZERO-Gruppe nicht weniger zu tun haben als subjektive Beweggründe. Schon sehr bald nach dem Krieg hatten Künstler in der BRD, dem westlichen Gebiet des geteilten Deutschlands, unter äußerst widrigen Umständen wieder zu malen und ihre Werke auch auszustellen begonnen. Stilistisch begründeten sie, nach den Anfängen der abstrakten Malerei bei Wassily Kandinsky, Piet Mondrian, Kasimir Malewitsch zu Beginn des 20. Jahrhunderts, eine zweite Periode der Abstraktion.

Diese erste Bewegung deutscher Künstler, die nach dem Zweiten Weltkrieg europäische Verbindungen aufnahm, war zweifellos von großer Bedeutung – und gehört in Zukunft einmal im internationalen

Zusammenhang dargestellt. Ihre in mancherlei Hinsicht eingeschränkte Wirkung hatte zu tun mit der Diskreditierung Deutschlands durch die Geschichte seiner Verbrechen. Die jungen deutschen Maler kamen nach Paris nicht ohne den Stolz, dass es sie als kulturelle Avantgarde eines jetzt zumindest in seinem westlichen Teil veränderten Landes überhaupt gab. Aber ein wenig kamen sie doch auch wie Schüler. Neben viel frischer Energie war doch auch etwas Bitteres, gleichsam introvertiert Schmallippiges in manchen ihrer Bilder.

Das haben Künstler wie Heinz Mack und die ZERO-Gruppe insgesamt dann vollständig hinter sich gelassen. Ihr Auftritt war der einer jüngeren Generation, die sich sofort europäisch-international verbunden wusste und sich entsprechend organisierte. Neben der von Mack und Piene, bald darauf auch von Günther Uecker angeführten Düsseldorfer Urzelle, bildeten sich Zentren von ZERO in Mailand (mit Lucio Fontana, Piero Manzoni, Enrico Castellani und Dada Maino), in Holland (mit Henk Peeters, Jan Schoonhoven, Herman de Vries), in Paris (mit Yves Klein und Jesús Rafael Soto), in Belgien (Jef Verheyen), in der Schweiz (mit Christian Megert, Jean Tinguely und Daniel Spoerri) und in Wien (Arnulf Rainer). In der BRD wurde Frankfurt am Main ein Subzentrum von ZERO, für das vor allem der Künstler Hermann Goepfert und der in der Stadtgeschichte bedeutendste Galerist, Rochus Kowallek, als vorzügliche, unermüdliche Beweger wirkten.

Der Elan dieser europäischen Bewegung war enorm. Er kam auch aus einer Situation der von den Künstlern, und zwar von Mack und Piene vor allem, erfühlten, nach ihrer Ansicht falschen gesellschaftlichen Entwicklung in der BRD. Das westliche Deutschland hatte ein angesichts der durch den Krieg verursachten Zerstörungen kaum für möglich gehaltenes Wirtschaftswunder vollbracht. Es ging wieder gut, und man war wieder wer. Noch blieb der Stoff der gerade durchlebten deutschen Geschichte unbearbeitet, erst nach 1968 wurde sie zum Thema.

Das erreichte materielle Wohlergehen ließ viele fragen: Was nun aber weiter? Was sich wünschen? Spießerfreuden: ein größeres Haus, ausgedehntere Reisen, schnellere Autos, kürzere Röcke für Mädchen? Kritisch wurde das einsetzende Konsumdenken gesehen von Theodor W. Adorno und Max Horkheimer in der auf den Erfahrungen im amerikanischen Exil basierenden *Dialektik der Aufklärung*; Adornos *Minima*

Moralia wurde ein Epochenbuch, aus Paris kamen Samuel Becketts *Warten auf Godot* und das absurde Theater als Zeitphänomen.

In einem verwandten Kontext kam es in Deutschland zu ZERO als gegenläufiges Transzendenzprogramm: Überschritten werden sollte das Naheliegende, das Gewohnte, das nur Überbrachte. Hoch und weit hinaus sollte es gehen, Otto Piene, wie Heinz Mack als Kind beeindruckt von den „naiven Lichtballetten" der Bombennächte, träumte – nachzulesen in dem der literarischen Romantik nahen Text *Wege zum Paradies* (Katalog *ZERO 3*) – von der „Projektion des Lichts in den großen Nachthimmel". Und Heinz Mack beschrieb darin das Ziel der „Expedition unserer Imaginationen" als unaufhaltsame Entfernung von „der beklemmenden Melancholie der alten Gewohnheiten, deren archaische Oxydation wir die Kultur Europas nennen".

Keiner von all denen, die international vielstimmig ihre künstlerischen Intentionen auf ZERO hin ausrichteten, nicht einmal der bewundernswerte Stilist Piene, hat sein theoretisches Bekenntnis für den neuen Weg der Kunst so akkurat und sprachlich leuchtend, so energisch schwärmerisch, realistisch und poetisch zugleich in Worte gefasst wie Heinz Mack in seinem Entwurf des *Sahara-Projekts*, der ohne Frage zu den wenigen wirklich vorausweisenden Manifesten des 20. Jahrhunderts zählt. Der Text umreißt den selbstverständlichen Einsatz für eine nicht selbstverständliche Utopie. Dem Leser wird vor Augen geführt, was aufgehoben ist in Ernst Blochs großem Noch-Nicht und der Künstler Mack doch schon vor Augen hat, als existiere es oder werde mindestens existieren, gleich morgen. 13 Stationen einer in das Meer und in die Wüste verlegten, von Lichtwerken durchzogenen „Reservation der Kunst" als Ausdruck einer neuen Freiheit, die sich allen Menschen anbietet: Stelen, Spiegelmauern, Sandreliefs, künstliche Gärten und Sonnen, rotierende Monumente des Lichts am Boden und Erscheinungen am Himmel, ein Corso, „länger als jede Straße der Welt, erstreckt sich vor einer monochromen Wand, die blau ist, zu einer Wand, die ein einziges Silberlicht bedeckt". Wache Träume von einer Kunst am Himmel, im Meer, der Antarktis, den Wüsten, wo „unsere Werke eine unvergleichliche Erscheinung gewinnen werden".

Der gelehrte Kritiker Wieland Schmied hat zu Recht bemerkt, dass sich für Heinz Mack die Moderne nicht denken lässt ohne das Element des Utopischen. Hinsichtlich der Erfüllung utopischer Vorstellungen des Künstlers allerdings hat Schmied Zweifel und findet doch auch Worte größten Respekts: „Wenn wir auf den Horizont blicken, [...] dann scheint er eher von apokalyptischen Szenarien als von Silberstreifen der Hoffnung bestimmt. Vor diesem Horizont unbeirrt an seinen Utopien festzuhalten und weiter am Projekt der Moderne zu arbeiten, das für viele schon der Vergangenheit angehört, [...] gehört für mich zur Größe des Mack. Wenn dies denn Scheitern sein sollte, dann muss Scheitern fortan fraglos als Ehrentitel gelten." (*Mack. Leben und Werk*, Köln 2011, S. 134)

An den vielen Modellen für das *Sahara-Projekt* und an den anderen Lichtwerken, die in den 1960er-Jahren entstehen, ist der Reiz auffällig, der vom Material, etwa reflektierenden Aluminiumblechen, ausgeht: Zwar waren solche Werkstoffe, durch die sich die Dinglichkeit der Objekte aufzulösen scheint, dem Publikum damals bekannt, jedoch nicht als Elemente von Kunstwerken. Erst 1969 hat Mack den Ausflug in die Sahara (im Auftrag des Deutschen Fernsehens) tatsächlich unternehmen können. In einem silbern glänzenden Anzug, der ganze Mann selbst wie eine mobile Licht-Stele, hat man ihn sehen können und hat *Der Spiegel* auf mehreren Seiten ihm nun auch die öffentliche Bedeutung zuerkannt, derer er auf der internationalen Kunstszene zu jener Zeit längst sicher sein konnte.

Aus dem Budenzauber gängiger Kunstpraxis war Welttheater geworden. Bestechend in den Strukturen der Formensprache, die für Mack so wesentlich sind, weil er in der ruhigen Klarheit einer Form verwirklicht sieht, was ihm als Schönheit gilt. Sie bleibt diesem Künstler Sinn und Ziel. Das wird neuerlich kenntlich werden, wenn im Museum Küppersmühle in Duisburg bislang nicht veröffentlichte Werke zur Darstellung kommen. Darunter auch Bilder des Malers Heinz Mack. Nicht weniger dringlich als die reflektierenden Skulpturen handeln sie vom Licht, von dessen Eigenleben – Mack sagt: „Das Bild malt mit" – wie von dessen Lenkbarkeit.

Seit Längerem schon ist Heinz Mack zu Hause in einer von ihm authentisch restaurierten Finca auf einer Insel der Balearen. In den Räumen verbinden sich Details der regionalen Kultur mit afrikanischen Sammelstücken und eigenen Werken, in den Freiräumen draußen ein halbes Hundert von Macks Stelen unterschiedlicher Formate, die sich orientieren und in der Wirkung steigern aneinander und am Einfall des Lichts zu bestimmten Zeiten des Tages.

Abendstimmung auf dem zentralen Platz von Santa Gertrudis auf Ibiza. Kinder lassen seltsame blaue LED-Lichtträger himmelwärts schießen. Wie hoch hinauf es geht, ist eine Frage der Geschicklichkeit. Mack sieht zu, wie schon oft zuvor, glücklich gebannt, strahlenden Blicks. „Der diese Flugkörper verkauft, kann es am besten" – sagt anerkennend der Mann, der die Kunst verändert hat, indem er die Freiheit des Lichts zur Geliebten der eigenen Freiheit machte.

Erschienen im Katalog zur Ausstellung *Heinz Mack. Apollo in meinem Atelier*, Museum Küppersmühle für Moderne Kunst, Duisburg, 22. Oktober 2015 bis 31. Januar 2016

Bazon Brock
Gedanken um die Ecke

Von all seinen Begabungen, und das sind einige, ist gewiss die stärkste die bei ihm jederzeit abrufbare, lustvolle Fähigkeit zur Kombination. Wäre er mit dem Ball auf dem grünen Rasen zugange, was Bazon Brock nun allerdings gar nicht liegt, müsste er die Nummer 10 tragen, Kennziffer des Regisseurs, des Schlachtenlenkers, die Position desjenigen, der imstande ist, das Lebensspiel zu lesen, sich einen Reim zu machen auf die falschen Bewegungen der Seinen und sie in Hinsicht auf die der anderen anzutreiben zum Richtigen und womöglich zum überraschenden Triumph.

Wo und wann auch immer es während der vergangenen mehr als 60 Jahre besonders hoch herging auf der Kultur- und Kunstszene der alten, dann auch der neueren Bundesrepublik, war Brock zugegen mit Wort und Tat. Als Lyriker hatte er Ende der 1950er-Jahre zuerst von sich hören lassen, *Kotflügel Kotflügel* hieß der Band; bei vielen der berühmten Happenings der frühen 1960er-Jahre war er mit Joseph Beuys beteiligt an unerhörten Ereignissen. Mit seinem Beitrag zum Frankfurter Theaterfestival *Experimenta*, der den Konsumtaumel jener Epoche paraphrasierenden Aufführung der *Dramatischen Illustrierten*, brachte er am Ende sogar den doch wohl seriösen Verleger Siegfried Unseld dazu, mit vielen aus dem Publikum nach vorn zu stürzen und sich ein Damenhöschen zu grapschen, das Brock mit anderen Dessous hatte aus dem Bühnenhimmel herabfallen lassen.

Wenngleich wohl nicht daraufhin, eher wegen Brocks früher Reputation als Schüler Theodor W. Adornos, berief ihn Herbert von Buttlar zum Professor an die Hamburger Kunstakademie am Lerchenfeld. Es war eine Berufung, die sich auch nach seinem Wechsel an die Uni Wuppertal nur aufs Beste ausgewirkt hat für Heerscharen von Studenten. Was sie lernen durften von ihm, war der Erkenntniswert eines Denkens, das aus dem schmalsten Detail der Lebenswirklichkeit durch dessen im Sinne Karl Heinz Bohrers „plötzliche“ Verbindung mit Gegebenheiten aus mitunter weit entfernten Epochen unerwartete Einsichten der Deutung von Welt ermitteln kann. Der historische

Fundus, auf den Brock sich dabei bezieht und stützt, ist immens, umfasst die Fragmente der Vor-Sokratiker in Milet und Ephesos ebenso wie die Ikonografie römischer Münzen, die Winkelzüge der europäischen Mächte zwischen dem 14. und dem 16. Jahrhundert ebenso wie den Bildbegriff der florentinischen Renaissance als Ausdruck hegelianischen Weltgeists.

Es ist bei manchen seiner Schlussfolgerungen, den „Gedanken um die Ecke", wie er sie selbst nennt, eine gewisse Verwegenheit immer auch vonseiten des nachvollziehenden Publikums geboten. Als er in Kassel (von der fünften an) mehrere der *documenta*-Ausstellungen mit seiner „Besucherschule" begleitete, war an seinen Werkanalysen die rigorose sozial-politische Instrumentalisierung der Kunst so auffällig brillant wie zugleich aber auch anfechtbar.

In der von ihm gegründeten, inzwischen zur Institution gewordenen Berliner *Denkerei*, Ort regelmäßigen Zusammentreffens von Kunst, Philosophie und Naturwissenschaft, wehrt Brock sich mit anderen nach wie vor vehement gegen den Verlust von Gedächtnis der gegenwärtigen Gesellschaft. Weil nur Erinnerung erweisen kann, dass Zukunft keine zwangsläufige Konsequenz von Vergangenheit ist. In *Die Re-Dekade*, erschienen 1990, unter den zahllosen Schriften Brocks vielleicht das wichtigste Buch, ihn nämlich ausweisend als Humanisten, liefert der Avantgardist, als der er noch immer gilt, auch eine Definition seines Standes: „Avantgardismus heute ist nur darin sinnvoll, absehbare Zukünfte zu verhindern. Die großen, weil unvergleichlich mühevollen Taten sind die der Verweigerung und Verhinderung."

Frankfurter Rundschau, 1. Juni 2016

Katharina Grosse
Alles noch offen. Und alles auch untergegangen

Was in dem Saal im Erdgeschoss des Burda-Museums, das derzeit Katharina Grosse eine umfängliche Ausstellung einräumt, unvermeidlich zuerst auffällt, sind die enormen Formate der Leinwände von in der Breite bis zu neun, in der Höhe bis zu fast vier Metern. Wenn solche Ausmaße nicht bloß per se imponieren sollen, wollen Flächen dieses Zuschnitts malerisch schlüssig bewältigt werden. Das gelingt im Fall von einigen der Gemälde Grosses aus den ersten Jahren dieses Jahrhunderts überraschend gut.

Im Vordergrund eines nur mit dem Entstehungsjahr 2005 betitelten Werks verlaufen drei keineswegs schmale Farbbahnen in einem stumpfen Rosa diagonal über die Bildfläche und kreuzen dabei auf der darunterliegenden Ebene gegenläufige Diagonalen in einem hellen Grün. Unter den beiden Kreuzungen sind auf noch einer weiteren Ebene kleine weiße Felder zu sehen, einmal besetzt von konturlosen Tupfen. In erster Linie entsteht also durch das dichte Ineinander von Farben ein Bildraum von einiger Tiefe. Das mächtige Gemälde feiert das Eigenleben der Farben, wäre aber auch deutbar als Annäherung an ein metaphorisches Lebensbild, die lastenden Diagonalen im Vorder- und Mittelgrund als existenziell bestimmende Elemente und tief darunter ein wenig Hoffnung.

Weit weniger erbringt ein sich in den gleichen Saal vorwölbender, aufwendig installierter, plastischer Farbträger – die in den Gemälden erreichte räumliche Tiefe ist weit überzeugender als die konkrete Räumlichkeit der skulpturalen Anstrengung. Aber sehr schwankend in der Qualität der Lösungen ist das Œuvre Katharina Grosses generell. Man kann das vorteilhaft bewerten als Ausdruck für eine Offenheit, die alle Ergebnisse als Momente eines Prozesses versteht, der nicht abgeschlossen ist. Wobei der wesentliche Antrieb immer das Bemühen um die Wirkungsintensität von Farben ist. Darin gibt sich die 1961 in Freiburg geborene, an der Düsseldorfer Akademie lehrende Malerin als eine Schülerin Gotthard Graubners zu erkennen.

Zu Beginn der 1990er-Jahre entwickelt sich bei Grosse eine Phase ihres Werks, in der sie der Kunst Graubners, des „bedeutendsten

Koloristen der deutschen Nachkriegsmalerei“ (so der Kunsthistoriker Siegfried Gohr), besonders nahe ist – jedoch den Meister nicht imitierend, vielmehr Eigenständigkeit behauptend, der Energie, der intensiven Ausstrahlung und der Schönheit einzelner Farbtöne und ihrem Zusammenklang nachfragend auf sehr eigene Art. In nebeneinander, vertikal verlaufenden Bahnen werden etwa ein Blau, ein Braun, ein Grün in jeweils ihnen zugewiesenen Segmenten eines Bildes entfaltet – gesondert, wie immer nur ein Farbwert in den monochromen Bildern Graubners, aber zugleich auch mit dem Interesse daran, was das Nebeneinander an Wirkung erzeugt. Sehr ruhige, konzentriert gespannte Bilder sind das. Sie tun gut.

Aber Katharina Grosse kann auch anders. Es ist, als sei sie um 2008 in den Zustand einer wilden Wut geraten: Schluss nun mit Ruhe und Konzentration, Farben werden hemmungslos auf die Leinwände geschleudert, ein wüstes Treiben, sie verströmen beliebig, Pollocks Methode des Dripping wird hier bloß verramscht. Dynamik ist spürbar, das sicher, aber die Kontrolle wird dem spontanen, jähen Gestus leichtfertig geopfert. In Bildern von vor sechs Jahren erscheinen vor brüchig gerasterten Flächen, hingefetzt, gespenstisch zerrissene Gebilde, wie hässliche Horrorvögel. Die neuesten Arbeiten aus dem vorigen und diesem Jahr sind noch zu undeutlich in Absicht und Ausführung, als dass sie schon angemessen zu beurteilen wären. Krise im Atelier? Diese Malerin wird sich zu helfen wissen.

Zur Ausstellung *Katharina Grosse*, Museum Frieder Burda, Baden-Baden, 11. Juni bis 9. Oktober 2016, *Frankfurter Rundschau*, 10. April 2016, S. 26

Markus Prachensky
Mein lieber Markus, Freund – Abschied

Ansturm vieler Erinnerungen, an viele Stunden, die wir zusammen waren im Verlauf fast eines halben Jahrhunderts. Die Zeitspanne reicht von den heroischen Zeiten der Anfänge Deines Weges als Künstler, als ich Dich kennenlernen durfte, einen Protagonisten der Avantgarde um 1960 in Wien, über Deine Arbeitsaufenthalte in Deutschland, die Jahre in Kalifornien und Mexiko bis zu Deiner Rückkehr, ab den Siebzigern des vergangenen Jahrhunderts, wieder nach Wien, als Du und Deine Brigitte mich oft haben teilhaben lassen an dem Erfolg Deiner reifen Jahre.

Auch an manchen Reisen. Ich denke an einen hellen Tag im August, unglaubliche drei Jahrzehnte liegt das zurück. Du hattest zwischen Siena und Rom Pienza wiedersehen wollen, die von Papst Pius II. um 1450 begründete Stadt in der Höhe, und wir waren in jenem Sommer zusammen hingefahren. Schöne Lebenszeit. Wir waren sehr glücklich damals, mit uns, mit unseren Frauen. Wir saßen am Hauptplatz des Städtchens vor der Fassade des Doms, zarte Frührenaissance.

Und Du sagtest, es ist mir im Gedächtnis geblieben, ein großes Glück sei es doch, ein Maler zu sein. Ich habe das damals gut verstanden: Deine Malerei war Dir eine Form der Weltnahme, Antwort auf das, was die Welt Dir an Reizen vor Augen brachte und Dich erleben ließ. *For better or worse*, im Guten wie in dem, was Dich bedrängte und manchmal sogar auch qualvoll war.

Es gibt, unübersehbar, ein Element des Dramatischen in Deinem Werk, in der nie aufgegebenen Auseinandersetzung mit dem Rot, wie Du es nanntest: der Farbe Deines Lebens. Konflikte machen den Stoff, aus dem die Vitalität und die Energien kommen, die Deine Bilder immer, bis zuletzt, bewegt haben und bewegen. Darum sind es Lebensbilder, in der Formensprache einer von jeder Abbildung befreiten, auf sich selbst gebrachten Malerei, umschreibend *comment c'est*, wie es ist. Und handelnd zugleich von dem Verlangen, das darüber hinaus will, in freie, unbegrenzte Räume, *il desiderio di infinito*, nicht zu beruhigende Sehnsucht. Sie hofft hinaus auch über den Tod.

Du hast mich und die Betrachter Deiner Bilder aufmerksam gemacht dafür. Es war das Großzügige an Dir, mein Freund, und es ist das generöse Geschenk, das Du mit den Bildern, die für Dich zeugen, uns hinterlassen hast. Auf immer gilt Dir mein Dank. *Farewell*, Markus, *forever farewell*. Wir lassen von Dir nicht.

Rede am Ehrengrab, Wiener Zentralfriedhof, 26. Juli 2011

Was die documenta nicht mehr ist
Von mehr und minder großen Zeiten

Königstor 15 – das ist seit spätestens der vierten *documenta* 1968 bis zu deren zwölfter Ausgabe 2007 die wichtigste Privatadresse in Kassel gewesen. Hier hatte der Zahnarzt Heinz Hunstein sein Haus, bei dem sie oft schon Wochen vor jeder Eröffnung einer neuen *documenta* alle zu Gast waren, die Organisatoren und viele der von ihnen erwählten Künstler, die Sammler, die Galeristen, die Kunstkritiker, mitunter sogar Politiker.

Im Mittelpunkt bis zu seinem Tod 1977 immer der *documenta*-Gründer Arnold Bode, der unvergleichlich leidenschaftliche Träumer und Abenteurer; zur *documenta 5*, 1972, der bravouröse, sich selbst als Künstler definierende Harald Szeemann; dann auch der grundsolide Manfred Schneckenburger, der zweimal als Verantwortlicher für eine *documenta* (*documenta 6* und *documenta 8*) fungierte, und die Generalsekretäre, die folgten. Es war die Villa Hunstein der Schauplatz erbitterter Kontroversen, die noch zu jeder Genese einer *documenta* gehörten, manchmal ausgetragen bis an den Rand von Handgreiflichkeiten.

Heinz Hunstein starb 2010, den (von Carolyn Christov-Bakargiev verantworteten) Unglücksfall der *documenta 13* zwei Jahre später hat er nicht mehr erleben müssen. Der Sohn Stefan, schon früh vertraut mit dem Gedankengut der Moderne, um das es zu Hause ständig ging, machte in München Karriere als Schauspieler und reüssierte zugleich mit fotografischen Arbeiten und als Videokünstler. Hunstein Jr. hat das Elternhaus in Kassel aufwendig restauriert und der Stadt Kassel vorgeschlagen, es mit den vielen vorhandenen Memorabilia zu nutzen: zum einen als Ort nicht nur der Erinnerung an die Bedeutung, die der Treffpunkt im Vorfeld und während so vieler *documenta*-Ausstellungen hatte, zum anderen als Diskussionsforum für noch kommende Ausstellungen. Das ist von den zuständigen Behörden abgelehnt worden. Man kann sagen: Damit hat Kassel die günstige Gelegenheit eines Dokumentationszentrums seiner bekanntesten Kultureinrichtung vertan.

Für das Erinnern an die Ausstellungen, die zwischen 1955 und heute mit nur drei kürzeren Intervallen zu Beginn der Serie jeweils im Abstand von fünf Jahren die Kunstwelt nach Kassel holten, bleibt zunächst also nur das eigene Gedächtnis. Jenseits des sich dabei vordrängenden Anekdotischen sei gefragt: Was galt uns die *documenta* einst, diese nachgerade irrwitzige Idee ihres Erfinders Arnold Bode, in einer im Zweiten Weltkrieg zu 70 Prozent zerstörten, noch zehn Jahre danach im Zentrum schwer beschädigten Stadt, am Rande der erst sechs Jahre zuvor gegründeten Bundesrepublik in Grenzlage zur DDR eine internationale Ausstellung der Kunst des 20. Jahrhunderts zu planen und zu realisieren? Und weiter: Wie haben sich über die Jahre die Zielsetzungen verschoben?

Die ersten Impulse kamen aus der Zeit. Ein für Bode und den Mitinitiator Werner Haftmann, später erster Direktor der Berliner Nationalgalerie im Bau von Mies van der Rohe, wesentliches Motiv war die Wiedergewinnung der durch das Nazi-Regime durchtrennten Verbindungen der Kunst in Deutschland zu den Entwicklungen der internationalen Moderne. Die ersten Versionen der *documenta* waren primär einer auf das westdeutsche Publikum und die Künstler im Land des Veranstalters zielenden Leitidee verpflichtet – nicht obwohl, sondern gerade weil sie eine Fülle von Werken zumal aus den USA, Frankreich, Großbritannien, Italien nach Kassel zitierten.

Denn nicht nur das auf der *documenta 2*, 1959, als Aufbruchssignal beglückende Erlebnis vor allem der Bilder von Mark Rothko, Robert Rauschenberg, Sam Francis, Clifford Still, Helen Frankenthaler war dabei gewollt, vielmehr auch Nachweise für die im internationalen Kontext beanspruchte Geltung der (während der Hitler-Jahre geächteten) älteren wie der jüngeren westdeutschen Künstler. Im Katalog der ersten *documenta*, 1955, hatte Haftmann diesen Anspruch noch um einen weit vorausweisenden Gedanken erweitert: Die Ausstellung richte sich auch an noch unbekannte Maler, Dichter, Denker, „dass sie erkennen mögen, welcher Grund ihnen zubereitet wurde und was es zu verwalten und zu überwinden gilt“.

In der Folge haben sich die Ziele von Mal zu Mal verschoben. Die westdeutsche Szene und ihre Präsenz in Kassel wurden aus sich selbst heraus immer interessanter. Lange vor jeder neuen Ausgabe kursierten Listen mit den Namen der erwählten und damit auch der nicht erwählten deutschen Künstler. Es hatte sich inzwischen in der Bundesrepublik ein

Markt für Kunst gebildet, und die Einladung aus Kassel würde den Wert der Werke steigern. So wurden bereits diese Listen in den Zeitungen kommentiert und die Spannung bis zur Eröffnung forciert. Auch das immer umfangreichere Angebot erschwerte den Besuchern die Orientierung und den Kunstkritikern die Aufgabe, derart vielteilige Ausstellungen den Lesern halbwegs fassbar zu machen. Neunmal in Folge hat der Verfasser sich (für die *Frankfurter Rundschau*) daran versucht, kein anderer Anlass ist ihm als Rezensent je herausfordernder gewesen. Ab der *documenta 5* hat dann die Besucherschule des unermüdlichen Bazon Brock zumindest den Willigen und Geduldigen im Publikum verdienstvoll auf die Sprünge geholfen.

Harald Szeemanns *documenta 5*, die den amerikanischen Fotorealismus und die sogenannten „Privaten Mythologien" (unvergessen die Kasseler Auftritte von Joseph Beuys) entdeckte, vor allem aber die Installation mit dem Environment *Five Car Stud* von Edward Kienholz als neues Genre etablierte, hielt es noch mit dem Exzellenzprinzip und dem Werkbegriff: Ein Kunstwerk sollte dem Anspruch genügen, eine je eigene Wirklichkeit zu behaupten, im Sinne Adornos das „schlechthin Andere". Mit dem später aufgegebenen Werkbegriff gingen mehr und mehr auch die Kriterien der Beurteilung verloren.

Schon ab der *documenta IX* (des Boxers Jan Hoet) gerieten die Programme in die falsche Spur sich verzettelnder, durch Theorielastigkeit nicht wettzumachender Beliebigkeit. Das hatte nicht zuletzt zu tun mit dem Ehrgeiz der Verantwortlichen, die Auswahl immer internationaler auszurichten. Expansion statt Konzentration. Weitsichtig hatte dagegen Haftmann schon früh gewarnt vor dem „Uferlosen" und eine „knappe und harte Auswahl" angemahnt. Jede *documenta* veranlasste am Ende die Frage, wie wohl die nächste aussehen würde. Es wird für die *documenta 14* in diesem Jahr vor tatsächlich allem anderen darum gehen müssen, gegen das flüchtige Rauschen des weltweiten Kunstbetriebs die Erwartung an eine Substanz von Kunst nicht zu enttäuschen. Was berührt uns denn wirklich? Albert Schulze-Vellinghausen, die nachhaltigste Stimme der Kunstkritik in den ersten Jahren der *documenta*, nannte, was es im Aktuellen zu suchen gelte, „den irrationalen Moment poetischer Zeitlosigkeit".

Kunstzeitung, April 2017

Thomas Bayrle
Gebete und Motoren

Man geht nicht fehl, Thomas Bayrle, dessen Anfänge als Maler und beachtlicher Zeichner zurückreichen in die Zeit um 1960, den erfolgreichsten Frankfurter Künstler seiner Generation zu nennen. Über die Jahre sind ihm, der nicht nur seiner Bodenhaftung wegen ein hochgeschätzter Lehrer der Städel-Akademie war, viele Ehrungen zuerkannt worden. Seine in der *Frankfurter Rundschau* zwischen 1980 und 1982 veröffentlichten *Lebenszeichen*, verfasst während eines Aufenthalts in Kalifornien, lesen sich als Beiträge zur Dokumentation einer Epoche.

Bildwerke von Thomas Bayrle finden sich momentan an mehreren Orten, als Ankunftsüberraschung in der Eingangshalle des Flughafens von Turin ebenso wie im Institute of Contemporary Art in Miami, es ist seine erste Einzelausstellung in den USA, und auf näherliegendem Terrain auch im sogenannten Kunstbau in München, der von der Städtischen Galerie im Lenbachhaus zu einer Halle für Wechselausstellungen umfunktioniert wurde und bespielt wird. Hier sind in einer aufgelockerten Präsentation Arbeiten des Künstlers zu sehen, von denen einige bereits im unübersichtlichen Kontext der Kasseler *documenta (13)* von 2012 gezeigt wurden.

In München wird nun klarer als in Kassel, welch enormen Spannungsbogen Bayrle riskiert, indem er nämlich Maschinen in Bezug setzt zu Formen des frommen Gebets. Wie geht das? Die Ausstellung ist bestückt mit Automotoren, die aufgeschnitten sind, sodass die in ständiger Bewegung gehaltenen Kolben und Zahnräder in ihrem Zusammenspiel sichtbar werden, eine Erfahrung, die für manchen lehrreich sein mag, der über die Funktion des Antriebs in seinem Wagen Genaueres nicht weiß oder womöglich lieber nicht wissen will. Die Motoren verschiedener Hersteller, für die Demonstration ihrer Arbeitsweisen geöffnet, werden gleichsam ummantelt von Ton-Collagen, die ihre Herkunft in Gesängen der kirchlichen Liturgie haben.

Auf diese zweifellos seltsam eigenwillige Verbindung ist Bayrle nach eigener Darstellung durch Kirchgänge gebracht worden, bei denen er Gelegenheit fand, den Rosenkranz betende Katholiken zu beobachten.

Die monotone Repetition der immer gleichen Gebetstexte und Fürbitten, gerichtet an und unterwegs in die Ewigkeit, versteht der so gelenkig wie waghalsig sich zwischen den Welten spiritueller und technischer Bemühungen tummelnde Artist als Parallelfall zu der allerdings leider, da Motoren bekanntlich endlich sind, nicht auf Ewigkeit hin ausgelegten Wiederholung maschineller Abläufe.

Wobei hinsichtlich mindestens der Funktionen von Gebet und Motor einige Differenzen zu bedenken sind: Von dem einen werden Leistungen als Gnade des unbekannten Adressaten mit ungewissem Ausgang erhofft, während die von der Maschine erwartete Leistung von dieser im Regelfall relativ zuverlässig auch erbracht wird. So zuverlässig, dass sie – was einst Jean Tinguely im Garten des New Yorker Museum of Modern Art vorgeführt hat – sogar dazu veranlasst werden kann, sich selbst zu zerstören.

Noch ein anderer Unterschied von Gebet und Maschine liegt darin, dass das Beten schon selbst, als Akt des Gläubigen, auf Rettung zielt – während Maschinen zwar notwendige Produktionsprozesse und damit das praktische Leben erleichtern können, ihr Einsatz aber zugleich Gefahren impliziert, die den Benutzer sich als Täter *und* Opfer erleben lässt. Was das Beispiel gerade des Automotors belegt.

Diese kritische Dimension von Phänomenen, die für die Massen- und Konsumgesellschaft prägend sind, hat Bayrle schon früh beschäftigt. Gegen Ende der 60er-Jahre des vorigen Jahrhunderts realisierte er Objekte, manchmal in sich beweglich, in denen aus Hunderten von seriell gereihten Gesichtern ein großes gebildet wurde. Aus gleichartigen Einzelteilen entstand, durch deren serielle Wiederholung, eine übergreifende Form, zu der die Reihung der Einzelelemente sich kommentierend verhält: Die Masse schafft die Idole, die Monroe wie den Mao.

Das Spielerische, ironisch Kritische an Bayrles Kunst hat sich bis heute gehalten. In München sind unter den ausgestellten Motoren auch solche, die wie in Autos jeweils zwei Scheibenwischer antreiben: Für einen heiteren Augenblick mag man in den gleichmäßig ins Leere sich wiederholenden Bewegungen der Wischer etwas von dem bedeutet sehen, was am Kulturbetrieb dessen routinierter Selbstbezug ist.

Zur Ausstellung *Thomas Bayrle*, Lenbachhaus, München, 13. Dezember 2016 bis 5. März 2017, *Frankfurter Rundschau*, 17. Februar 2017, S. 30/31

Katharina Sieverding
Vom Abbild zum Inbild

Ein viermotoriger Bomber hebt ab, bläulicher Schimmer auf Kanzel und Propellern, sonst ringsum Nacht, am unteren Bildrand aber in weißen Lettern „Die letzten Knöpfe sind gedrückt“ und am oberen Rand, dunkler die Schrift, „Bombensicher Bundeskunsthalle Bonn“. Es ist ein Fotoplakat im Großformat, 1983 von Katharina Sieverding entworfen auf Anregung einer Bürgerinitiative, die sich für Bonn eine Kunsthalle wünschte. Ein Jahrzehnt später war die Halle gebaut und ist jetzt der Ort der Rückschau auf Arbeiten von Sieverding zwischen 1967 und 2017.

Schon das Plakat von damals, das diese Retrospektive eröffnet, war vieldeutig, es konnte an Krieg und sogar den Atombomber über Hiroshima denken lassen, zugleich kam aber durch die Inschrift oberhalb auch ein ironisches Element zum Zug: Eine Kunsthalle und bombensicher? Nach diesem Auftakt konfrontiert die Ausstellung in der Folge immer wieder mit Realitätssegmenten der unterschiedlichsten Art, marschierenden Trupps chinesischer (oder vietnamesischer?) Soldaten, Figuren auf einem Hochseil, deren Körper leuchten, bewusst unscharf gehaltenen Massenszenen, auch einer Darstellung, die mit der RAF zu tun haben könnte. Vor allem aber sind viele Gesichter zu sehen, die in den bearbeiteten Porträtfotos zuweilen ungewohnte, die Züge verändernde Farben annehmen, so, als würde der Lichtblitz eines Atomschlags sie beleuchten. Eine mehrteilige Komposition zeigt zur Linken Gesichter und im rechten Teil nur ringende Hände, kleiner werdend. Es ist oft auch die Künstlerin selbst, die sich vorführt in wechselnden Stimmungen.

Ihr Stoff ist die Welt. Von der Welt, wie wir sie leben, handelt Katharina Sieverding in ihren fotografischen, oft durch farbige Eingriffe malerisch überformten Werken mit der während fünf Jahrzehnten erworbenen Fähigkeit zur Transformation konkret gegebener Wirklichkeit in Konstellationen, die vordringen wollen zu Wahrheiten jenseits unmittelbarer Eindrücke. Es sind Verwandlungen des Abbilds, das Inbild wird.

Dabei ist Sieverdings Weltwahrnehmung eine letztlich immer kritische. In den Bildern hält sich – gegen die Versuchung zur Verdrängung im individuellen Bewusstsein – präsent, was die Epoche entscheidend bestimmt: die anhaltende Bedrohung durch (auch mit atomaren Mitteln geführte) Kriege, durch Unterdrückung und Ausbeutung, durch Mord und Totschlag aus welchen Beweggründen auch immer. Weil Sieverding diese Phänomene der Gefährdung als lebensbedrohend wertet, formuliert sie – durchaus schlüssig – deren Kommentierung vor allem in bedrängend großen Formaten. Und mit dem bravourösen, professionellen Einsatz aller technischen Mittel, die der Fotografie heute verfügbar sind.

Weit wichtiger jedoch als die daraus gewonnene Souveränität in jeder Ausdrucksform ist Sieverdings grundsätzliche Entscheidung für das Prinzip der Umschreibung von Realität mit dem Ziel nicht der Verschlüsselung, sondern der Absicht, der Wahrheit näher zu kommen. In der von Susanne Kleine inszenierten Ausstellung der Bundeskunsthalle erkennt man als Grundgedanken den Vorsatz, auf extrem vielschichtige Zustände, Verfassungen und gesellschaftspolitische Prozesse der Gegenwart mit einer Komplexität zu reagieren, die derjenigen der Wirklichkeit nicht nachsteht. Es geht nicht anders: Mit den überbrachten Mitteln der Beschreibung würde die Kunst fast notwendig nur beim Plakat enden.

Die Formen der Umschreibung eröffnen dem Publikum der auf vier hohe Säle großzügig, das heißt: mit viel Abstand zwischen einzelnen Bildern und Bildgruppen verteilten Arbeiten Anstöße und Vorstellungsräume für die eigene Fantasie und eigene spontane Assoziationen. Leicht macht diese Kunst den Zugang allerdings nicht. Es gibt Arbeiten, deren Gehalt derart weiträumig umschrieben ist, dass sie auch bei einigem Bemühen, sie zu verstehen, Verschlusssache bleiben. Oder mindestens eine ebenso von weit hergeholte Auskunft auch nur möglicherweise vermitteln.

So zeigt zum Beispiel eine Installation die durchweg frohgemuten Physiognomien von anonymen Leuten, die einem auf der Straße täglich begegnen könnten – und dann findet Sieverding dafür als Titel den Namen des Attentäters vom 20. Juli 1944, *Stauffenberg*. Will das nun sagen, die Figuren der Installation seien längst unfassbar weit entfernt ohne Erinnerung an das vergebliche Opfer jenes Offiziers von damals?

Ist das so nachvollziehbar? Es kann im Umgang mit Kunst die Erwartung generell keineswegs sein, dass jedes Geheimnis sich auflösen lässt. Aber eine Ausstellung wie jetzt diese, die so nachdrücklich – und auch ganz zu Recht – auf Umschreibungen setzt, könnte womöglich doch in gebotener Kürze die eine oder andere motivbezogene Hilfe geben.

Ganz unbedingt hätte das für einen Raum geschehen müssen, in dem Bertolt Brecht eine Rolle spielt. Es sind da nämlich in Projektionen visuell allerhand Asiaten zugange – zu hören ist aber aus einem Lautsprecher die ins gänzlich Unverständliche verzerrte Stimme von Brecht in der Aufzeichnung des Verhörs, das die McCarthy-Kommission zur Aufdeckung antiamerikanischer Umtriebe 1947 mit dem Dramatiker veranstaltete und das durch Brechts Antworten zu einer wunderbar absurden Farce wurde. Auf YouTube ist das nachzuhören, in der Ausstellung ist es nur ein unsinniges Geräusch. Warum?

Gleichviel – auch wenn das Verständnis mitunter große Mühe macht, was schon beim Titel *Kunst und Kapital* beginnt, ist die Ausstellung sehenswert. Sie gilt einer selbstbewussten Künstlerin, die weltweit Anerkennung gefunden hat. Der Katalog enthält eine Liste mit Hunderten von Einzelausstellungen und Beteiligungen im Verlauf von 50 Jahren – mehr Erfolg ist kaum vorstellbar.

Zur Ausstellung *Katharina Sieverding. Kunst und Kapital. Werke von 1967 bis 2017*, Bundeskunsthalle Bonn, 11. März bis 16. Juli 2017, *Frankfurter Rundschau*, 26. März 2017, S. 37

Georg Baselitz
Ein bisschen Weltende ist immer dabei

Friederike also – aparter Name eigentlich. Aber das so benannte Sturmtief hatte die Bahnfahrten nach Basel aus Anlass der Vorfeiern des Achtzigsten von Georg Baselitz, eingerichtet in der Fondation Beyeler in Riehen und im Kunstmuseum Basel, hin und zurück unerfreulich durchkreuzt. Plötzlich Risse in der Normalität geplanter Abläufe, entwurzelte Bäume auf den Gleisen, Räder stehen still, Termine verfallen, Anflüge von Chaos, ein bisschen Weltende immer dabei. Jedoch hat das alles auch sein Gutes, Momente von widersinnigem Reiz, so ein Bruch stört auf, macht aufmerksamer, erzwingt Einstellungen auf das Unvermeidliche neuer Situationen. Auf Neues generell.

Das Sturmtief als Muntermacher. Für den Maler Baselitz, konnte man denken, kam Friederike wie zur Feier des Tages von ihm bestellt. Denn diesem, im privaten Auftritt besonnenen, maßvollen, klugen und (relativ) konzilianten Menschen, liegen als Maler und damit öffentlicher Figur gelegentliche Brüche mit dem Geläufigen durch Paukenschläge der unvermittelten Provokation. Er habe immer dort sich finden wollen, „wo noch keiner war“ – so hat er sich selbst einmal im Gespräch definiert.

In der Konsequenz hat dieser Wunsch nach Alleinstellung im Werk des Künstlers kühne und vor allem auffällige Stilwechsel veranlasst. Wie das absehbar einen Skandal auslösende Gemälde eines Onanierenden, *Die große Nacht im Eimer* (1962/63), das in der Ausstellung der Berliner Galerie Werner & Katz polizeilich beschlagnahmt und nach mehreren Prozessen erst zwei Jahre später wieder retourniert wurde – für den seinerzeit in beengten Verhältnissen lebenden Maler persönlich eine unschöne, aber ihm auch Bekanntheit sichernde Geschichte.

Folgenreich auch sein Coup der seit 1969 praktizierten Kopfunter-Malerei, die Verkehrung aller Motive, was oben zu erwarten wäre, erscheint unten, für Baselitz das Verfahren einer neuen „Erdung“. Überraschend dann der Entschluss, frühere Motive wieder aufzugreifen, Bilder jetzt entspannter und heller noch einmal zu malen, *Remix* heißt die Serie. Darauf muss einer mal kommen.

Auch in seinen verbalen Äußerungen hat Baselitz, wie gerade jetzt wieder besonders ruppig, es manchmal gern krachen lassen. In einem Gespräch mit der *Zeit*, nachzulesen in der jüngsten Ausgabe der Wochenzeitung, rühmt er Donald Trump, der agiere, „wie ein vernünftiger Politiker heute agieren muss", angesprochen auf die vorgesehene Mauer zur Abgrenzung der USA gegen Mexiko, befindet der einst aus der Diktatur der DDR geflohene Künstler: „So ein Land muss das machen", und vergleicht die Maßnahme mit der vieler Kleingärtner, die ihre Grundstücke schließlich auch „mit Kameras, Elektrozäunen und scharfen Hunden sichern".

Einmal in Schwung, erfasst der Ausbruch auch noch die deutsche Presse, „die ja konform ist wie das *Neue Deutschland*", also das Mitteilungsblatt der SED in der einstigen DDR, weil sie, für Baselitz die Einmischung von „Herrenmenschen", die Politik von Trump wie von Jaroslaw Kaczynski in Polen und Viktor Orban in Ungarn missbillige.

Und weiter geht es mit der Ausschüttung des heillosen Künstlergeistes, den Georg Baselitz so allerdings besser bei sich behalten hätte: „Wir leben unter einem falschen Begriff von Demokratie", er fürchte sich, fühle sich in Deutschland nicht wohl und sei darum nach Österreich gezogen (mit dort einem weiteren von mehreren Wohnsitzen, neuerdings auch in Basel) – „wegen der Sicherheit", aber mehr noch, wird man vermuten dürfen, doch wohl günstigerer Besteuerung wegen.

Desolat. Auch schmerzend für jeden, der den Rang dieses Malers nicht geschmälert haben möchte durch derartige Mitteilungen. Um Himmels willen, können Sie das wirklich nicht lassen, Sir? Weder zeugt solches Reden im öffentlichen Raum von Verantwortung, noch ist es irgendwie intelligent. Wenn man es gut meint: törichtes Gebrabbel im Sinn von Harald Szeemanns vermeintlicher Entschuldigung für eine beachtliche Überschreitung des Etats der von ihm verantworteten *documenta 5*: „Künstler sind wir – Kinder sind wir."

Nicht leicht, von so etwas zurückzufinden zu den Werken eines Künstlers, der mit enormer Produktivkraft unermüdlich und ernsthaft gearbeitet hat an verdientem internationalem Ruhm. In der Fondation Beyeler, deren Gründer und Namensgeber nicht nur durch seinen extrem ausgebildeten Kunstsinn, sondern sich, für jeden unvergessen, der ihn kennenlernen durfte, auszeichnete auch durch Empathie, werden nun wesentliche Perioden im Werk von Baselitz bezeugt durch eine vorzügliche Auswahl von Belegen aus erstrangigen Sammlungen weltweit, auch aus den eigenen Beständen.

Das beginnt mit den Bildern, die nach dem Verlassen der DDR in Westberlin entstanden, wo vor allem der Galerist Michael Werner sich früh für Baselitz einsetzte, darunter auch das erwähnte *Große Nacht im Eimer* aus der Sammlung des Museums Ludwig in Köln. Das durch das Motiv damals verursachte Aufsehen darf den Betrachter heute nicht ablenken von der Spannung, die aus dem Umgang mit den Farben, dem ungestüm Gestischen einer Malerei zwischen den Positionen der Abstraktion und der Gegenständlichkeit resultiert.

Es ist der Zwiespalt, den Baselitz für sich als eigenen Ort gefunden hat. Das gilt sogar für die mitunter farbig gefassten Skulpturen aus Holz, die in den Sälen der Fondation zu den Bildern intermittierend in Bezug gesetzt sind. Ein früher Höhepunkt des Œuvres sind die *Heldenbilder* aus den Jahren nach 1965, erst kürzlich, letzte Großtat des scheidenden Direktors Max Hollein, im Frankfurter Städel versammelt. Die zumeist aufrecht Stehenden oder als Schreitende dargestellten männlichen Figuren, immer auch Beschädigte, thematisieren Defizite, Verluste an Integrität, Zusammenhang, Halt, Zukunft, im weitesten Sinn den Verlust von Heimat, im Westen von dem Maler so sehr empfunden wie im Osten, aus dem er gekommen war.

Die Ausstellung erschließt sich chronologisch. Auf die beschädigten Helden folgen die *Frakturen*, Zäsuren trennen Abschnitte der figürlichen Darstellung voneinander, die sich gegeneinander verschieben bis an den Rand der Auflösung des ursprünglichen Bildmotivs. Dann also die Phase der *Erdungen*, auf dem Kopf stehende Porträts wie etwa das von dem Kunsthändler Franz Dahlem (1969), der ein früh von Baselitz Begeisterter war, und mehrere Bildnisse der Ehefrau Elke. Später werden auch Tiere und Landschaften, wird überhaupt alles malerisch interpretiert auf diese Weise. Es war die Absicht des Malers, mit der Verkehrung von oben und unten den Betrachter von der Wirklichkeit des Motivs ab- und auf die autonome Realität der Farben hinzulenken. Aber wird das Motiv durch seine Verdrehung nicht auch umso interessanter? Das war bald eine Streitfrage.

Das Verfahren wurde bestimmend für die folgenden Jahre, bis heute. Es ist ein Verdienst der Schweizer Ehrung für den Künstler, die der Ausstellung gelingt, dass sie bei aller Bedeutung, die dem Reiz des Provokativen als Impuls zweifellos zukommt, mit ihrer Auswahl entscheidend zu einem Triumph des Malers Baselitz geworden ist, Triumph seiner leidenschaftlichen, manchmal fast rauschhaft sich ausdrückenden Beziehung zum energischen Eigenleben der Farben.

Ebenso unbestreitbar sehenswert wie die Präsentation der Fondation in Riehen ist der Beitrag des Kunstmuseums Basel mit einer Ausstellung der zur Feier des Geburtstags überwiegend aus dem Bestand des Kupferstichkabinetts stammenden Papierarbeiten des Künstlers, erweitert um einige Leihgaben von Baselitz selbst. Schon bald nach 1970 hatte sich zwischen ihm und dem damaligen Direktor des Kupferstichkabinetts des Kunstmuseums, Dieter Köpplin, eine Freundschaft entwickelt. Köpplin war der erste, der Baselitz den Auftritt in einem bedeutenden Museum organisierte, das dann den Bestand an Zeichnungen von seiner Hand immer wieder erweitern konnte.

Man erlebt den Maler hier als einen ingeniösen Zeichner, spürbar lustvoll am Werk. Es finden sich so spielerisch erfasste Motive wie das in der Fondation ausgesparte der tanzenden Schuhe aus einer jüngsten Werkphase, manche Verbindungen gibt es zu den gemalten Bildern, vor allem aber viele unaufdringlich experimentelle Ansätze. Das fügt sich: zu ganz einfach einer Freude.

Zu den Ausstellungen *Georg Baselitz*, Fondation Beyeler, Riehen, und *Georg Baselitz. Werke auf Papier* im Kunstmuseum Basel, 21. Januar bis 29. April 2018, *Frankfurter Rundschau*, 23. Januar 2018, S. 30

Heiner Bastian
Eine Hommage

Man weiß nicht, wem man heute Abend zuerst gratulieren darf und danken soll für einen Vorgang, der fast ein Wunder ist: dass nämlich 108 Jahre nach der Eröffnung dieses Hauses die Kunstsammlungen Chemnitz beschenkt werden, einfach so, wie selbstverständlich, mit mehr als 200 Bildwerken von 43 prominenten Künstlern aus vielen Ländern – ein Geschenk, das die vorhandenen Bestände des Museums um Dimensionen erweitert, die ihm sonst unerreichbar geblieben wären.

Wir treffen hier auf Werke, die entstanden sind, im Großen und Ganzen zu unserer Lebenszeit – so also, wie hier zu sehen, kann jeder Besucher sich sagen, hat die Kunst zu meiner Zeit sich geäußert: So gedacht und geträumt und überhaupt reagiert auf die Welt, so haben die Künstler das gesehen, was schön und was hässlich und qualvoll war, und so sahen die Gegenwelten aus, von der sie einen Vorschein imaginiert haben – von soviel kann einzig die Kunst erzählen.

Darum bauen wir seit Menschengedenken Museen für sie, Orte der erinnernden Bewahrung, letztlich auch der Bewahrung von uns selbst. Und darum sind Museen so wichtig und so über alle Maßen verführerisch; Gelegenheit bieten sie uns an, sich herauszunehmen aus dem allgemeinen Lebensbetrieb, eine leise Weile lang innezuhalten auf einem Terrain jenseits des Taghorizonts. Kein schöner Land in dieser Zeit.

Aber wie nun geht es zu, dass ein weltkluger und weltgewandter Mensch, der wie Heiner Bastian sich auf der internationalen Kunstszene einen Namen gemacht – als Entdecker, als Förderer und Begleiter der Besten der Epoche und als Vermittler ihrer Werke –, wie kann es sein, dass so jemand sich entschließt, eine starke Gruppe von Werken seiner Sammlung, wenn er denn meint, sich trennen zu sollen davon, nicht etwa auf den Kunstmarkt entlässt, also in den Handel gibt, und auch nicht einem Museum zum Geschenk macht in einer der europäischen Metropolen – nicht einmal Dresden –, sondern gerade Chemnitz damit beschenkt? Was treibt jemanden an, so etwas anzustellen?

Ich gehe kein Risiko ein mit der Antwort: Das Motiv hat damit zu tun, dass dieser Mensch – übrigens wie die Seinen –, da bin ich sehr sicher, Kunst nicht bloß mag, wie jemand das heute so sagt, der schnelles Geld zu nobilitieren kalkuliert durch schnellen Kunsterwerb, „Ach, wissen Sie, ich mag Kunst“, nein, nein, das ist zu wenig für so einen wie Heiner Bastian, dessen Leben, die ganze Existenz, vollständig besetzt war und ist durch die Einstellung auf und den Umgang mit Kunst. Und wenn das so ist, will man dann nicht diese Leidenschaft, die das Leben ausmacht, unbedingt teilen mit Gleichgesinnten? So ist es geschehen, dass das von Ingrid Mössinger, wahrhaftig einer Gleichgesinnten, das hat der Sammler gut erkannt, geführte Haus in Chemnitz zum Adressaten der Schenkung wurde. Es sind da die Richtigen, gleichsam Wahlverwandte zusammengetroffen. Das gibt es ja wirklich.

Heiner Bastian hat sich schon früh eingesetzt für Joseph Beuys, er gehörte zu dessen Entdeckern, und hat, wo es nötig war, darauf gesehen, dass mit dem Werk so achtsam umgegangen wurde, wie es dem Rang von Beuys und der weltweiten Ausstrahlung seiner ästhetischen Praxis und seiner politischen Absichten gebührt. Als verantwortlicher Kurator hat er dem Sammler Erich Marx verlässlich beigestanden – im Hamburger Bahnhof in Berlin kann das Publikum sich die faszinierenden Ergebnisse dieser Zusammenarbeit vor Augen führen.

Ein Praktiker ist dieser Mann, wie erwiesenermaßen auch der Sohn Aeneas Bastian, demnach durchaus. Das von der Familie gegründete und erbaute Galeriehaus nahe der Museumsinsel in Berlin und die dort realisierten Ausstellungen haben immer wieder internationale Aufmerksamkeit gefunden, das Haus ist die doch wohl wichtigste Adresse Berlins für die Wahrnehmung der aktuellen Moderne geworden. Und streitbar ist Heiner Bastian auch, mit unerbitterlicher Schärfe hat er wiederholt viele der nicht nachvollziehbaren Winkelzüge der Berliner Kulturpolitik zu Recht attackiert.

Nicht weniger gehört es zu seinem Ruhm, dass Heiner Bastian als Autor ein sehr genauer Denker und ein Stilist von hohen Graden ist – bewiesen haben sich diese Qualitäten unter anderem in seinen Schriften zu Phasen des Œuvres von Beuys, in seinen Einlassungen zur Entwicklung des Frühwerks von Andy Warhol, es gibt da nichts Besseres, und in seinen kunstphilosophischen Überlegungen, Titel:

Die Argonauten erreichen das offene Meer und die Ufer verhallen, oder in seiner Untersuchung zu Begriff und Ausdrucksformen der Freiheit im Spätwerk Picassos.

Weiter gefasst hat der Dank für das Glück des heutigen Tages natürlich den Künstlern zu gelten, deren Arbeiten durch die Schenkung von nun an zum bleibenden Bestand des Museums gehören. Was da neu ins Haus kommt, ist von großer Vielfalt, einer für eine private Sammlung durchaus ungewöhnlichen Breite der unterschiedlichsten inhaltlichen Angebote und formalen Lösungen wie auch der Zeitspanne, während der die Skizzen und Entwürfe, Zeichnungen, Aquarelle und Gemälde entstanden sind.

Es ist im Wesentlichen Kunst der zweiten Hälfte des 20. und dem ersten Abschnitt des 21. Jahrhunderts, um die es geht. Viele große Namen sind unter den Künstlern, Pablo Picasso und Joseph Beuys, Robert Rauschenberg und Gerhard Richter, Cy Twombly, Andy Warhol und Luc Tuymans, Eberhard Havekost, Marcel van Eeden, Victoria Morton und Stella Hamberg. Einige von ihnen sind schon früher in diesem Haus aufgetreten, jetzt suchen ihre Werke die Verbindung zum Publikum auf ein Neues – und wie die schon bekannteren wollen auch die neuen Bildergäste sich einspannen lassen in den Dialog mit den Werken, die schon anwesend sind von länger her, Kunst ist stets auch Antwort auf Kunst – sehen wir also doch einmal darauf, ob und wie die geschenkten Ankömmlinge nicht womöglich sogar mit den noblen Romantikern gewagt in Verbindung zu bringen wären. Jedenfalls, spannende Zusammenhänge zu bilden – das ist eine der Möglichkeiten, die das Geschenk gewährt, eine Chance, die zu nutzen lohnen sollte.

Ich zitiere Gerhard Richter aus dem von Ina Haist herausgegebenen Chemnitzer Katalog der Sammlung Bastian: „Wir können uns doch nicht auf das Bild von Wirklichkeit verlassen, das wir sehen; denn wir sehen es doch nur, wie es unser Linsenapparat Auge zufällig vermittelt [...] Und weil das eben nicht ausreicht, weil wir neugierig sind, ob das alles nicht ganz anders sein kann, malen wir."

Ob das alles nicht ganz anders sein kann – jedes Kunstwerk bewahrt diese Idee der Kontingenz gegen die letztlich eben doch nur scheinbar fest gefügten Konturen der Realität, die uns umgibt –, ist Behauptung eines schlechthin anderen, Behauptung des utopischen, poetischen, weltfernen Gedankens. So reicht Kunst weit hinaus. Es ist gerade die Weltferne, durch die sie die Welt bereichert. In Heiner Bastian hatte und hat sie einen unvergleichlich treuen Anwalt.

Rede anlässlich der Eröffnung der Ausstellung *Von Pablo Picasso bis Robert Rauschenberg. Schenkung Céline, Heiner und Aeneas Bastian. Hommage à Ingrid Mössinger*, 12. November 2017 bis 18. Februar 2018, Kunstsammlungen Chemnitz, 11. November 2017

Sean Scully
A certain kind of longing – Eine bestimmte Art von Verlangen

Wer in den Bildern der Malerei etwas sucht, das in der Wirkung hinausreicht über den nur flüchtig unterhaltsamen Anblick, der kam und kommt in der ersten Hälfte dieses Jahres an dem 1945 in Dublin geborenen, inzwischen im Bayerischen und in Berlin ansässigen Iren Sean Scully nicht vorbei. Großer Auftritt von ihm zunächst in der Londoner National Gallery, dann ein enormes Besucherinteresse auch in der Provinz, 700 Gäste schon zur Vernissage von Scullys aus der Staatlichen Kunsthalle in Karlsruhe übernommenen und dort auch mit-vorbereiteten Ausstellung „Duplex Vita" im Museum für Kunst und Kultur im westfälischen Münster. Diese wie die anschliessende, umfassende Präsentation *Eleutheria* ist in der Wiener Albertina noch zu sehen bis zum 8.9. Der Titel für die Wiener Ausstellung ist im Altgriechischen das Wort für „Freiheit", nicht von ungefähr von Samuel Beckett 1940 gewählt für sein erstes, noch vor *Warten auf Godot* entstandenes, aber erst Jahrzehnte später veröffentlichtes Theaterstück. Banaler ist es auch der Name einer von Scully mit Frau und Kind besuchten Ferieninsel in der Karibik.

Ein Höhepunkt in der aktuellen Serie erfolgreicher Ausstellungen des Malers ist Javier Molins mit der glänzenden Inszenierung von Werken auf der Insel San Giorgio Maggiore in Venedig (zur Zeit der diesjährigen Biennale, aber nicht als Teil von deren offiziellem Programm) mit der Schau gelungen, die sich auszeichnet nicht nur durch den besonderen Schauplatz der Basilika Andrea Palladios, sondern auch durch neue Akzente im Œuvre des Malers selbst. „Human" nennt Scully das venezianische Ereignis, „menschlich" – das bezeichnet auch eine der Überraschungen, in Venedig wie dann auch in der Wiener Albertina. Der Maler war seit den achtziger Jahren bekannt geworden durch relativ streng horizontal oder vertikal verlaufende Bänder unterschiedlicher aber durchaus nicht nur einander kontrastierender, vielmehr auch spannungsreich korrespondierender Farben. Diese abstrakten Kompositionen werden nun erweitert um Arbeiten mit figürlichen, gegenständlichen Inhalten: Sie schildern Szenen des eigenen Kindes mit einer anderen Gestalt, vielleicht der Mutter, offenbar am Strand der erwähnten karibischen Insel, sehr nachdrücklich und entschieden in der Farbgebung der Kleidung und den Konturen der Menschen.

Es bleibt immer noch die Farbe das eindeutig dominierende Thema. Sie verstärkt hier die Lebensnähe der Strandszenen. Jedoch ist Scullys Abkehr von der Abstraktion, vergleichbar ähnlichen Entscheidungen im Werk des Amerikaners Richard Diebenkorn, kein grundsätzlicher Bruch, vielmehr eher eine Erweiterung der Ausdrucksmittel, die sich in den jüngeren abstrakten Arbeiten schon vorbereitet hat. In einem der langen Säulengänge von Palladios Basilika eindrucksvoll gereiht, zeigen die an im Prinzip geometrischen Grundrissen orientierten, ausschließlich auf die Eigenwirkung der Farben vertrauenden Kompositionen eine ungestüme Heftigkeit des Gestus der Pinselführung, die manchmal die Farben fast plastisch hervortreten lässt. Man spürt etwas von Bergsons „elan vital", einen nicht zu stillenden Lebenstrieb, den dann eben auch die gegenständlichen Bilder der familiären Zuwendung bezeugen. Es prägt sich in diesem Humanum, wie allerdings im Œuvre dieses Malers schon länger, zunehmend eine Dringlichkeit des Verlangens aus, mit Farbe hinauszureichen über Farbe. Das von Mark Rothko überlieferte: „Ich suche etwas, das mehr wäre".

Sean Scully hat diesem Anderen auch mit seinen Skulpturen sich zu nähern versucht. Der von der Berliner Galerie Kewenig erstellte, großzügige Sammelband zu Scullys skulpturalen Arbeiten eröffnet mit dem Bekenntnis: „Die Skulptur ist der Schritt über die Malerei hinaus. Sie ist es, der du dich zuwendest, wenn deine obsessive Leidenschaft für Dinge hinauswill über die Illusion von etwas, das auf einer Leinwand erscheint". Die Ausstellung in Venedig rückt denn auch eine Skulptur in ihren Mittelpunkt. Es ist ein betretbarer, nach oben offener Turm aus übereinander geschichteten rechteckigen, von Filz überzogenen Holzplatten. Der Filzüberzug ist jeweils farbig gefasst – Grün, Rot, Gelb, Schwarz bilden eine gleichsam imponierend in die Vertikale versetzte Variante der planen, abstrakten Farbstrukturen auf den Leinwänden von Scullys Gemälden. Der Turm unter der Wölbung der Basilika, *Opulent Ascension* (Üppige Himmelfahrt) erreicht eine Höhe von etwas mehr als zehn Metern.

Die Beschreibung kann womöglich das konstruktiv Materielle des Gebildes vermitteln – mit der ideellen Wirkung ist das schwieriger.

Inspiriert wurde das Werk durch das biblische Gleichnis von der Leiter, die dem Patriarchen Jakob im Traum als Himmelsleiter erscheint, die ihn, der sie ersteigt, Gott begegnen lässt (Genesis 28:10-22). Die Öffnung des Turms in der Höhe weise himmelwärts – im Gespräch am ersten Tag der Ausstellung will Scully vor allem das beachtet wissen. Transzendenz also, die Möglichkeit von Kunst zur Überschreitung der Grenzen dessen, was uns als Wirklichkeit gilt – darum geht es. Die Anstrengung dazu, auch die aktuelle venezianische Biennale beweist es wieder, ist selten geworden. Das macht die Malerei Sean Scullys wie seine Skulpturen zu einer Besonderheit, die ein Glück ist.

Kunstzeitung, August 2019

Gerhard Richter
Anblicke einer verheerten Welt. Die *Birkenau*-Bilder

15 schmale Bände, verfasst von Überlebenden der Shoah, geben Bericht von dem Entsetzlichsten, das Menschen zu erdulden hatten durch andere, die der gleichen Gattung zuzuzählen schwerfällt. Ein Memoiren-Projekt gegen das Vergessen. Von letzter Hand – die Generation der im Holocaust nicht ermordeten jüdischen Zeitzeugen stirbt aus, einige der Autorinnen und Autoren leben schon nicht mehr.

Für den Umschlag eines jeden der Bände hat der Maler Gerhard Richter Ausschnitte aus vier großformatigen Gemälden gleichsam herausgeschnitten und zitiert, die er im Verlauf mehrerer Monate im vorvergangenen Jahr in einem vielstufigen Arbeitsprozess entworfen und verwirklicht hatte. Die originalen Bilder sind erstmals im Frühjahr 2015 im Museum Albertinum der Staatlichen Kunstsammlungen von Richters Geburtsstadt Dresden ausgestellt worden. Die nachfolgenden Überlegungen beziehen sich auf die Genese und die Realität dieser Originale, damit zugleich aber auch auf die Segmente, durch die sie auf den Umschlägen der Erinnerungsbände im kleineren Format vertreten werden.

Bei den vier Bildern handelt es sich um abstrakte Malerei. In Hinsicht auf das Œuvre Gerhard Richters ist das keine Überraschung: Der Künstler hat zeitlebens immer wieder versatil sich bewegt zwischen den unterschiedlichsten Ausdrucksformen, bis hin sogar zu semi-szenischen, räumlichen Installationen. In seinen Gemälden ist er dabei häufig eingegangen auf zuvor fotografisch fixierte Motive, deren malerische Umsetzungen ihm Weltruhm eingebracht und ihn in der Kunst der Epoche zu deren führendem Repräsentanten haben werden lassen.

Auch die vier Bilder, die *Birkenau* zum Titel haben, den Namen des größten Vernichtungslagers, in dem während der Herrschaft des Nationalsozialismus etwa 1,1 Millionen Menschen ermordet wurden, haben vier Fotografien als motivischen Ansatz. Es sind diese von Richter gewählten Vorlagen, die das Ergebnis ihrer Transformation in Malerei zu einem Wagnis gemacht haben, dem für die ästhetische Praxis generell außerordentliche Bedeutung zukommt. Die schwarzweißen Fotos, auf die Richter schon vor Längerem gestoßen war, dokumentieren Szenen der Verbrennung der Leichen Ermordeter im Konzentrationslager Auschwitz/Birkenau. Unter dramatischen Umständen von Häftlingen aufgenommen, sind die Aufnahmen aus dem Lager geschleust worden, Beweise für die Verbrechen des Nazi-Regimes, von manchen draußen angeblich nicht für möglich gehalten. In dem Band *Bilder trotz allem* (Fink Verlag Bild und Text, Paderborn 2014) sind die Fotos von Georges Didi-Huberman publiziert worden. Auch im Archiv des Auschwitz-Museums sind sie zugänglich.

Richter hatte die Fotos für einige Zeit in seinem Archiv bewahrt, nach eigenem Bekunden sich aber bedrängt gefühlt von der Frage, wie er als Maler auf das Abgebildete reagieren könne. Er begann mit der Vergrößerung der Fotos, griff mit Farbe ein, dabei realistische Elemente zunächst noch erhaltend. Er verwarf viel. Und fing dann an, das fotografische Material zu übermalen. Mehrmals, mit immer anderen Farben. Dabei wird der Gestus, mit dem der Maler die Farben auf den Leinwänden einsetzt, immer heftiger, jäher. Kein Moment der Beruhigung. Alles ist in Bewegung. Unglaubliches geschieht, in jedem Segment der Bildfläche. Farben prallen aufeinander, schieben sich übereinander. Einmal scheint ein Grün sich durchzusetzen – im nächsten Moment, durch keinen Zwischenton gemildert, reduziert sich dieser Farbwert auf nur einen Bruchteil. Immer mehr farbige Fetzen, die keine Kontur halten, schichten sich auf. Triefendes Rot, sich andrängendes, dabei schon zerfallendes Schwarz, zersplitternde helle Zonen, manchmal nur noch Tropfen – seit den späten Bildern Tizians hat man Farben nicht derart vorgehen sehen gegen sich selbst. Es ist, als müssten die Leinwände aufreißen vor so viel Aufstand. Wut lebt in dieser Malerei. Wütende Trauer. Verzweiflung. Zu spüren in jedem Augenblick die für den Maler existenzielle Notwendigkeit, *diese* Bilder zu wagen.

Mitunter gibt es eine Ahnung von Räumen, jedenfalls von räumlicher Tiefe, und sogleich wieder verstellten Durchblicken. Der gespachtelte, auch gerakelte Farbauftrag lässt einen Ansatz zu dynamisch angelegten vertikalen Strukturen entstehen, durchquert von Horizontalen. Jedoch kann sich damit keine Art von Ordnung behaupten. Durch die Überlagerungen der gebrochenen Farben und die abreißenden Bewegungen ihres Zerlaufens auf der Leinwand zeigen die Oberflächen der vier Gemälde plastische Aufwerfungen, aber auch Schründe, plötzlich, jäh, abgründig. Schnelle, tiefe, verheerende Risse: „[...] die Narbe der Zeit / tut sich auf / und setzt das Land unter Blut [...]" (Paul Celan, „Abend der Worte").

Finale Landschaften, apokalyptisch verwüstet. Alles ist ohne Ausgang, man kann die Vorstellung haben, der Maler suche ein bestimmtes Ziel, zumindest die Möglichkeit für das, was als eine Art von „Weg hindurch" erkannt werden und gangbar sein könnte. Die anhaltende Beunruhigung, die für den Betrachter von den Bildern ausgeht, resultiert aus der sich unerfüllbar aufstauenden Erwartung an eine Lösung, die nicht sein kann.

Nicht mehr sichtbar sind die Fotos. Das Dramatische der Malerei liefert gerade nicht die ästhetische Kommentierung eines dokumentarisch erfassten Entsetzlichen: Vielmehr wird der Malakt angetrieben und weitergeführt durch die Anstrengung des Antwortens, dem jede verbindliche Erklärung versagt bleibt. So geht es in den vier Bildern um eine in höchstem Maß individuelle Reaktion Richters, die aber zugleich auch politisch argumentiert, indem sie gegen den mörderischen Massenwahn der Epoche den Anspruch behauptet auf die Individualität des Subjekts.

Der Anspruch, den Richter mit den vier Bildern an das Genre der abstrakten Malerei stellt, ist eingedenk der Dimension des „Menschheitsverbrechens Holocaust" (Aleida Assmann), es ist nicht zu viel gesagt: der höchste Anspruch, der diesem Medium, dieser künstlerischen Ausdrucksform bisher je angetragen wurde. Vergleichbar nur der das Spätwerk Mark Rothkos bestimmenden Intention, mit der Malerei deren sichtbare Realität zu überschreiten in eine Zone der Erfahrung von Transzendenz. Die vier *Birkenau*-Bilder bezeugen Grenzen des Fassbaren – das ist hier das Ereignis. Die Einlassung Richters auf das in ihm immer präsente, durch die aufgefundenen Fotos aber, ähnlich einem plötzlich stechenden Schmerz, aktualisierte Thema, verwirklicht sich nicht zuletzt darin, dass der Bildgehalt sich in Verlaufsformen entwickelt, die jenen Prozessen des Erinnerns angenähert sind, durch die wieder und wieder es uns aufgegeben wird, das Unerträgliche zu bewahren.

Der Volksmund nennt Erinnerung „das einzige Paradies, aus dem wir nicht vertrieben werden können". Das ist eine unzureichende Definition. Ob das Heraufrufen von Vergangenem wirklich Paradiese eröffnet, ist doch sehr bestimmt davon, wie und was gelebt wurde. Und fraglich ist ja sogar, wie der Historiker Christian Meier es sieht, ob nicht überhaupt das Vergessen, weil es Versöhnung, im Prinzip das Weiterleben von Gesellschaften wie von Einzelnen ermöglicht, mehr als das Erinnern als kulturelle Leistung zu gelten hätte. Oder ob nicht sogar das Vergessen, nach einem Erkenntnisstand, den der Psychoanalytiker Theodor Reik schon 1948 publiziert hat, nachgerade prinzipiell Ziel jeder Erinnerungsleistung ist. „Nur das, was Erinnerung geworden ist", bemerkt Reik, „ist dem Zerstörungsprozess unterworfen, der allem organischen Leben gemeinsam ist. Die Erinnerung ist die beste Straße zum Vergessen."

Strukturell sind für das Erinnern entscheidend seine schichtweisen Verdichtungen, ausgelöst durch assoziative Ansätze, sich überlagernde, häufig disparate Elemente und eine Kombinatorik von jenseits des Taghorizonts. So, dass das Erinnerte zwangsläufig nahezu immer nur ein Vermeintliches ist, in jedem Fall sich selbst verändert, indem es erinnert wird. Als Entsprechungen dieser Prozesse, aus denen sich Erinnerung bildet, sind die aggressiven Farbüberlagerungen in den Bildern Richters zu sehen als parataktische Reaktionen zwischen dem Prinzip der Wiederaufnahme von Vergangenem und den Veränderungen, die das Erinnern daran vornimmt.

Zugleich aber lassen sich die in Schichten über die Fotos autonom ausgebreiteten Farben auch wahrnehmen als Zeit-Schicht der verflossenen Jahrzehnte, die das Verbrechen Auschwitz/Birkenau entrückt. So haben wir es in den Gemälden Richters zu tun sowohl mit den Prozessen des Erinnerns als auch mit dem, was sie zu durchdringen, als Aufgabe zu leisten haben.

Nach Paul Celan haben viele Werke nicht nur der neueren deutschsprachigen Literatur, wie etwa W. G. Sebalds dem Stoff der Bilder Gerhard Richters affiner Roman *Austerlitz* und die lyrischen *études* Friederike Mayröckers, das Erinnern verstehen lassen als schmerzende Zersplitterung des Gewesenen, welche kein Ganzes mehr zulässt. Niemals kann in Bezug auf die Realität luzide Klarheit herrschen in den Bildwelten der Erinnerung. Richter hatte das schon angedeutet mit den gewollten Unschärfen seiner Porträts der 1960er-Jahre (*Porträt Dr. Knoblauch*, *Tante Marianne*, *Onkel Rudi*) und später, 1988, wieder bei den Bildern des *RAF-Zyklus*.

Es sind mithin Vorgänge von hochgradiger Komplexität, die in den vier Bildern Richters herausfordern. Absicht der Werke ist nicht die malerische Nachbildung der fotografisch erfassten Szenen in Auschwitz/Birkenau, sondern das Verhalten des Malers und dann das jedes einzelnen Betrachters dazu, und zwar als Ausdruck von Erinnerung. Und als Aufruf dazu. Denn nicht nur impliziert das Phänomen Erinnerung die retrospektive Rückwendung, sondern mahnt auch die prospektive Orientierung an, etwa eingedenk einst gegebener Versprechen deren für die Zukunft avisierte Erfüllung jetzt.

Richtig ist, dass wir instabiler werden, auch neben uns geraten können durch Erinnerung, jeder dann ungewiss seiner selbst. Wie das einsam Stationen seiner Existenz rekapitulierende Subjekt in Samuel Becketts *Not I* (Nicht ich), der Boden schwankend. Und ebenso möglich: das real Ungeheuerliche der eigenen Geschichte zu beglänzen, zu verschieben ins Märchenhafte wie im *Goldenen Vlies* Grillparzers Medea: „Wenn ich das Märchen meines Lebens mir erzähle, mir ist's ein anderer spricht, ich hör' nur zu." Das sind alles in den Bildern angelegte Möglichkeiten, sie wahrzunehmen, zu bedenken, was sie mitteilen über die Präsenz von Vergangenheit im eigenen Leben. Und dabei selbst zu erfahren, wie einer bereit ist, sich zu stellen.

Gleichwohl wird gefragt werden: Aber was ist mit den Fotos, warum denn sind sie gleich ganz und gar verschwunden? Es ist versucht worden, darzulegen, dass sie mit allen Bedeutungen, die sie an sich haben, sich tief eingeschrieben haben, eingegangen, ja: eingedrungen sind in die Gemälde, Lebens- und Schicksalselement sind in den Bildern und für sie. Die Fotos sind, im doppelten Sinn des Wortes, aufgehoben in den vier Bildern. Gelöscht und bewahrt. Grundlegend für die Gemälde und weiterführend, indem die appellative Tendenz der Werke zur Empathie in ihnen ihren Ansatz hatte.

Ob zum Verständnis der abstrakten Gemälde Richters für den Betrachter als Vorwissen die Kenntnis der Fotos Voraussetzung sein müsste, kann eine offene Frage bleiben, nach dem oben Gesagten durchaus nicht unbedingt zu bejahen. Eine Leerstelle entsteht durch das Fehlen der Fotos jedenfalls nicht. In ihrer Geschichte hatte Malerei grundsätzlich immer zu tun mit Umschreibungen des Unsichtbaren: Gott und Tod, Glaube und Liebe, Verzweiflung und Hoffnung, auch die Gegenwart der Toten – alles Abstraktionen, die sich, wenngleich wir ihnen Präsenz einräumen müssen, direkt verdeutlichender Beschreibung doch entziehen.

So ist denn auch niemals die Wirklichkeit des Bildes, das etwa eine Gewalttat thematisiert, diese Tat selbst. Und auch die Realität eines Fotos von Auschwitz ist nicht die Realität von Auschwitz. Weil schon der Werkprozess – also ursprüngliche Vorstellungen und Absichten des Künstlers, situativ bedingte Regungen oder durch das Material gegebene Bedingungen – im Ergebnis des „fertigen“ Bildes erloschen ist, zumeist nicht mehr nachweisbar, gilt für das gemalte Bild noch nachdrücklicher als für ein Foto, was Hans Ulrich Reck zu der These pointiert hat, das Bild zeige „das Bild selber als Abwesendes“.

Darin ist als Konsequenz der Anspruch der Malerei enthalten, die Realität außerhalb der Kunst mit einer eigenen Wirklichkeit zu konfrontieren. Oder, anders formuliert: die Behauptung, eigenmächtig mit dem Entwurf von Bildern etwas in die Welt zu bringen und über die Welt auszusagen, ohne sie bloß zu zitieren. „Bilder“, formuliert Gerhard Richter, „stellen immer etwas dar, was sie nicht sind. Auch abstrakte Bilder lesen wir, suchen sie ab, um zu erfahren, was da gezeigt wird. Nur so Farbe, das wäre ja langweilig.“

Es geht, so Richter selbst, „um den Anblick einer anderen Welt“. Das heißt auch: Nur Umschreibung ist der Kunst möglich, Umschrift, also eine Transformation, nicht die Reproduktion irgendeiner Lebenswirklichkeit. Mit den Seerosen in den Gärten von Giverny hat Monet über die Schrecken des Kriegsjahres 1917 mehr zu wissen gegeben, als jede Fotoreportage es gekonnt hätte.

In den unterschiedlichen Bildern, die wir uns von der Welt machen, wirkt ein Zeitmaß von je anderer Art. Nicht nur, weil sie real-geschichtlich im Abstand von mehr als sieben Jahrzehnten zu den vier Bildern Richters relativ genau datierbar sind, ist den Fotos der Gräuel in dem Vernichtungslager und den Gemälden notwendig ein je anderes Zeitraster immanent. Man kann auch sagen: eine je andere Formatierung der Erinnerung.

Das gilt auch für die Texte der Autorinnen und Autoren der Bände des Memoiren-Projekts. Ihr gemeinsamer Fond ist die für die Nachgeborenen kaum vorstellbare Lebensnot und Todesangst. Jedoch gleichen die narrativen Formen ihres Erinnerns in den Erzählungen, Berichten, Klagen und Anklagen einander nicht unbedingt. Es ist ein

„De profundis", gefügt aus vielen Stimmen, individuell bestimmt eine jede.

Gerhard Richter hat für die Einbände den vier Bildern in Dresden Ausschnitte entnommen. Wie die einzelnen originalen Gemälde für sich eine eigene Wirklichkeit behaupten, so auch – vergleichbar der Teilansicht einer Landschaft, auf die ein Betrachter sich konzentrieren möchte – die aus ihnen herausgelösten Abschnitte. Dramatisch bestätigen sie das Ganze, das sie in den vier Gemälden bilden, indem sie für einen Augenblick es verlassen.

Frankfurter Rundschau, 26. Januar 2016, S. 30–32

Der Text ist als Nachwort der im Jüdischen Verlag veröffentlichten Kassette *Mit meiner Vergangenheit lebe ich* erschienen. Herausgegeben von Ivan Lefkovits, versammelt sie in 15 Bänden, versehen mit 15 Bildern Gerhard Richters, Memoiren von Holocaust-Überlebenden.

Namensregister

Marina Abramović (*1946) S. 160 ff.
Theodor W. Adorno S. 93, 218, 222, 230
Josef Albers S. 50
Leon Battista Alberti S. 79, 202
Pierre Alechinsky S. 35
Lawrence Alloway S. 42
John de Andrea S. 40
Karel Appel S. 116
Giuseppe Arcimboldo S. 48,
Arman S. 21
Galerie Arnaud S. 102
Michael Asher S. 60
Aleida Assmann S. 249
Bernard Aubertin S. 121
Ingeborg Bachmann S. 160, 186, 217
Francis Bacon S. 68
Stephan Balkenhol (*1957) S. 172 ff., 183
Georg Baselitz (*1938) S. 128, 187, 236 ff.
Aeneas Bastian S. 241, 243
Heiner Bastian (*1942) S. 240 ff.
Thomas Bayrle (*1937) S. 46 ff., 231 ff.
Samuel Beckett S. 80, 193, 219, 244, 251
Max Beckmann S. 98
Giovanni Bellini S. 80
Joseph Beuys (1921–1986) S. 20 ff., 68, 92 ff., 111, 216, 222, 230, 241 f.
Hildegard von Bingen S. 107
Ernst Bloch S. 166, 173, 219
Arnold Bode S. 228 f.
Karl Heinz Bohrer S. 222
Christian Boltanski (*1944) S. 174 ff.
Sandro Botticelli S. 50
Georges Braque S. 34
Bertolt Brecht S. 235
André Breton S. 71
Bazon Brock (*1936) S. 38 f., 222 f., 230,
Julia Brown S. 125
Filippo Brunelleschi S. 52, 202
Alberto Burri S. 202
Herbert von Buttlar S. 222
Rafael Canogar S. 36
Giuseppe Capogrossi S. 202
Caravaggio S. 178
Enrico Castellani S. 218
Paul Celan S. 209, 249 f.
Germano Celant S. 150 f.
Paul Cézanne S. 70, 88 f., 146 f., 187, 191, 193
Christo S. 110
Carolyn Christov-Bakargiev S. 228
Johannes Cladders S. 21
Galerie Iris Clert S. 17, 102
Henri Cole S. 159
Lovis Corinth S. 116
Jean-Baptiste Camille Corot S. 191
Susan Cross S. 125
Gustave Courbet S. 191
Franz Dahlem S. 238
Galerie dato S. 199
Robert Delaunay S. 90
Paul Delvaux S. 34
André Derain S. 34
Jan Dibbets S. 35
Georges Didi-Huberman S. 248
Joan Didion S. 54
Richard Diebenkorn (1922–1993) S. 54 ff., 105, 108, 245
Josephine Dillon S. 70
Ludwig Baron Döry S. 199
Gino de Dominicis S. 33
Galerie Du Dragon S. 105
Marcel Duchamp S. 21, 71
Werner Düggelin S. 102
Albrecht Dürer S. 97
Marlene Dumas (*1953) S. 213 ff.
Hartwig Ebersbach (*1940) S. 99, 114 ff.
Meister Eckhart S. 15
Marcel Eeden S. 242
Sergei Michailowitsch Eisenstein S. 101
Galerie Emmerich S. 62
Max Ernst S. 62, 71
Richard Estes S. 36
Leo Maria Färber S. 199
Jean Fautrier S. 198
Lyonel Feininger S. 34
Peter Femfert S. 204
Leonardo Fibonacci S. 151, 202

Dan Flavin S. 43
Lucio Fontana (1899–1968) S. 21, 28, 42 ff., 103, 121, 137, 202, 216, 218
Theodor Fontane S. 193
Sam Francis (1923–1994) S. 54 ff., 68, 104 ff., 129, 229
Klaus Franck S. 76, 198
Helen Frankenthaler (1928-2011) S. 123 ff., 229
Max Frisch S. 102
Ernst Fuchs S. 76, 200
Heinz Fuchs S. 47
Rudi Fuchs S. 69
Jean Le Gac S. 33
Joachim Gasquet S. 88
Ulrike Gauss S. 163
Juan Genovés S. 36
Galerie Timm Gierig S. 115, 200
Raimund Girke (1930–2002) S. 17 ff., S, 193 ff.
Domenico Ghirlandaio S. 50
Hermann Goepfert (1926–1982) S. 22 ff., 218
Johann Wolfgang von Goethe S. 94, 96, 179, 186, 201
Karl Otto Götz (1914-2017) S. 146, 198 f., 204 ff.,
Vincent van Gogh S. 208
Siegfried Gohr S. 225
Arshile Gorky S. 65, 71, 88, 116, 123
Adolph Gottlieb S. 71, 108, 123
Francisco de Goya S. 125
Gotthard Graubner (1930-2013) S. 44, 145 ff., 193, 224 f.
Clement Greenberg S. 123
Otto Greis S. 199, 205
Katharina Grosse (*1961) S. 133, 224 ff.
Giuseppe Guerreschi S. 33
Serge Guilbaut S. 180
Peter Guth S. 115
Werner Haftmann S. 73, 229 f.
Ina Haist S. 242
Stella Hamberg S. 242
Hans Hartung S. 144, 181, 198
Eberhard Havekost S. 242
Bernhard Heisig (1925-2011) S. 98 f., 148
Wolfgang Henze S. 115
Günter Herburger S. 43
Rodrigo Hernández S. 36
Anatol Herzfeld S. 40
René Hinds S. 199
Horst Hirschler S. 118
Gerhard Hoehme S. 105
Jan Hoet S. 230
Hilmar Hoffmann S. 206
Hans Hofmann S. 123
Hugo von Hofmannsthal S. 152
Wolfgang Hollegha S. 24
Hans Hollein S. 35
Max Hollein S. 238
Oskar Holweck S. 22
Jenny Holzer (*1950) S. 157 ff.
Ernst Holzinger S. 199
Dieter Honisch S. 35
Edward Hopper S. 63, 143
Max Horkheimer S. 218
Rebecca Horn (*1944) S. 110 ff.
Pontus Hultén S. 88 f., 104, 107, 143
Friedensreich Hundertwasser S. 76
Heinz Hunstein S. 228
Stefan Hunstein S. 228
Eugène Ionesco S. 162
Robert Irwin S. 178
Siegfried Jacobsen S. 187
Bernhard Jäger S. 46
Heinz-Norbert Jocks S. 205
Galerie Alexandre Jolas S. 102
Asger Jorn S. 116
Wassily Kandinsky S. 123, 204, 217
Immanuel Kant S. 157, 203
Anselm Kiefer (*1945) S. 135, 152, 154 ff., 160, 208 ff.
Edward Kienholz S. 40 f., 230
Dieter Koepplin S. 239
Martin Luther King S. 83
Yves Klein S. 17, 21, 24, 121, 218
Susanne Kleine S. 191, 234
Franz Kline S. 63, 72, 123, 180
Oskar Kokoschka S. 98
Willem de Kooning S. 66, 71f., 123, 180, 198
Galerie Kornfeld S. 106
Rochus Kowallek S. 22 f., 121, 199, 218
Heinz Kreutz S. 199, 205

Wilfredo Lam S. 35 f.
Jacques Lang S. 210
Lautréamont S. 170
Christopher Le Brun S. 208
Fernand Léger S. 71
Leonardo da Vinci S. 76
Roy Lichtenstein S. 167
Ursula Lichter S. 22f.
Frank Lloyd S. 67, 111
Galerie Albert Loeb S. 102
Richard Paul Lohse S. 35
Morris Louis S. 123, 125, 126
Markus Lüpertz (*1941) S. 140, 183, 189 ff.
Heinz Mack (*1931) S. 15f., 22, 103, 121, 202, 216 ff.
August Macke S. 34
Dadamaino S. 218
Erich Marx S. 241
Amedeo Modigliani S. 89
René Magritte S. 21
Kasimir Malewitsch S. 204, 217
Piero Manzoni S. 19, 22, 103, 121, 202, 218
Masaccio S. 50, 79
André Masson S. 71
Georges Mathieu S. 198
Henri Matisse S. 34, 63, 70, 105, 123, 125
Roberto Matta S. 71
Wolfgang Mattheuer (1927-2004) S. 98, 138, 145, 148 f.
Otto Mauer S. 24, 27
Hans Mayer S. 20
Friederike Mayröcker S. 250
Christian Megert S. 218
Christian Meier S. 250
Georg Meistermann S. 146
Dominique und John de Menil S. 74, 81, 83 f.
Jörn Merkert S. 98
Mario Merz (1925-2003) S. 150 ff., 160, 202
Olaf Metzel (*1952) S. 163 ff.
Herbert Meyer-Ellinger S. 48
Donald McKinney S. 65
Henri Michaux S. 75
Josef Mikl S. 24
Joan Miró S. 71, 123
Ingrid Mössinger S. 241, 243
László Moholy-Nagy S. 179
Piet Mondrian S. 63, 204, 217
Claude Monet S. 193, 252
Victoria Morton S. 242
Robert Motherwell S. 66, 123, 180
Manfred de la Motte S. 27
Barnett Newman S. 71, 83f., 108
Friedrich Nietzsche S. 47, 190
Mario Nigro (1917–1992) S. 201 ff.
Kenneth Noland S. 125
Emil Nolde S. 196
Maria Nordman S. 60, 178
Novalis S. 179
Georgia O'Keefe S. 70
Claes Oldenburg S. 40
Panamarenko S. 40
David Parks S. 105
Jean Paul S. 179
Henk Peeters S. 15, 218
Jaume Plensa (*1955) S. 183 f.
Pietro Perugino S. 119
Claus Peymann S. 96
Pablo Picasso S. 70, 105, 175, 242 f.
Otto Piene (1928-2014) S. 22, 103, 121 f., 179, 202, 217 ff.
Piero della Francesca S. 79
Jackson Pollock S. 60, 65, 71 f., 88, 123 f., 197 f., 225
Gio Ponti S. 155
Nicolas Poussin S. 191
Markus Prachensky (1932-2011) S. 24, 27 ff., 130, 226
Egon Pruggmayer S. 149
Arnulf Rainer (*1929) S. 17, 24 f., 28, 75 ff., 107, 218
Karl vom Rath S. 199
Robert Rauschenberg (1925-2008) S. 28, 49 ff., 68, 134, 229, 242 f.
Hans Ulrich Reck S. 252
Theodor Reik S. 250
Ad Reinhardt S. 17, 63, 108
Godo Remszhardt S. 199
Galerie Denise René S. 102
Hanno Reuther S. 199

Gerhard Richter (*1932) S. 35, 92, 132, 242, 247 ff.
Peter Anselm Riedl S. 95
Jean-Paul Riopelle S. 197 ff.
Rissa S. 204
Otto Ritschl (1885–1976) S. 185 ff.
Dieter Roth S. 76
Mark Rothko (1903–1970) S. 60, 63, 65 ff., 79 ff., 88, 105, 107 f., 116, 123, 141, 155, 178, 180, 229, 245, 249
Fritz Rudolf S. 115
Wilhelm Rudolph S. 145
Niki de Saint Phalle S. 102
Werner Schmalenbach S. 180
Wieland Schmied S. 18, 155, 163, 194, 219 f.
Manfred Schneckenburger S. 228
Jan Schoonhoven S. 121, 218
Bernard Schultze (1915–2005) S. 196 ff., 205
Ursula Schultze S. 197, 200
Albert Schulze-Vellinghausen S. 230
Max Schwimmer S. 98
Kurt Schwitters S. 21, 50
Sean Scully (*1945) S. 139, 244 ff.
Winfried Georg Sebald S. 250
George Segal (1924-2000) S. 143 f.
Galerie Adam Seide S. 19, 194
Lee Seldes S. 67
Michael Semff S. 164
Richard Serra S. 154
Ben Shan S. 71
Katharina Sieverding (*1944) S. 233 ff.
Gereon Sievernich S. 180
William E. Simmat S. 199
Mario Sironi S. 202
Walter Smerling S. 200
Michael Sonnabend S. 53
Pierre Soulages (*1919) S. 180 ff.
Daniel Spoerri S. 102, 218
Nicolas de Staël (1914–1955) S. 88 ff., 131
Theodoros Stamos S. 66 f.
Galerie Steinbacher Hohl S. 24
Nina Sten-Knudsen (*1957) S. 136, 166 ff.
Adalbert Stifter S. 193
Clifford Still S. 60, 63, 66, 72, 108, 123, 180, 229
Ina Ströher S. 206
Heinrich von Sydow S. 200
Harald Szeemann S. 37 f., 40, 228, 230, 237
Yves Tanguy S. 71
Fred Thieler S. 105
Ludwig Tieck S. 193
Jean Tinguely (1925–1991) S. 21, 101 ff., 121, 218, 232
Caroline Tisdall S. 95
Tizian S. 51, 248
Mark Tobey S. 60, 197
Maurice Tuchman S. 59
Werner Tübke (1929–2004) S. 98, 116, 118 ff., 148
William Turnbull S. 19
James Turrell (*1943) S. 60, 177 ff.
Luc Tuymans S. 242
Cy Twombly S. 242
Raoul Ubac S. 199
Günther Uecker S. 15, 22, 103, 121, 202, 218
Franco Vaccari S. 33
Victor Vasarely S. 19 f., 36
Ben Vautier S. 40
Emilio Vedova S. 202
Jef Verheyen S. 17, 22, 44, 218
Jan Vermeer S. 178
Egon Vieta S. 199
Wolf Vostell S. 28
Herman de Vries S. 15, 218
Diane Waldman S. 67
John Walkers S. 36
Franz Erhard Walther S. 111
Andy Warhol S. 241 f.
Max Weber S. 70
Galerie Michael Werner S. 238
Doug Wheeler S. 60, 179
Wolfgang Wiens S. 96
Wols S. 198
Peter Zumthor S. 158

Peter Iden

1938	in Meseritz, Brandenburg geboren
1958–1963	Studium der Philosophie und Kunstgeschichte, Johann Wolfgang Goethe-Universität Frankfurt am Main
1963–1973	ständiger Mitarbeiter der *Frankfurter Rundschau*
1964–1965	Privatsekretär von Erwin Piscator
1966–1971	leitet das internationale Theaterfestival *Experimenta*, Frankfurt am Main
seit 1969	Mitglied des P.E.N.-Zentrum Deutschland e. V.
1972	Mitglied der Planungsgruppe für die *documenta 5*, Kassel
1973	Gastdozent an der Universität Yale, New Haven/USA
1973–1993	Leitender Redakteur der *Frankfurter Rundschau*
1974	Lehrbeauftragter an der Johann Wolfgang Goethe-Universität Frankfurt am Main
1978–1987	Gründungsdirektor des Museums für Moderne Kunst (MMK), Frankfurt am Main
1982	Berufung zum ordentlichen Professor für Theater- und Kunsttheorie, Hochschule für Musik und Darstellende Kunst Frankfurt am Main
1990	Mitglied des Kuratoriums für die Stiftung des ZKM, Karlsruhe und des Gründungssenats der Staatlichen Hochschule für Gestaltung Karlsruhe
1993–2000	Ressortchef Feuilleton, Theater- und Kunstkritiker der *Frankfurter Rundschau*
1995	Goethe-Medaille des Landes Hessen
2004	Mitglied des Vorstandes der Stiftung Kunst und Kultur, Bonn
2005	Berufung in den Vorstand der Salzburg Foundation
2006	Goethe-Plakette der Stadt Frankfurt am Main
2011	Autor der Kunstzeitung, Berlin
2012	Mitarbeit bei der Ausstellung *Art and Press*, Martin-Gropius-Bau, Berlin

Peter Iden lebt als Publizist in Frankfurt am Main und Gargnano, Italien.

Publikationen (Auswahl)

Über die Wirklichkeit
Arnheim 1963

Edward Bond. Monographie
Velber 1973

Die Schaubühne am Halleschen Ufer 1970–1979
München 1979

Theater als Widerspruch. Plädoyer für die zeitgenössische Bühne
München 1984

Gesellschaft – was ist das? Szenen aus dem zeitgenössischen Leben
Frankfurt am Main 1985

Bilder für Frankfurt – Bestandskatalog des Museums für Moderne Kunst
München 1985

Meine liebste Rolle – Schauspieler über sich selbst
Frankfurt am Main 1993

Jürgen Flimm – Regie im Theater
Frankfurt am Main 1996

Peter Palitzsch. Theater muss die Welt verändern
Berlin 2005

Der verbrannte Schmetterling. Theaterkritiken 1960-2010
Hamburg 2010

„Balancing the spontaneous gesture. Some remarks on Hans Hartung“, in: *Hans Hartung, de Sarthe Gallery*
Hongkong 2017

„Den poetischen Gedanken behaupten“, in:
In die Luft schreiben. Gedenkbuch für Luc Bondy
Berlin 2017

„Es bildet ein Charakter sich im Strom der Zeit“, Gedenkrede auf Hilmar Hoffmann, *Frankfurter Rundschau*, 22. August 2018

Die Herausgeberinnen

Dr. phil. h.c. Ingrid Mössinger
Studium der Kunstgeschichte, Archäologie, Ethnologie und Philosophie an der Johann Wolfgang Goethe-Universität, Frankfurt am Main
Frankfurter Kunstverein, Biennale of Sydney, Museum Wiesbaden, Direktorin der Art Frankfurt, Direktorin des Kunstverein Ludwigsburg, 1996–2018 Generaldirektorin der Kunstsammlungen Chemnitz mit Stiftung Carlfriedrich Claus-Archiv, Museum Gunzenhauser, Schlossbergmuseum, Van de Velde-Museum in der Villa Esche. Während dieser Zeit wurden 165 Ausstellungen mit Katalogen präsentiert.

Anja Richter
Studium der Kunstgeschichte, Afrikanistik und Ägyptologie an der Universität Leipzig
2007–2014 Assistentin der Generaldirektorin der Kunstsammlungen Chemnitz, seit 2014 Kuratorin Museum Gunzenhauser
Ausstellungen und Publikationen zur Kunst des 20. und 21. Jahrhunderts

Bild- und Fotonachweis

Joseph Beuys, S. 10
Schenkung von Céline, Heiner und Aeneas Bastian an die Kunstsammlungen Chemnitz 2017
Foto: Kunstsammlungen Chemnitz/PUNCTUM/Bertram Kober
© VG Bild-Kunst, Bonn 2019

Georg Baselitz, S. 128
Schenkung aus Privatbesitz 2008
Foto: bpk/Kunstsammlungen Chemnitz/PUNCTUM/Bertram Kober
© Georg Baselitz

Sam Francis, S. 129
Kunstsammlung Nordrhein-Westfalen
Foto: bpk/Kunstsammlung Nordrhein-Westfalen, Düsseldorf/Walter Klein
© VG Bild-Kunst, Bonn 2019

Markus Prachensky, S. 130
Sammlung Meulensteen
© Markus Prachensky

Nicolas de Staël, S. 131
Kunstsammlung Nordrhein-Westfalen, Düsseldorf
Foto: bpk/Kunstsammlung Nordrhein-Westfalen, Düsseldorf/Walter Klein
© VG Bild-Kunst, Bonn 2019

Gerhard Richter, S. 132
Museum MMK für Moderne Kunst, Frankfurt
Fotografie: Axel Schneider
© Gerhard Richter 2019

Katharina Grosse, S. 133
Photo: Sebastiano Pellion; Courtesy: Privatsammlung, Philippinen und Gagosian
© Katharina Grosse/VG Bild-Kunst, Bonn 2019

Robert Rauschenberg, S. 134
Kunstsammlung Nordrhein-Westfalen, Düsseldorf
Foto: bpk/Kunstsammlung Nordrhein-Westfalen, Düsseldorf/Walter Klein
© Robert Rauschenberg Foundation/VG Bild-Kunst, Bonn 2019

Anselm Kiefer, S. 135
Städel Museum, Frankfurt am Main, erworben 1992 mit Unterstützung von Gabriele Quandt
© Atelier Anselm Kiefer
Foto: © Städel Museum – ARTOTHEK

Nina Sten-Knudsen, S. 136
Kunstsammlungen Chemnitz
Foto: Jens Frederiksen, Copenhagen
© Nina Sten-Knudsen

Lucio Fontana, S. 137
Städel Museum, Frankfurt am Main
© Lucio Fontana by SIAE/VG Bild-Kunst, Bonn 2019
© Städel Museum - U. Edelmann - ARTOTHEK

Wolfgang Mattheuer, S. 138
Kunstsammlungen Chemnitz
Foto: bpk/Kunstsammlungen Chemnitz/May Voigt
© VG Bild-Kunst, Bonn 2019

Sean Scully, S. 139
Sammlung Ströher
Foto: unbekannt
© Sean Scully

Markus Lüpertz, S. 140
Kunstsammlungen Chemnitz
Foto: Kunstsammlungen Chemnitz/PUNCTUM/Bertram Kober
© VG Bild-Kunst, Bonn 2019

Mark Rothko, S. 141
Staatsgalerie Stuttgart
Foto: bpk/Staatsgalerie Stuttgart
© Kate Rothko-Prizel & Christopher Rothko/ VG Bild-Kunst, Bonn 2019

Herausgeberinnen	Ingrid Mössinger Anja Richter
Projektmanagement	Rosa Baumgartner
Verlagslektorat	Thomas Donga-Durach Rosa Baumgartner
Layoutgestaltung	Monika Hagenberg
Umschlaggestaltung	Ute Lübbeke
Satz	Martin Vollnhals
Gesamtherstellung	Wienand Verlag
	Printed in Germany
Erschienen im	Wienand Verlag Köln www.wienand-verlag.de Weyertal 59, 50937 Köln

ISBN 978-3-86832-535-5

Die Deutsche Nationalbibliothek verzeichnet diese Publikation
in der Deutschen Nationalbibliografie; detaillierte bibliografische Daten
sind im Internet über http://dnb.d-nb.de abrufbar.